KB016804

45kg 감량이 가져다준

인생 최고의 유익

45kg 감량이 가져다준

인생 최고의 유익

뚱보 심리학자의
부담 없는
다이어트 토크쇼

브라이언 킹 지음 | 김미정 옮김

브ㅂ
프롬북스
frombooks

몬트리올에서
전하는 인사

내가 처음 몬트리올에 온 것은 대학에서 마지막 해를 보낸 다음이었다. 나는 뉴욕시에서 북쪽으로 두 시간 거리에 있는 여름캠프에서 상담사로 일하고 있었다. 대학생들은 돈보다는 경험을 쌓기 위해 이 일에 지원하곤 했다. 텍사스에서 대학생활을 하던 내가 뉴욕까지 그 먼 길을 가서 캠프 상담사 자리를 얻으려 한 것도 분명 경험을 쌓기 위해서였다.

2주마다 캠프 참가자들이 집으로 돌아가고 나면 직원들은 원하는 대로 며칠간 휴가를 보낼 수 있었다. 캠프장에 머물며 자연 속에서 고요한 시간을 즐기는 사람들도 있었지만, 대다수는 뉴욕시로 가서 그곳 사람들이 하는 온갖 것을 하곤 했다. 그러던 어느 날 나는 운전대를 북쪽으로 돌려보기로 했다. 동료 중에 몬트리올의 맥길대학교에 다니던 학생이 있었는데, 내가 몬트리올에 한 번도 가보지 못했다고 하니 자기 아파트에 와 있어도 좋다고 제안한 것이다. 내가 가지 않더라도 어차피 그곳은 여름 내내 비어 있을 거라면서 말이다. 그해 캠프에서 같이 일하고 있던 동생 존, 그리고 뉴욕에서 온 두 친구도 합류하기로 했다. 그리고 우리는 불어를 쓰는 이 놀라운 북쪽 도시를 탐색하며 긴 주말을 보냈다.

고작 차로 몇 시간밖에 이동하지 않았는데도 기분만은 대서양을 건너온 듯했다. 불어는 못했지만 친구들과 나는 이곳저곳 술집을 돌아다니기도 하고, 구경도 하고, 주말 내내 얼굴에 미소를 짓고 다니면서 큰 불편 없이 지냈다.

나는 몬트리올이 무척 마음에 들었던 나머지 늘 돌아가고 싶다며 노래를 불렀다. 하지만 언제나처럼 삶이 훼방을 놓았다. 오스틴에서 학부를 마치고 뉴올리언스와 오하이오에서 대학원을 졸업한 뒤 펜실베이니아에서 일을 시작했다. 그 후 캘리포니아를 거쳐 오리건으로 이주했다가 다시 캘리포니아로 돌아왔다. 그 뒤로도 뉴잉글랜드의 여러 주를 돌아본 다음 몬트리올에 다시 돌아가기까지 꼬박 20년이 흘렀다. 다시 가보니 그 도시가 얼마나 아름다운 곳인지 새삼 느껴졌다. 나는 현지 음식을 먹고, 블러디 시저Bloody Caesar(보드카를 주재료로 클라마토, 핫소스, 우스터소스 등을 섞고 셀러리, 소금으로 장식해 만드는 칵테일—옮긴이)[1]도 마시면서 대부분 시간을 올드 몬트리올에서 보냈다. 그리고 다음 방문 때까지 또다시 20년이 걸리게 하지는 않겠다고 다짐했다.

2년 후에 그 약속을 지켰다. 이번에는 여자친구 사라와 함께였다. 한 달간 그곳에 머무르며 여유롭게 시간을 보내던 중 몬트리올의 축제를 알게 되었다. 우리가 좋아했던 축제는 매년 도시 주변의 건물들을 예술작품으로 변화시키는 벽화 축제 MURAL Festival, 매일 밤 멋진 콘서트가 무료로 펼쳐지는 몬트리올 재즈 페스티벌, 서커스 공연자들의 플래시몹을 시작으로 우연히 보게 된 서커스 페스티벌, 그리고 당연히 저스트 포 래프스Just for Laughs 코미디 페스티벌도 구경했다. 페스티벌 사이에는 몬트리올에 있는 공원과 박물관을 찾아다니며 즐겁게 지냈다. 이 시간이 얼마나 즐거웠던지 몬트리올을 떠날 즈음 우리 중 한 사람은 임신을 하게 되었다.

이듬해에 다시 왔을 때는 태어난 지 3개월도 안 된 알리사도 함께였다. 이때는 르 플라토 몽 르와얄Le Plateau-Mont-Royal이라는 동네에서 두 달 정도 지냈다. 그 여름을 앞두고 몇 년간 어딘가에 뿌리를 내려야겠다는 생각을 품고 있었지만, 딱 여기다 하는 장소를 찾지는 못하고 있었다. 가족을 꾸리고 나서는 정착의 문제가 어느 때보다도 내게 중요해졌다. 그전까지는 내가 태어난 나라 밖에서 집(그것도 내 첫 집)을 장만하겠다는 생각을 한 번도 해보지 않았다. 하지만 이때 몬트리올에 머무는 동안 예술과 문화가 가득하고 서로를 위하는 이 도시에 대한 우리의 애정을 재확인했다. 이 도시의 일부를 갖고 싶었고, 이 도시의 일부가 되고 싶었다. 동네 곳곳에 보이던 몇몇 흥미로운 간판에 호기심이 생긴 우리는 어슬렁거리며 현지 부동산에 들어가보았다. 영어를 쓰는 미국인 커플이 유모차를 끌고 들어가는 모습이 어떻게 보였을지 상상해보기 바란다. 중개업자는 시간을 내어 우리에게 매물 몇 개를 보여주었고, 프랑스어로 진행되는 캐나다의 부동산 매매 절차를 하나하나 친절히 가르쳐주었다. 그리고 이 도시를 떠날 즈음 우리는 멋진 동네에 작은 콘도 하나를 가지게 되었다. 그 콘도를 이용할 기회는 몇 년이 지나서야 생겼다(뿌리를 내리겠다는 것이 원래 의도였다는 것을 생각하면 아이러니하다). 그리고 나는 지금 바로 그곳에 와 있다.

몬트리올을 떠나 몇 년을 보낸 뒤, 우리 가족은 지난달 미국을 반쯤 가로질러 우리가 사랑에 빠졌던 그 도시, 그 콘도로 돌아왔다. 체중 관리를 주제로 하는 이 책을 쓰기 위해서다. 그리고 정말이지 여기 있어서 참 좋다. 물론 푸틴poutine[2]을 몇 그릇 실컷 먹고 난 뒤로 이 생각에 조금씩 의심이 들긴 한다.

3장

4장

5장

6장

7장

1장

그래요,
나 뚱뚱해요

내가 무슨 일을 하는 사람이냐고? 그동안 내가 쓴 글을 읽어본 분이라면 내가 많이도 옮겨 다녔다는 것을 알 수 있을 것이다. 사는 곳만 옮긴 게 아니다. 나는 우편번호를 바꾸는 것만큼이나 경력도 자주 바꿔왔다. 언젠가 무대에서 객석의 한 남성에게 무슨 일을 하는지 물었더니 리무진 운전기사라고 했다. 어쩌다 그 일을 하게 되었냐고 묻자 그는 이렇게 말했다. "믿으실지 모르겠지만 전에 택시기사였습니다!" 믿으실지 모르겠지만? 굳이 이런 말이 필요할까? 내가 보기에 리무진 운전기사가 된 것은 아주 자연스럽다. 버스 운전기사라고 해도 수긍했을 것이다. "믿으실지 모르겠지만 전에 유모였거든요"라고 말할 게 아니라면 "믿으실지 모르겠지만"이라는 표현은 꺼내지 말자. 믿을지 모르겠지만 나는 평범한 심리학자였다가 코미디언이었다가 대중 강연자였다가 저술가였다가 유모가 된 사람이다.[3] 이것이야말로 한 문장 안에 나열할 경력으로는 터무니없어 보이는 소리다.

나는 친가, 외가를 통틀어 처음으로 대학에 들어간 사람이었다. 부모님께서는 직업훈련학교에 들어가든지 가업을 잇든지 군에 입대하든지 하라고 하셨지만, 반항아였던 나는 오스틴에 있는 텍사스대학교에 등록하기로 했다. 처음에는 어떤 분야를 택해야 할지 전혀 몰랐는데 어쩌면 이것이 내 경력을 더 잘 설명해줄 듯하다. 내가 되고 싶었던 것은 예술가, 저술가, 코미디언 같은 것이었다. 하지만 그쪽은 어려운 길임을 잘 알았거니와 필요한 전문교육도 받지 않은 상태였다. 일단 전공을 고를 때까지 내 일정에 맞고 구미가 당기는 수업을 아무거나 들어보았다. 결국, 다른 어떤 과보다 필요한 학점을 많이 쌓았던 심리학을 전공하기로 했고, 운 좋게도 그때 만나 배움을 얻은 몇몇 교수님의 연구는 지금도 내게 영향을 끼치고 있다. 학부 졸업후에는 박사과정까지 밟았다. 우리 집안에서 처음으로 무언가를 성취할 인물이라면 갈 수 있는 데까지 확실히 가보고 싶었기 때문이다.

이렇게 여러 유수 대학에서 '심리학' 타이틀을 단 학위들[4]로 무장한 나는 심리학자로서 온갖 다양한 일들을 해왔다. 컨설턴트도 해보고, 교수도 해보고…….

사람들에게 웃음을 주는 일을 해보고 싶었다. 하지만 늘 꿈꿔온 이 일을 전문적으로 하기 위해 실제로 노력한 것은 박사과정을 마친 뒤였다. 혹시라도 코미디언의 꿈이 잘못되면 대비책이 필요할 테니 내게는 학위 취득이 우선이었다. 꿈을 먼저 추구하는 대다수 사람과 달리 나는 안전망부터 마련했다. 이런 방식이 좋다고 권하는 것은 아니지만[5], 나의 경우에는 이렇게 모든 일이 맞아들어간 것에 만족한다.

스탠드업 코미디를 시작하기까지 때를 기다린 또 다른 이유는 그 일에 어떻게 뛰어들어야 할지 당최 몰랐기 때문이다. 앞서 말했듯이 우리 집안에는 대학에 들어간 사람이 아무도 없었고, 연예계에서 경력을 쌓겠다고 시도한 사람도 물론 없었다. 그러니 이 일을 어떻게 시작해야 할지 전혀 감을 잡지 못했다. 대학시절을 보낸 오스틴은 코미디를 하기에 안성맞춤인 도시였지만, 나는 학업을 비롯한 학교 일들로 너무 바빠서 무대에 오를 수 없었다. 그러다 들어간 대학원은 학부 때보다 더 지독하게 내 자유시간을 독점해버렸다. 경력 초반에 몇 번 이사를 한 것도 도움이 되지 않았다.

샌프란시스코에 살던 어느 날, 퇴근하고 귀가하는 길에 스탠드업 코미디 수업을 홍보하는 광고판을 우연히 보게 되었다. 그 표지판을 보자 오랫동안 묵혀 두었던 코미디언의 꿈이 다시 새록새록 떠올랐다. 서둘러 수업에 등록한 나는 더 빨리 시작했어야 했다며 일주일 만에 자책했다. 코미디 업계에는 진입장벽이 존재하지 않는다는 것을 알고 충격을 받았다. 알고 보니 코미디언이 되고 난 뒤에 생계를 유지하는 일이 문제였다. 심리학 학위로 뭘 할 수 있느냐는 질문을 받을 때마다 '코미디언'이라고 답하는 이유도 여기에 있다.

몇 년간 나는 샌프란시스코의 코미디 업계에 건재하며 나의 장기를 뽐내고 개발했다. 심지어 나만의 코미디 클럽을 열기까지 했다.[6] 이 클럽에서 매주 네 시간씩 공연할 수 있었고, 덕분에 잠깐씩 자유무대에 올라갈 기회에 매달려야 하는 사람들보다 훨씬 빨리 성장했다. 심리학 박사학위를 가지고 코미디언으로 살다 보니 대중 강연 기회가 생겼고, 이렇게 나는 행복 그리고 건강에 유익한 웃음에 관한 유쾌한 강연을 하면서 전국을 순회하기 시작했다.

그러다가 책을 한 권 썼다.

로스앤젤레스에서 세미나를 열던 중, 한 에이전트가 책을 내볼 생각이 없냐고 묻기에 당연히 있다고 했다. 몇 주 뒤 우리는 샤토 마몽 호텔—할리우드의 모든 계약은 거기서 이루어진다—에서 술을 한잔하면서 따끈따끈한 새 계약서에 서명했다. 『웃음 치료The Laughing Cure』[7]라는 이 책은 지금도 내가 매우 자랑스러워하는 책이며(그전에 시도했던 숱한 글과는 차원이 다르다), 언제 집어 들어도 그리 움츠러들지 않는다.

그 책의 스포일러가 될지도 모르지만, 유머의 주된 장점 하나는 스트레스 관리를 돕는다는 것이다. 또한, 유머는 행복감을 안겨주고, 관계를 돈독하게 만들어주며, 건강에도 여러모로 유익하다. 그러나 약간의 웃음을 곁들여 이 메시지를 전하는 일도 무척이나 즐거웠지만, 더 나은 스트레스 관리법을 사람들에게 알려준다면 정말 유익하겠다는 생각도 들었다. 현대 사회에서 우리가 겪는 정신적, 육체적 질병의 절대다수에는 스트레스가 관여한다. 모든 문제를 웃음이나 농담으로 해결할 수는 없는 노릇이다. 이에 나는 스트레스 관리 전반에 점점 더 관심을 두게 되었고, 결국 2019년 말에 『느긋하게 웃으면서 짜증 내지 않고 살아가는 법The Art of Taking It Easy』[8]을 출간했다. 이 책은 내가 진심으로 자부심을 느낀다.

『느긋하게 웃으면서 짜증 내지 않고 살아가는 법』을 출간한 뒤, 책도 좋은 반응을 얻었고 덕분에 내 경력도 새로운 방향을 찾아가는 듯했다. 좋은 기사도 많이 나왔고, 몇몇 TV와 라디오 방송국에서 인터뷰도 했으며, 전국적인 토크쇼[9]의 제작자들에게 출연 요청도 받았다. 그때까지 쓴 책이 두 권뿐이었는데도 신진 작가들은 때마다 내게 조언을 구하곤 했다. 내가 줄 수 있는 최고의 조언은? 팬데믹 직전에는 되도록 책을 내지 말라. 『느긋하게 웃으면서 짜증 내지 않고 살아가는 법』이 출간된 것은 우리 삶에서 가장 스트레스가 심했던 시기로 손꼽힐 코로나 19 팬데믹을 한두 달 앞둔 때였다. 여러분도 기억하듯이 사람들은 그때 한동안 책과 같은 물건을 사지 않았다. 두루마리 화장지는 빼고. 무슨 이유에서인지 두루마리 화장지는 많이들 사다 놓았다. 나는 책을 두 겹으로 인쇄했어야 한다며 출판업자에게 우스갯소리를 하기도 했다. 그랬다면 사람들이 내 책을 몇 박스씩 사다가 벽장에 쟁여 두었을 것이다. 한 장은 읽고, 한 장은 쓰고. "저기, 나 지금 화장실 가는데 그 책 한 권만 던져줄래?" 지금 생각해도 참 좋은 아이디어인데.

농담은 이쯤 해두고 내 이야기로 돌아가자. 순회강연과 책 사인회, 매체 출연이 줄줄이 취소되었다. 생계를 잃게 된 것보다 더 나쁜 소식은, 내가 쓴 이 위대한 책이 거의 알려지지 않은 채 묻히게 생겼다는 것이었다. 물론 지지부진한 도서 판매가 팬데믹 기간에 벌어진 최악의 일은 아니었다.[10] 게다가 이것은 팬데믹 기간에 유독 나에게만 일어난 최악의 일도 아니었다. 하지만 내게는 큰 타격이었다.

팬데믹이 미국에까지 들이닥쳤을 때, 사라와 나는 5년 넘도록 제대로 된 거주지 없이 떠돌이 생활 중이었고, 그마저도 처음 1년 빼고는 내내 딸아이와 함께였다. 우리는 유목하는 방랑 가족이었다. 떠돌며 일했고 일하는 대로 살았다. 정부가 여러분더러 은신처를 마련하라는데 집이 없다면 어떻게 하겠는가? 다행히 어디로든 갈 수 있었던 우리는 대부분 시간을 텍사스에서 보내기로 선택했다. 나는 늘 텍사스를 사랑해왔지만 오스틴에서 대학 공부를 마친 뒤에 다시 그곳으로 돌아가리라고는 전혀 생각지 못했다. 이렇게 해서 캘리포니아를 떠나 처음으로 몇 달 이상 집이라 부를 만한 곳이 생겼다. 이것저것 따져볼 점이 많았으나 우리 둘 다 이것을 신선한 변화로 받아들였다.

팬데믹 확산이 6개월쯤 지속하던 때에 뜻밖의 흥미로운 일이 벌어졌다. 스트레스를 가라앉힐 방법을 찾고 싶었는지, 지루했는지, 아니면 두루마리 화장지가 떨어져 마음이 절박해졌는지 모르겠지만 아무튼 사람들이 내 책을 사기 시작했다. 특히 외국에서! 내 책이 세계적인 베스트셀러가 된 것이다! 갑자기 독일(할로!), 브라질(올라!), 폴란드(지엔 도브리!) 같은 곳에서 독자 소식을 보내오기 시작했다. 이 놀라운 일 덕분에 저술가라는 직업에 대한 새로운 흥미가 생겼다.

이렇게 유머와 스트레스 관리에 관한 책을 쓰고 나서 체중 관리로 시선을 돌린 까닭은 무엇일까? 앞의 두 권을 읽어본 분들이라면 그 이유를 짐작할 것이다. 그 책들을 읽어보지 않았다면 나에 관해 한 가지 알아둘 점이 있다. 지금까지 여러분에게 이야기한 모든 경험을 거치는 동안, 나는 지금의 체격에 사람 한 명분의 체중을 더 달고 있었다. 무대나 TV에 출연한다면 이 뻔한 이야기를 굳이 꺼낼 필요도 없겠으나 여러분은 내 말을 글로 대하고 있으니 최대한 단순하게 말하겠다. 나는 뚱뚱하다.

나는 뚱뚱한 남자다. 재닛 잭슨의 노래 가사를 조금 바꿔서, 뚱뚱하다는 말이 불쾌하다면 뚱뚱하신 선생님이라고 해도 좋겠다[11](재닛 잭슨의 노래 〈Nasty〉의 가사 중 "It's Janet, Ms. Jackson if you're nasty"를 재미있게 바꿔 표현한 것-옮긴이). 다행히 전처럼 뚱뚱하지는 않다. 지난 몇 년 사이에 45킬로그램을 감량했으니 말이다. 내 목표 체중까지 내려가려면 아직 더 노력해야 하지만 이것만 해도 놀라운 변화다. 나는 전보다 외모도 나아지고, 기분도 몰라보게 좋아졌다.

하지만 그간의 노력이 전부 헛수고가 되었을지도 모른다. 몬트리올에 정착하자마자 체중계에 올라갔더니 최근 순회 일정을 소화하고 여기까지 도보여행을 하는 사이에 다시 9킬로그램 정도가 붙었다. 여러분, 이 분투는 만만치 않다. 절대 호락호락하지가 않다.

그럼에도 나를
스쳐 지나가버릴 뻔했던 사람

내 아내 사라를 조금 더 소개할 완벽한 타이밍이 온 듯하다. 마침 어제가 우리의 7주년 기념일이었다. 우리의 기념일은 미국 독립기념일과 같은 날이어서 내가 절대 잊어버리지 않을 거라고 거의 확실히 말할 수 있다.[12]

지금 내가 아내라고 부르는 이 여성과의 첫 만남이 기억나지는 않는다. 대다수 남성이라면 이를 떳떳하게 시인하기가 껄끄럽겠지만 내 경우는 조금 다르다. 우리가 처음 만났을 때 나는 대중 강연을 시작한 지 몇 년 되지 않아 열심히 전국을 누비고 있었다. 플로리다 게인스빌에서도 행복이라는 주제로 세미나를 열었는데 아내는 바로 그곳에 살고 있었다. 당시 나는 해마다 수천 명 앞에서 강연하고, 날마다 많은 사람과 이야기를 나눴다. 그해에 소화한 순회 일정을 뒤져보니 우리가 만나기 하루 전날 탤러해시를 떠났고, 게인스빌에서 세미나를 연 뒤에는 곧장 탬파로 이동했다. 삶이 숨 가쁘게 돌아가던 시절이었고, 그해 순회는 회오리바람처럼 몰아쳤다. 월초에 텍사스를 시작으로 플로리다 전역을 돌고, 유람선을 타고 카리브해를 유람한 뒤, 로스앤젤레스에 있는 내 집에서 월말을 맞이했으니 말이다.

모든 일정을 마치고 차분히 앉아 휴식할 기회가 생기면 소설미디어를 쭉 훑으며 순회 기간에 받은 친구 요청을 살펴보았다. 그중 게인스빌에 사는 놀랍도록 아름다운 작업치료사가 보낸 요청이 있었다. 사라라는 이름의 그 여성이 훗날 내 인생에 어떤 영향을 끼칠지 짐작조차 못 했다.

당시 사라의 프로필 사진은 어마어마한 체중 감량 전후의 사진을 나란히 붙여놓은 것이었다. 내가 보기에는 양쪽 사진이 다 훌륭했다. 그녀는 내가 늘 매력적이라고 느끼던 긴 빨간 머리에 빛나는 눈, 아름다운 미소, 완벽한 모래시계형 몸매였다. "전도 후도 아름다우시네요"라고 댓글을 남기자 그녀도 글을 남겼다. "고마워요, 브라이언! 그런데 지금이 훨씬 기분 좋아요. 훨씬 더 행복하고요!" 이것이 8년 전 7월이었다. 하지만 이 글을 쓰는 지금 읽어봐도 저 말에서 추파를 보낸다는 느낌은 전혀 들지 않는다. 이것이 오래도록 이어질 관계의 시발점이 될 거라는 느낌도 전혀 들지 않는다.

사라에 관해 내가 몰랐던 사실이 있었다. 내가 세미나를 진행할 당시, 그녀는 자기가 나를 도와줘야겠다고 생각했다고 한다. 그때 일은 사라가 가장 선명하게 기억하는 듯하니 그녀가 기억하는 버전을 여러분에게 들려주고자 한다.

브라이언은 우리가 언제 처음 만났는지 기억 못 하는 탓에 처음 만날 날을 두고 (같이 있는 사람들에 따라) 그때그때 다른 농담을 지어내곤 해요. 매번 돌려서 내놓는 이야기가 일곱 개 정도 될 거예요. 하나는 콘퍼런스장 뒤쪽에 있던 예쁜 여성이 자리에서 일어나 계속 돌아다니고 스트레칭하면서 자기의 시선을 끌려고 했다는 얘기죠. 얼핏 들으면 설마 제가 그렇게 행동했을까 싶어요. 브라이언도 나중에 절 기억하지 못했으니까요. 하지만 아이러니하게도 저는 그날 진짜 그렇게 행동하고 있었어요. 가만히 앉아 있는 건 전혀 제 스타일이 아니었고, 바쁘게 돌아가는 병원과 클리닉에 오래 몸담았던 사람인지라 교실 같은 곳에서 세미나를 듣겠다고 여섯 시간 넘게 가만히 앉아 있는다는 건 제 특기가 아니었어요(그건 건강에도 그다지 좋은 행동이 아니라는 게 제 신조이기도 했고요).

물론 스트레칭하는 사이사이에 제 자리로 돌아오곤 했어요. 다행히 세미나가 지루하지는 않더라고요. 사실 그날 세미나는 제가 그때까지 들어본 것 중에 최고의 세미나였어요. 저는 주의 깊게 듣고, 웃음도 터뜨리고, 들은 내용에 비추어 제 삶을 반성하기도 하고, 메모도 했어요. 강연 내용뿐만 아니라 세미나를 들으러 온 사람들, 그리고 '독이 든 딸기, 사진, 루나 Luna'(이것들이 왜 중요한지는 나중에 얘기할게요)를 포함해 브라이언 킹 박사에 관한 전반적인 관찰 내용도 적었죠. 하지만 제 마음과 노트에 깊이 새겨진 것은 그가 태연히 내놓은 이 주장이었어요. "체중 감량은 쉽습니다! 덜 드시고, 더 움직이세요."

저는 비꼬는 태도로, 그리고 들릴 정도로 "하!" 하는 소리를 냈어요. 그리고 속으로 생각했죠. 그렇게 쉬운 일이 아니야. 그러고는 메모장에 이렇게 적고 밑줄을 박박 그어놨죠. "아니라고!"

저 또한 체중 감량을 해본 적이 있고(그것도 여러 번), 작업치료사와 건강 코치로서 생활방식 교정과 체중 감량을 돕는 일을 해왔기에 그게 그리 만만치 않다는 걸 잘 알고 있었어요. 변화는 그리 쉬운 일이 아니고, 건강이란 다양한 측면을 가지고 있으며, 인간의 몸은 복잡하고도 놀라운 거예요. 그러면서 이런 생각이 들더군요. 내가 저 남자를 도와줘야겠다. 단단한 호두 껍질 같아 보이지만 끈질기게 어떻게든 해내겠어.

세미나가 끝날 무렵, 물방울무늬 드레스를 입은 저는 브라이언에게 걸어가서 미소를 짓고 제 명함을 건넸어요(거기에도 저의 다이어트 전후 사진이 있었죠). 강연 내용에 관해 질문도 하고 감사인사도 건넸죠. 나머지는 사람들 말처럼 그렇고 그렇게 된 얘기예요. 글쎄요…… 대충 그렇다고 봐야죠. 그사이에 우리가 서로 마주치면서 '스치고 지나갔던' 수많은 지점이 있었겠죠. 사람들이 하는 말이 있죠? 다섯 번 정도 마주치면 상대가 당신을 기억한다고 말이에요.

나는 어느 시점부터 소셜미디어에서 사라를 알아보고 관심을 두기 시작했다. 우리는 날카로운 댓글, 농담, 이따금 주고받는 대화 속에 조금씩 서로를 알아갔고, 처음 만나고 1년쯤 뒤에는 샌프란시스코에서 만날 뻔했다. 실제로 만나지는 못했기에 사라는 우리가 "스치고 지나치는" 사이라고 표현했지만 나는 그 말을 전혀 신경 쓰지 않았다. 그러던 중 게인스빌을 거쳐 가는 순회 세미나가 있어서 혹시 마주치나 했는데 안타깝게도 사라는 참석하지 못했다. 우리는 온라인에서 처음으로 서로를 팔로우한 뒤로 1년 반쯤이 지나서야 마침내 사교적인 만남을 가질 수 있었다. 장소는 그녀가 임시로 일하고 있던 탬파의 한 카페였다. 첫 만남은 기억 못 할지 몰라도, 두 번째 만남에 관해서는 지금도 생생히 기억한다는 것을 믿어달라.

사라는 우리 둘 다 쿠바음식을 무척 좋아한다는 것을 고려해—생각해보니 음식이라면 대체로 다 좋아하는 듯하다—라 테레지타La Teresita라는 편안한 분위기의 멋진 장소를 제안했다. 그녀가 나보다 먼저 도착해 음료를 주문했다. 식당에 들어서는 순간, 지금은 낯익은 완벽한 모래시계형 몸매의 그녀가 카운터 근처 의자에 앉아 있었다. 나는 그 순간 그녀와 사랑에 빠졌던 것 같다. 나는 그녀에게 걸어가며 최대한 재미있고 매력적으로 보이려고 애쓰면서 그녀도 나와 같길 바랐다. 이것이 효과가 있었던 모양이다. 이틀 후 그녀는 내가 출연하는 코미디 공연장에 와서 나를 놀라게 해주려고 차를 몰고 게인스빌까지 왔다.[13] 얼마 지나지 않아 나는 로스앤젤레스로 돌아왔고 그녀는 콜로라도주 볼더에서 계약직 자리를 구했지만, 이후 몇 달간 우리는 어느 때보다 자주 연락했고, 서로 멀리 떨어져 있었음에도 점점 더 가까워졌다. 6월에는 7월 4일 독립기념일을 맞아 콜로라도에 있는 그녀를 방문할 생각으로 내가 도보여행을 계획했는데, 우리는 이때를 우리의 첫 데이트라고 여긴다.[14]

내 관객 중에 사라처럼 날 도와줘야겠다고 생각한 사람이 과연 몇 명이나 있었을지 궁금하다. 그해에 나는 전국을 누비는 동안 63킬로그램에 달하는 여분의 짐을 내 골격 바깥쪽에 동여매고 다녔다. 평생 동행할 친구 한 명을 옷 속에 밀수입하듯 말이다. 흥해 보이지는 않았지만 내 외모는 아이러니 그 자체였다. 당시 내 세미나가 행동을 변화시켜 더 건강한 삶을 사는 방법을 주로 다뤘기 때문이다. 형편없는 생활방식의 산증인이었던 내가 사라 같은 사람들 앞에서 더 건강해지는 방법을 읊었던 것이다.

섹시해 보일 수만
있다면

나는 플로리다를 사랑한다. 사라와 처음 마주치고 얼마 후, 플로리다에서 순회강연을 하는 동안 너무도 기막히고 재미있는 경험을 했다. 그것은 바로 매너티(바다소)와 함께한 수영이었다. 모르는 분들을 위해 알려드리면, 매너티는 몸집이 크고 순한 수생 포유동물이다. 여러분도 매너티를 알겠지만 우리가 같은 동물을 떠올리도록 확실히 하자면, 이 동물은 450킬로그램이 넘을 정도로 몸집이 거대하고 눈이 아주 작다. 매너티는 인간이 살기에 절대로 적합하지 않은 외딴 자연환경을 탐험하다가 마주칠 수 있는 거대 짐승 중에 가장 귀여운 동물일 것이다.

매너티는 보호종이지만 플로리다의 크리스털 리버에서는 매너티들과의 수영이 허용된다. 순회강연차 그 지역을 방문하게 된 나는 이 기회를 놓칠세라 현지 매너티 투어 회사가 운영하는 여행을 예약했다. 유감스럽게도 제일 먼저 들은 말은 잠수복으로 갈아입어야 한다는 것이었다. 그렇다. 나는 잠수복 착용에 관심이 없고 분명 그때도 마찬가지였다. 하지만 투어 선장 션[15]은 물이 너무 차가우니 잠수복 없이는 수영할 수 없다고 했다. 그러면 그냥 배에서 매너티들을 보고만 있겠다고 했다. 당시 나는 내 인생 최고 몸무게보다 훨씬 적게 나갔으나 여전히 160킬로그램 언저리에 있었으므로 내 몸을 끼워 넣을 잠수복은 없을 거로 생각했다. 내가 틀렸다. 내 셔츠 치수는 3XL였던 것 같은데 잠수복 치수는 6XL가 맞는 모양이었다. 이것이 가장 큰 치수라며 이 정도면 아마 맞을 거라는 이야기를 듣자 '좋아, 한번 들어가보지 뭐' 하는 생각이 들었다. 6XL였는데도 그리 헐렁하지는 않아서 다른 사람들이 착용을 도와주었다. 거의 입혀준 것이나 다름없었다. 입고 보니 잠수복 차림이 그리 나빠 보이지는 않았다.

내가 물에 들어가자마자 매너티들이 다가오기 시작했다. 정말이지 물에 들어간 지 몇 분밖에 되지 않았는데 거대한 매너티 대여섯 마리가 곧장 내게 다가왔다. 나의 첫 반응은 우와, 이거 정말 멋진걸! 하는 생각이었다. 그러다 주변을 둘러보니 다른 누구에게도 매너티들이 몰려들지 않는 것을 보고는, 잠깐 …… 그러니까 잠수복을 입은 내가 약간 매너티처럼 보인다는 거네, 하는 생각이 들었다.

매너티들이 이렇게 말하는 듯했다. "어이, 이 새로운 친구는 누구야? 우리 서식지에 온 걸 환영해!"

이런 생각이 들자 기분이 묘했다. 하지만 물속에서 매너티들이 다가오는 것을 보고는 그냥 상황을 즐기면서 둥둥 떠 있었다. 내가 물속에서 잘할 수 있는 한 가지는 둥둥 떠 있는 것이다. 뚱뚱했던 어린 시절에 수영을 배웠던 것이 기억난다. 강사들은 낑낑대며 평형을 연습하는 나를 가리키며 나의 부모님에게 이렇게 말했다. "브라이언은 통나무처럼 둥둥 뜨네요!" 배에 탄 사람이 물에 뜨는 기구가 더 필요하냐고 내게 물었을 때, "아니요, 괜찮습니다. 이런 몸으로 가라앉을 일은 없으니까요"라고 말했던 이유를 이제 이해할 것이다.

매너티는 정말 멋진 동물이다. 야생에서 그들이 여러분의 코 앞까지 다가온다는 것은 정말 멋진 일이다. 매너티들은 어금니만 있을 뿐 송곳니가 없으므로 그리 위협적이지도 않다. 그렇다고 매너티들이 전혀 물지 않는 것은 아니다. 사람들은 이를 가리켜 매너티 키스라고 부르는데, 내 생각에 그들이 나와 잘해보려고 한 것은 아니었던 것 같다. 그것 때문에 내 다리에 혹이 났으니 말이다. 어쨌든 물속에서 매너티들과 함께 어울렸던 신비로운 경험은 6XL를 포함해 그 아래 치수에 해당하는 모두에게 추천하고 싶다.

그런데 일이 좀 복잡해졌다.

문제는 내가 착용한 것이 잠수복이었다는 사실이다. 내 몸을 잠수복에 완전히 집어넣었더니 빈틈이 하나도 없었다. 나는 개의치 않고 그저 수영을 즐기며 재미있는 시간을 보냈다. 그전까지 나는 한 번도 잠수복을 입어본 적이 없었다—놀랍게도 나는 서핑을 하지 않는다. 잠수복 입을 일이 전혀 없었던지라 잠수복의 원리를 제대로 이해하지 못했다. 하지만 션 선장이 체온 유지를 위해 잠수복을 입으라고 권했다는 것은 알았다. 잠수복의 기능은 그게 전부라고 생각했다. 체온 유지. 하지만 단열복으로만 알았던 잠수복이 방수도 된다는 사실은 까맣게 몰랐다. 분명 그 옷은 내 몸에 물이 닿지 않게 해주었지만, 반대로 내 몸이 분비하는 온갖 체액이 밖으로 빠져나가지도 못하게 한다는 것까지는 생각지 못했다.

이 시점에서 여러분이 알아야 할 것이 있다. 나는 물에 들어가면 금세 나와야 하는 사람에 속한다. 450킬로그램 무게를 자랑하는 동물들이 나를 둘러싸는 상황이라면 당연히 소변을 본다. 나는 참을 수가 없었고 별일 아니라고 생각했다. 바다에서 소변을 보면 금세 바닷물 속으로 흩어지거나 떠내려거나 바닷물과 뒤섞일 거로 생각하기 마련이다. 아니면 그것 때문에 주변이 좀 뜨뜻해지면 남동생을 불러다 장난을 칠 수도 있다.

그러나 잠수복을 입은 채 소변을 보면 그것은 절대로 사라지지 않는다. 내 몸에 딱 붙어 있는 잠수복 안에 계속 남아 있는 것이다. 매너티들에 둘러싸여 신비로운 자연과의 교감을 즐기며 둥둥 떠 있느라 깨닫지 못할 뿐이다. 그 상태로 물 밖으로 나와 다시 배에 올랐다. 모두가 즐거운 표정으로 방금 함께한 놀라운 경험에 관해 말하고 있었다. 정신을 차리고 보니 내 골반 주변에 커다란 소변 거품이 있었다. 나는 아래를 내려다보고는 공기일 거라고 둘러대면서 체면을 지키려고 애썼다. 유독 그 신체 부위에 공기가 몰려 있다는 것만 해도 역겨운 일이지만, 그 당시에는 진실을 인정하기보다 그것이 덜 역겨워 보였다. 션 선장은 웃음을 터뜨리며 이렇게 말했다. "늘 그쪽에 그렇게 생기죠!"

살짝 당황한 나는 배의 한쪽 끝으로 가서 겨우 소변 거품을 다리 끝까지 밀어내 강물로 내보낼 수 있었다. 그러고는 남동생을 불러다 저 뜨뜻한 곳을 좀 확인해보라며 장난을 쳤다.

매너티와의 수영은 적극 추천한다. 단, 잠수복을 입을 거라면 소변은 꾹 참도록 하자.

건강해지겠다는
약속

이렇게 뚱뚱한 남자가 체중 감량에 관한 책을 쓰려는 이유는 무엇일까? 그렇다. 그동안 나의 어마어마한 체중을 조금이나마 감량했기 때문이다. 물론 원하는 만큼 완전히 빼지는 못했고, 특별한 일이 있을 때마다 요요가 오는 바람에 몇 킬로그램이 다시 붙고 있는 것이 사실이다.[16] 지금까지 나는 인생 최고 몸무게에서 약 45킬로그램을 감량했고, 지금까지 총 113킬로그램을 감량했을 것이다. 대개 체중 감량에 관한 책은 살을 빼고 그 상태를 꾸준히 유지하는 사람들이 쓰곤 하지만, 여기 있는 나는 침대에 앉아 여전히 두둑한 존재를 자랑하는 내 배 위에 노트북을 얹어 놓고, 마음 한쪽에서는 저쪽 방에 가서 내 딸의 헤이즐넛 스프레드 병을 급습할까 하는 생각에 휘둘리는 사람이다. 나의 노력은 현재진행형이고 어쩌면 내 목표를 완전히 달성하지 못할지도 모른다. 분명 나와 같은 사례가 허다할 것이다. 대다수 사람이 지나친 자기 몸무게를 줄여보려고 고군분투하지만 실제로 이 일을 성공시키는 사람은 극소수다.

나는 심리학 학위 소지자이기도 하다. 더불어, 평생 체중 문제와 씨름해온 사람으로서 늘 이 주제에 관심을 두고 있었다. 행동 변화에 관한 연구도 여러 번 해봤고, 어떻게 하면 행동을 변화시켜 체중 변화에 이바지할 수 있는지 알아보기도 했다. 전국을 순회하며 사람들에게 더 건강한 삶을 영위하는 방법을 일러주기도 했다. 물론 내가 늘 건강한 선택을 몸소 보여주지는 못했지만 꼭 해야 할 일은 무엇인지, 그토록 많은 사람이 이를 실천하기가 어려운 까닭이 무엇인지는 알고 있다.

만약 내가 아무 데도 얽매이지 않은 독신이었다면 그야말로 제멋대로고 때로는 거칠고 정신 나간 사람으로 살았을지도 모른다. 그러나 사라와 함께하게 되자 그녀가 내게 삶을 주었다. 더 정확히 말하면 사라가 내 삶을 되찾아주었다. 그녀를 처음 만났을 때 나는 죽어가고 있었고, 나 역시 그 사실을 알고 있었다. 오랫동안 일상적으로 전국을 순회하면서 온갖 종류의 음식과 술을 탐닉한 결과가 몸에 나타나는 중이었다. 건강이 나빠지는 것을 느낄 수 있었지만 그다지 신경 쓰지 않았다. 무모하게도 나는 위험을 무릅쓰며 지냈다. 록스타에게 약물 문제가 생기듯이 내게는 음식 문제가 있었다. 음식 문제는 늘 있었는데 순회강연을 하면서 전에 없던 기회들까지 생겨났다. 새로운 도시에 갈 때마다 매 끼니를 식당에서 먹게 되자 양 많고 몸에는 나쁜 외식 장소를 찾아내는 재능이 생겼다. 여행을 다니기 전에도 내가 건강한 삶의 표본이라고는 할 수 없었지만, 그래도 그때는 어떻게든지 내 습관들을 항상 관리하며 지냈다. 적어도 로스앤젤레스에 살 때는 부엌이 따로 있었다. 몸무게가 좀 늘었다 싶으면 저칼로리 식단을 준비해 몸무게를 좀 줄이는데 집중할 수 있었다. 그러나 생계를 위해 늘 이동하는 삶에 접어들자 균형을 찾기가 점점 어려워졌다. 한 번 순회에 나설 때마다 미국 전역을 누비며 먹고 마시는 나를 발견했다. 어떤 날은 순회 일정 중 훌륭한 식사를 즐길 때만이 즐거운 시간이라고 여겨졌다. 당시 나는 낮에는 세미나를 진행하고 밤이면 여전히 코미디언으로서 클럽에서 공연했다. 거기서는 청중 앞에서 술을 마실 수도 있었고, 때로는 관객도 나처럼 술을 한잔하면서 공연을 즐겼다. 더 심각한 약물에 한 번도 빠지지 않았던 것을 다행으로 여긴다.

사라가 다른 관점을 들려줄 수 있겠다 싶어서 우리의 연애 초기에 관해 덧붙일 이야기가 있는지 물었다.

저와 처음 데이트를 시작했을 때, 브라이언은 이미 체중 문제가 있다는 것을 깨달은 상태였어요. 어느 날 밤, 여느 때처럼 헤어지는 인사로 포옹하는데, 브라이언이 자기 몸을 두 팔로 감싸달라면서 두 팔이 만나는 지점이 어디인지 기억해달라고 하더군요. 다음에 만나면 제 두 손이 좀 더 가까이에서 만나도록 하고 싶다면서요. 하지만 시간이 지나도 제 손들은 좀처럼 가까워지지 않았어요. 오히려 점점 더 멀어지기 시작했죠.

만난 지 꽤 되었던 어느 날, 둘이 함께 호주로 떠나는 모험 넘치는 여행을 계획했어요. 그때 저는 임신 6개월이었죠. 제 친구들은 그 몸으로 여름에 40도까지 올라가는 호주 오지로 간다는 건 터무니없다고 했고, 다들 제가 폭염 속에 비참하게 뒤뚱거리는 모습을 상상하곤 했어요. 하지만 실제로 뒤뚱거린 건 제가 아니었어요. 바이런 베이에 도착해서 등대에 가기로 했던 날을 절대 잊지 못할 거예요. 그곳에는 아담하고 짧은 길이 하나 있었는데, 거기로 나가 서 있으면 호주의 동쪽 끝에서 저 멀리까지 내다볼 수 있었어요. 전혀 멀어 보이지 않은 곳이었기에 당연히 가서 확인해보고 싶었죠. 하지만 브라이언은 가쁜 숨을 몰아쉬며 무릎이 아프다고 툴툴거렸고, 허리가 너무 쑤셔서 빈번이 멈춰서야 했어요. 결국, 같이 못 가겠다며 손을 내저었죠. 실망스럽기는 말할 것도 없었고, 그 지점까지 혼자 걸어갔다가 돌아오면서 슬퍼하고 걱정했던 기억이 나요. 배 속에 있는 아이가 자기를 길러줄 아빠를 가지게 될지 정말 걱정이 되더라고요.

사라가 그렇게 도와주면서 온갖 노력을 쏟아부었는데도 내 건강은 계속 나빠져갔다. 사라는 할 만큼 최선을 다했다. 보건 전문가로서 늘 내게 병원에 가보라고 다그쳤지만 나는 번번이 거절했다. 거만하기도 했지만, 내 모든 문제는 살을 빼야 한다는 나의 필요에서 나온다는 사실 때문에 거절하기도 했다. 말하자면 나는, '이미 내가 다 아는 얘기를 왜 돈을 내고 듣는단 말인가?'라는 식이었다. 그래서 병원에 가지 않았다. 전에도 살을 빼본 적이 있으니까 또 하면 된다고 생각했다. 하지만 분명 나는 그러지 못하고 있었다.

사라가 본인의 임신 사실을 알게 되었을 때 나의 몸 상태는 역대 죄악이었다. 결국, 그녀는 우리 딸이 태어나기 전에 내가 건강검진을 받도록 설득하는 데 성공했다. 내 상태가 나쁘다는 것은 알았지만, 사라가 나를 다그쳐 긴급 치료소로 보내기 전까지는 내가 자초한 피해가 어느 정도인지 전혀 몰랐다. 체중계 위에 올라가보니 정확히 181킬로그램이었다.[17] 기가 막힐 노릇이었다. 몸이 좀 무거워진 것은 알았지만 이렇게 고릴라처럼 거대하다고? 이 정도로 망가지도록 방치한 것이 수치스러웠다. 그런데 이것은 건강검진의 시작에 불과했고 더 많은 뉴스가 뒤따랐다.

하나 더 알게 된 사실은 혈압이 위험할 정도로 높다는 것이었다. 내 몸에 덕지덕지 붙이고 다닌 여분의 지방을 생각하면 놀랄 일도 아니지만, 수년간 사람들에게 스트레스 관리법—혈압을 적절한 수준에서 관리하는 데 유익한 도구—을 가르쳐서 먹고살았다는 것을 생각하면 뼈아픈 모순이었다. 다리와 발이 부어 있다는 말도 들었다.

분명 내 건강에 문제가 있었다. 하지만 그것만으로는 진정한 변화를 결심하도록 이끌 자극제가 되지 못했던 모양이다. 사라는 이렇게 말해주었다.

맨 먼저 생각해야 할 가장 중요한 것은 목적이에요. 체중을 감량하고 건강해지려는 동기가 무엇인가 하는 거죠. 새로 산 청바지가 딱 맞아서 지금보다 멋져 보이기를 바랄 수도 있죠(좋은 대답). 아이의 대학 졸업식 때 함께하고 싶을 수도 있고요(더 나은 대답). 사실 틀린 답이란 없어요. 건강해지는 건 언제나 좋은 일이니까요. 모든 이유가 가능하지만 정말 훌륭한 이유라면 훨씬 좋겠죠.

내게 동기를 부여하는 이유가 더 강력하고, 더 깊고, 더 의미 있고, 더 전인적인 건강을 지향할수록 자신의 체중 감량 계획을 끝까지 지켜낼 가능성이 크죠. 왜 그럴까요? 자신을 다잡기 힘든 새벽 3시, 홈쇼핑 채널을 보며 신중한 선택을 내리기 어려울 만큼 피곤한 나머지 온라인쇼핑몰 장바구니에 마구잡이로 물품을 담거나 찬장을 샅샅이 뒤지려고 할 때, 자신에게 상기시킬 무언가가 생기니까요. 더 강력한 무언가에 이끌려 하던 일을 잠시 덮고 휴식을 취하거나, 텔레비전 앞에서 벗어나 오후 산책을 하게 되죠.

이 책을 쓰는 가장 큰 이유는, 5년 전 내 인생에서 매우 특별한 사람인 내 딸 알리사가 태어났을 때 약속한 것이 있어서다. 나는 처음으로 알리사를 두 팔에 안고 그 아름다운 눈을 바라보면서 이렇게 약속했다. 아빠가 꼭 건강해지겠다고 말이다.

그리고 지금도 노력하고 있다. 그동안 끊임없는 분투를 벌여왔지만 지금도 열심히 노력하고 있다. 어제 또 얼마나 살이 쪘을지 모르지만 지난 5년간 나는 45킬로그램 정도를 감량했다.

45킬로그램 감량이 가져다준
최고의 유익

45킬로그램 감량이 가져다준 최고의 유익을 두서없이 적어
보면 다음과 같다.

- 기분이 좋다 째진다.
- 통증이나 불편함 없이, 숨을 헉헉대지 않고도 먼 거리를 걸을 수 있다.
- 딸과 함께 놀이기구를 타러 갈 수 있다.
- 책상다리를 하고 바닥에 앉아 딸과 함께 바비인형을 가지고 놀 수 있다.
- 코미디언이자 대중 강연자로서 무대에서 더 많은 에너지를 뿜어낼 수 있다.
- 더는 비행기에서 좌석벨트를 연장해달라고 하지 않아도 된다.
- 예전 옷을 입어도 전처럼 태가 난다(물론 옷도 딱 맞는다).
- 오랫동안 만나지 못했던 사람들이 저마다 좋아 보인다고 말해준다.
- 성생활도 더 좋아지고 성 욕구도 높아졌다.

살을 빼는
두 가지 간단한 방법

언젠가 내 세미나에서 누군가 살 빼는 요령을 내게 물었던 적이 있다. 그 후로 나는 이 이야기를 사람들에게 자주 들려주곤 한다. 사실 이 질문을 심심치 않게 듣는다. 내가 행동 변화를 주제로 자주 강연하고, 음식과 관련된 사례를 자주 들기 때문이 아닐까 싶은데…… 정말 그럴까? 연구문헌에 따르면 체중 감량의 효과가 있다고 과학적으로 입증된 간단한 두 가지 방법이 있다고 전했다. 이 방법들은 각각 무수히 많은 데이터와 관찰 자료가 뒷받침된 것이었다. 나는 계속 말을 이어가며,

사실 둘 중 하나만 실천해도 체중 감량이 거의 보장된다고 덧붙였다. 두 가지를 모두 실천한다면 여지없이 살이 빠질 거라고 했다. 열의에 찬 질문자가 내게 물었다. "그러니까 그 방법들이 뭐예요?"

"첫 번째 방법은 간단합니다." 내가 말했다. "지금보다 훨씬 적게 드셔야 합니다."

"아." 질문자는 실망한 눈치였다. "두 번째 방법은요?"

두 번째 방법은 첫 번째보다 약간 복잡하지만 그래도 상대적으로 간단하다고 말해놓고 이렇게 답했다. "지금보다 훨씬 많이 운동하셔야 합니다."

"아, 그게 다예요? 식이조절과 운동이요?" 질문자는 몹시 실망한 기색으로 이렇게 말했다. "잘 알겠어요. 그런데 그거 말고 제가 뭘 할 수 있을까요? 저는 운동은 딱 질색이고 먹는 건 너무 좋아한단 말이에요!"

식이조절과 운동이 관건이라는 점은 전혀 놀라운 사실이 아니다. 우리 중 절대다수는 이 두 가지 행동에 변화를 일으켜야 한다. 하지만 누구나 살 빼는 방법을 아는데도 (나를 포함한) 수많은 사람이 이 지식을 실행에 옮기지 못해 애를 먹는다. 정말이지 나는 평생 살 빼는 법을 알고 있었는데도 인생의 대부분을 과체중으로 살았다. 어떻게 덜 먹고 더 운동할 수 있단 말인가? 그것이야말로 어려운 부분이다.

이 시점에서 사라가 뭔가 할 말이 있어 보였다.

　사실 저는 브라이언이 덜 먹고 더 운동하기만 하면 살이 빠진다고 말하는 것을 처음 들었을 때, 크게 웃으면서 "아니야!"라고 말했어요. 왜일까요? 제 경험상 체중 감량은 그보다 훨씬 복잡하거든요. 본질적으로는 그의 말이 옳다는 걸 알지만, 체중 감량이 식은 죽 먹기라는 식으로 그렇게 쉽게 말하는 건 거의 모욕적이죠. 제가 보기에 체중 감량은 통증 관리에 훨씬 가까워요. 우리 모두 마법의 알약을 먹고 통증을 싹 없애버리길 원하죠. 그렇게 순식간에 살을 빼줄 알약도 있었으면 하는 거예요. 알약을 먹듯, 버튼을 누르듯 쉬운 게 있다면 얼마나 좋겠어요, 안 그래요? 탁탁! 휙! 하지만 저는 임상의로 오래 일하면서 통증이 그리 쉽게 사라지지 않을 때가 많다는 것을 알게 되었어요. 통증 치료에는 알약이나 크림을 쓰기도 하고 연기를 피우기도 하고, 외과치료나 물리치료 혹은 작업치료(이를테면 운동, 근력 강화, 스트레칭, 근육 긴장도 관리)가 관여하기도 해요. 때로는 전기 자극, 레이저 치료, 고주파를 이용한 투열 요법을 쓰기도 하죠. 그런가 하면 침술, 심호흡 기법, 시각화, 재구성, 스트레스 관리, 식생활 변화, 그리고 감히 말하건대 체중 감량과 같은 것들이 치료에 들어가기도 해요.

식이조절과 운동이 꼭 필요하지만 그것만으로는 부족하다는 거예요. 그럼 뭐가 또 있을까요? 작업치료사이자 생활방식 교정을 다뤄본 건강 코치로서, 저는 늘 의뢰인들에게 접근할 때 우선 면담을 진행해 그분들을 더 알아가려고 해요. 이 시간을 통해 그분들의 질병 이력, 개인적인 이력, 나아가 생활방식과 습관에 관해서도 많은 정보를 얻죠. 그런 다음에야 당사자에게 효과적인 계획을 서서히 수립할 수 있어요.

건강이 나빠진 지금의 과체중 상태에 만족하는 것도 하나의 선택일지 모른다. 오랫동안 나는 살을 뺄 필요가 없다고 자부했었다. 내게 필요한 것보다 더한 무게를 짊어지고 다니면서도 (전혀 닥치지 않을 기근을 대비했던 게 분명하다), 나는 꽤 건강하다고 자부하며 행복한 삶을 살고 있었다. 데이트할 여성을 찾는 데도 전혀 문제가 없어 보였다. 알고 보니 내가 만난 여성들은 다행히 상대 남성의 지성과 유머에서 주로 매력을 찾고, 복부 근육이 부족한 것쯤 기꺼이 눈감아주기도 했다. 나 역시 사라가 나와 사랑에 빠지도록 설득하는 데 성공했으니 그녀야말로 딱 맞는 사례다.

여기까지 읽었다면, 내가 이 책에서 체중 감량에 대한 모든 해답 또는 여러분이 아직 모르고 있는 무언가를 주장하지 않으리라는 것을 파악했을 것이다. 만약 여러분에게 전수할 특별한 기술이나 비법 또는 불가사의한 행동 요령을 알았더라면 이 책은 패션쇼와 사진 촬영을 하는 사이사이에 겨우 썼을 것이다. 분명 모델이 되었을 테니 말이다.

실망을 끼쳐 미안하지만 오즈의 착한 마녀 글린다의 말을 바꿔 말한다면,[18] 여러분에게는 체중을 감량할 힘이 늘 있었다. 대다수 사람은 덜 먹고 더 움직여야 한다. 간단한 방법이지만 쉽지는 않다. 이것이 쉬운 일이었다면 나는 이미 내 목표를 달성하고, 분만실에서 한 팔로는 턱걸이를 하고 다른 팔로는 의사들과 하이파이브를 하면서 내 딸의 탄생을 축하했을 것이다. 유감스럽게도 그렇게는 하지 못했다. 하지만 이것은 내가 알기로 현재 과체중인 사람이 쓴 유일한 체중 감량 책이다. 나는 오즈에나 있을 법한 위대하고 전능한 마법사[19]인 척하지는 않을 것이다. 대신, 목표를 이루기 위해 내가 어떤 노력을 기울이고 있는지, 다른 사람들에게는 어떤 방법이 효과적이었는지 말해줄 수 있다. 이것이 여러분에게 영감과 의욕을 불어넣을 수도 있다. 하지만 더 건강한 사고방식을 갖추고, 덜 먹고 더 움직일 방법을 찾아내는 일은 결국 각자의 몫이다. 부디 이를 이뤄가는 과정에서 우리가 가끔은 웃기도 했으면 좋겠다.

보디빌더
앤드루 긴즈버그에게 듣다

식이조절과 운동. 이보다 더 간단할 수는 없다. 그렇지 않나? 대다수 사람은 그렇다고 답할 것이다. 하지만 몇몇 사람은 '그렇긴 한데……' 하며 말끝을 흐릴지도 모른다. 저마다 특수한 상황과는 관계없이, 체중 감량이란 흡수한 것보다 많은 에너지를 사용하는 것을 의미한다.

첫 번째 책이 출간되고 나서부터 다른 저술가와 출판인들에게 원고 검토 요청을 받기 시작했다. 책을 한 권 쓴 사람이니 책 읽기에도 전문가일 거라는 논리가 작용한 듯하다. 내 의견이 어떤 가치가 있는지는 몰라도, 코미디언이자 보디빌더인 앤드루 긴즈버그Andrew Ginsburg가 쓴 『펌핑 아이러니Pumping Irony』[20]라는 책이 손안에 들어왔다. 책을 읽고 이렇게 생각했다. 정말 적절한 조합이군. 나는 심리학자이자 코미디언으로서 유머를 활용해 사람들에게 정신건강에 유익한 수업을 진행하는데, 이 앤드루라는 사람은 개인 트레이너이자 코미디언으로서 유머를 활용해 사람들에게 신체건강에 관한 수업을 제공하고 있잖아. 부디 좋은 책이었으면 좋겠다.

다행히 책의 내용은 훌륭했고 지금도 나는 이 책을 사람들에게 자주 권한다. 앤드루와 나는 서신을 주고받으며 친분을 쌓았다. 알고 보니 우리 삶에는 코미디 공연을 한다거나 책을 쓰는 것 말고도 비슷한 점이 많았다. 우리 둘 다 뉴욕 출신이고, 비슷한 시기에 아빠가 되었다. 하지만 둘 중 한 명은 다른 한 사람보다 스피도Speedo의 수영복을 입었을 때 더 태가 난다. 그와의 인터뷰를 들려줄 테니 둘의 모습을 상상해보고 누가 더 어울릴지 여러분이 판단해보라.

브라이언: 경력에 관한 이야기를 좀 들을 수 있을까요?

앤드루: 피트니스 쪽만 이야기해보죠. 저는 테니스 선수로 자라 테니스 특기로 대학에 들어갔습니다. 보스턴대학교에서 운동했죠. 테니스 실력을 높이고 싶어서 무게를 들어 올리는 운동을 시작했는데 테니스만큼이나 재미있더군요. 몸도 튼튼해지고 체력도 좋아지는 것을 경험하고는 십대 보디빌딩 경연에 나가보기로 했습니다. 열여덟 살에 첫 경연에 나갔고, 가장 최근에는 1~2주 전, 제 나이 마흔둘에 대회에 나갔습니다.[21]

브라이언: 개인 트레이너 일도 하셨다고요?

앤드루: 스물한 살 정도일 때부터 개인 트레이너 일을 해왔습니다. 늘 운동과 스탠드업 코미디를 병행했죠. 둘 중 하나라도 실수한 적은 한 번도 없습니다.

브라이언: 지금 저는 제 경험담을 포함해 온통 체중 감량 이야기를 다루는 책을 쓰고 있습니다. 살을 빼고 더 건강한 사람

이 되려고 지금도 노력하죠. 좀 더 앤드루처럼 되려고 한달까요. 체중 관리를 위해 노력하시는 분들께 권할 만한 요령이 있을까요?

앤드루: 식사 준비가 중요하다고 생각합니다. 아무도 이 점을 언급하지 않았는데요. 사실 체중 감량에서는 이게 제일 중요한 요소입니다. 다음 끼니에 뭘 먹을지 미리 알고 있다면 어림짐작하는 일도 없고 실제로 과식할 기회도 없게 되죠. 냉장고를 열었는데 뭘 먹어야 할지 당최 모른다면, 체중 감량 혹은 체중 관리에 이상적이지 않은 것들을 마구 집어 들기가 더 쉽습니다. 사람들이 식사 준비의 중요성을 과소평가하는 것 같습니다. 내일 아침, 점심, 저녁에 뭘 먹을지 미리 알고 있다면 일은 훨씬 수월해질 겁니다. 물론 재미있거나 흥미진진한 일은 전혀 아니죠. 사람들은 이렇게 말하길 좋아합니다. "우리 저녁에 뭐 먹을까?" 하지만 여러분만의 목표에 도달하고 싶다면 식사 준비에 모든 것이 달려 있다고 봐야 합니다. 저는 다른 무엇보다도 이것을 제1원칙에 둡니다. 내 입에 뭘 넣느냐 하는 거죠. 운동도 좋죠. 하지만 운동은 하는데 식이조절이 엉망이라면 원하는 몸을 만들 수 없습니다.

브라이언: 어떤 종류의 음식을 권하시겠습니까?

앤드루: 사람마다 다릅니다. 물론 모두를 위한 정답이란 없겠지만, 저라면 우선 고단백 식생활을 중심으로 아침에는 탄수

화물을 먹고 다른 때는 탄수화물 섭취를 피하겠습니다. 이것은 여러분의 활동 수준이 좌우합니다. 집에서 아이와 함께 수학책을 공부한다거나 텔레비전을 본다면 탄수화물이 필요치 않겠지만, 운동을 좀 한다거나 야외에서 마당 일을 한다면 탄수화물이 필요하겠죠. 그런 일이 아니라면 필요하지 않을 거고요. 케토keto 식단(탄수화물 섭취를 줄이고 지방 섭취를 늘리는 대표적인 식이조절 방법의 하나—옮긴이) 같은 것은 선호하지 않습니다. 탄수화물이 필요할 때도 있거든요. 다양한 음식을 먹어보고 몸의 반응을 살핀 뒤에 자신의 에너지 수준에 맞는 것을 찾으시길 바랍니다. 어떤 사람들은 지방이 잘 맞고 어떤 사람들은 탄수화물이 잘 맞습니다. 둘 다 필요한 경우란 없죠. 저라면 다양한 음식을 시도해보고 어떤 음식을 먹었을 때 내 몸이 체중을 더 잘 감량하는지 알아보겠습니다. 탄수화물 섭취를 대폭 줄여야 하는 사람도 있지만 그렇지 않은 사람도 있거든요. 지방 함량을 높이되 탄수화물 함량은 극도로 줄일 때 더 큰 효과를 얻는 경우도 있죠.

여러분의 에너지 필요량과 허기 정도를 고려해 하루에 서너 끼로 나눠 드시는 것을 권합니다. 모든 면에서 지속가능성이 중요하다고 봅니다. 똑같은 방식의 식생활 또는 특정 종류의 운동을 남은 인생 내내 지속할 수 없다면 효과적인 방법이 아닐 겁니다.

브라이언: 정말 맞는 말씀입니다. 이제 운동 부문을 이야기해보죠. 앤드루 씨는 보디빌더시죠. 그런데 저희처럼 활동 수준은 높이고 체중은 줄이되 몸을 꼭 키우고 싶지는 않은 사람에게는 특별히 어떤 운동 루틴을 추천해주실 수 있을까요?

앤드루: 유산소 운동이라면 선호하시는 것을 아무거나 하셔도 좋습니다. 자전거 타기를 비롯해 여러분이 좋아하시는 어떤 것이든 말이죠. 단, 매일 최소 20~30분간 칼로리를 태우면서 심박수를 높이시길 바랍니다. 어떤 운동이 가장 좋은지 아시나요? 이제부터 여러분이 하실 그 운동입니다. 무게를 들어 올리는 근력운동 중에서는 스쾃, 런지, 크런치 등 여러분의 몸통을 공간상에서 이동시키는 것들이 가장 효과적입니다.

여러 근육을 동시에 쓰고 싶으시다면 복합 운동을 고려해보세요. 상완 이두 운동을 좋아하시는 분들이 많은데요. 그 운동으로는 극히 적은 신체 부위만 운동하게 됩니다. 반면에 런지 운동을 하면 코어도 관여될뿐더러 다리도 운동이 되죠. 다리와 등 근육은 체중 감량에 관여하는 가장 큰 근육이니 그쪽 영역에 집중하시길 바랍니다. 스쾃, 런지, 그 밖에 서서 하는 모든 운동이 앉아 있는 것보다 확실히 낫습니다. 지금 하고 계신 운동이 무엇이든 전부 몸을 움직이는 활동입니다. 지금 무언가를 하고 있다면 앞으로 좋아지실 겁니다.

브라이언: 지금까지 식생활과 운동을 다뤘습니다. 인터뷰 전

에 건강 측면에서 주의해야 할 3요소도 이야기했었지요. 그 점도 말씀해주실 수 있을까요?

앤드루: 제가 생각하는 3요소는 운동, 영양, 수면입니다. 수면에 관해서는 이야기하는 사람이 없는데요. 사실 수면은 물을 마시듯 모든 사람이 충분히 취해야 합니다. 충분한 수면이 없으면 여러분의 몸은 지방을 저장하고 코르티솔 수치를 높이고, 결국 탄수화물에 대한 욕구가 더 생겨납니다. 그러면 아이스크림을 먹게 되지, 달걀흰자 또는 달걀을 먹게 되지는 않을 겁니다(저는 노른자를 좋아합니다[22]). 그다음은 운동을 챙겨야 하는데 물론 영양을 같이 생각해야 합니다. 하지만 우열을 가린다면 영양이 왕King입니다. 말장난하려는 의도는 없습니다.[23]

우리는 곧 우리가 먹는 음식 더미입니다. 어떤 사람을 봤을 때 그가 운동을 얼마큼 하는지는 알 수 없어도 무엇을 먹는지, 그 음식들이 영양가가 높은지 아닌지는 잘 알 수 있습니다.

브라이언: 정말 적절한 표현이네요. 저도 우리가 큰 고깃덩어리라고는 늘 생각하는데, 우리가 걸어 다니는 음식 더미라고는 전혀 생각하지 않았거든요. 생각할수록 맞는 말입니다.

앤드루: 우리는 정말 음식 더미입니다. 저는 누군가를 보면 그 사람이 먹는 음식을 꽤 잘 알아맞힐 수 있습니다. 체중이 많이 나가는 사람이라면 가공식품 섭취와 음주가 잦은 식생활을 하고 있을 겁니다. 물론 유전도 한몫하겠으나 건강한 식생활은

누구에게나 몸매를 가꾸는 데 유익합니다.

브라이언: 개인 트레이너로서 만나는 의뢰인들을 생각해볼 때, 그분들의 목표 달성을 가로막는 가장 큰 장애물은 무엇이라고 보시나요?

앤드루: 식사 준비죠. 원하는 결과를 얻는 의뢰인들도 더러 있었지만, 식생활을 바꾸면 개선 속도가 빨라질 것을 알았기에 각자의 선호도에 맞춰 매 끼니에 다양한 선택지를 드렸습니다. 끼니마다 닭가슴살을 먹을 필요는 없습니다. 달걀, 치킨, 연어, 칠면조, 단백질 셰이크 등등 단백질 식품도 가지가지거든요. 채식주의자라면 더 까다롭겠지만 퀴노아를 비롯해 선택할 만한 식재료들이 있습니다. 하루 중 늦은 시간에 탄수화물을 섭취하는 것도 자주 문제가 됩니다. 모든 피해는 오후 4시 이후에 일어납니다.

브라이언: 잘 아시듯이 저는 다섯 살배기 딸아이의 아빠인데요. 저 역시 평생 과체중으로 살아왔습니다. 제가 가장 걱정하는 것 하나는 건강한 아이를 키우는 겁니다. 자녀를 키우는 데, 특히 건강한 생활방식을 유지하는 데 많은 어려움이 따르는 현대사회에서 자녀 양육에 필요한 조언을 주신다면요?

앤드루: 정말 어려운 문제네요. 저는 닭가슴살과 브로콜리를 먹지만 우리 아이들은 여느 아이들과 같습니다. 그 아이들도 맥앤드치즈mac and cheese(버터와 밀가루를 녹인 후 우유. 치즈, 마카

로니, 베이컨, 양파 등을 넣고 소금, 후추로 간을 맞춘 음식-옮긴이)
와 과일 스낵을 좋아하죠. 땅콩버터 크래커와 치즈 크래커도
먹고 싶어 합니다. 그들이 아이라는 점은 존중하되 아이들 앞
에 건강한 선택지도 반드시 제시합니다. 달걀, 치킨, 과일 같은
음식들은 근육에 꼭 필요하다고 말해주기도 하고요. 궁극적으
로 저의 식생활을 통해 모범을 보이려고 합니다.

브라이언: 저는 딸아이가 아주 어릴 때 약속을 하나 했습니
다. 그 아이를 위해 건강을 회복할 것이며 언젠가는 함께 달릴
거라고 했죠. 아직 오래 달릴 만한 상태는 아니지만, 분명 저는
아이 덕분에 훨씬 더 건강해지고 신체적으로도 더 활발해지고
있습니다. 그건 확실합니다.

앤드루: 약속한 목표를 이루실 겁니다. 마흔이 넘은 부모라
면 체육관에서 잘못된 자세로 운동하거나 너무 무거운 것을 들
다가 다치지 않는 것이 중요하다는 것을 잊지 마세요. 장거리
달리기도 마찬가지입니다. 드는 무게를 가볍게 설정하고 완벽
한 자세를 갖춰 많은 횟수를 실행한다면 아이들을 쫓아다니기
에 적합한 몸을 유지할 겁니다.

그 박사
코미디언

여행 중 식당을 찾아갈 때는 되도록 체인점을 피하는데, 최근 아웃백 스테이크하우스에 처음 가봤다. 여러분도 가본 적이 있는가? 이 식당은 호주를 테마로 한 스테이크집이라고 광고하지만, 분명히 말하건대 메뉴판에 호주 느낌을 풍기는 음식은 하나도 없었다. 내가 기대한 것은 캥거루 스테이크, 튀긴 에뮤스틱 또는 코알라 버거였으나 그런 것은 전혀 없었다. 그냥 평범한 음식들이었다. 아웃백은 "규칙은 없어. 다만 올바르게No rules, just right"라는 슬로건으로 광고를 내보내고, 메뉴판에도 이 문구를 적어두었다. 사실 슬로건은 "아웃백 스테이크하우스: 애플비스의 호주 버전Outback Steakhouse: Australian for Applebee's"[24]이라고 바꿔야 마땅하다.

나는 코미디언으로서 대중의 인식 속에 깊이 새겨진 적이 없었다. 나의 첫 홍보 담당자와의 대화가 기억난다. 그는 내게 이렇게 물었다. "죄송합니다. 제가 코미디를 잘 몰라서요. 유명한 코미디언이신가요?" 자신의 유명세를 설명할 필요가 없다는 것도 유명 인사의 한 단면이다. 그런 의미에서 나는 유명한 코미디언은 아니지만, 미국과 캐나다 전역의 온갖 클럽과 페스티벌에서 공연해왔다. 심지어 호주에서도 공연한 적이 있는데 그때도 아웃백 스테이크하우스는 전혀 이용하지 않았다. 유명해지고픈 마음에 로스앤젤레스로 이사했지만, 도로 위를 여행하는 것이 좋고 많은 관객을 마주하고 싶다는 사실을 깨닫고는 지금 이렇게 살고 있다.

내가 스탠드업 코미디를 늘 사랑했던 것은 외모와 관계없이 누구나 웃길 수 있다는 사실 때문이었다. 연기와 음악 세계에서는 젊고 마른 공연자를 우대하곤 하는데 코미디 업계는 비교적 포용적이다. 크게 성공한 사람 중에는 젊고 마른 사람들도 많지만 뚱뚱한 코미디언도 적지 않다. 내가 처음 공연할 때만 해도 나와 비슷한 외모를 가진 코미디언이 차고 넘쳤다.[25] 내 예명을 '브라이언 킹 박사'로 정한 것도 이런 이유에서다. 코미디언이 되기 전에는 내 학위 타이틀을 전혀 사용하지 않았지만, 과체중인 백인 남성 코미디언이 수두룩하므로 학위를 이름에 드러내면 내가 돋보이는 데 도움이 될 듯했다. 실제로도 효과가 있었다. 거리에서 사람들이 나를 멈춰 세우고 '그 박사 코미디언'이 맞느냐며 물어본 적도 여러 번 있었다.

캘리포니아 더블린에 있는 번조스 코미디 클럽Bunjo's Comedy Club[26]의 주인이었던 존 디코벤John DeKoven이 '코미디계의 빅보이들The Big Boys of Comedy'이라는 이름의 코미디언 쇼케이스를 기획한 적이 있다. 나도 주요 공연자 중 한 사람이었다. 당시 나는 젊고 말랐기 때문에 역할을 맡지 못했다. 우리가 한데 모여 있었는데도 그날 공연장 무대가 무너지지 않았다니 지금 생각해도 놀랍다. 공교롭게도 번조스 클럽은 아웃백 스테이크하우스 바로 옆에 있는 중국음식점 안에 있었다. 애초에 아웃백 이야기가 시작된 곳도 바로 여기였다.

체중 감량을 진지하게 고민하다 보니 이것이 내 코미디에 미칠 영향을 생각하게 되었다. 여전히 내 뚱뚱한 몸을 소재로 농담을 던질 수 있을까? 살을 빼고서도 과연 웃길 수 있을까? 코미디의 소재가 반드시 뚱보와 연관되어야만 하는 것은 아니니 지금 생각하면 말도 안 되는 걱정이다. 하지만 나는 내 체중을 극복하는 수단 차원에서 유머감각을 개발했던 것도 사실이다. 그러니 적어도 이 질문을 놓고 고민하는 것이 영 터무니없지는 않았다. 외모를 몰라보게 바꾼 공연자들이 전처럼 많은 관객을 모으지 못해 힘들어하는 것을 본 적이 있다.[27] 정확히 누구라고는 말하지 않겠다. 누군가의 체중 감량을 두고 은근하게라도 부정적인 말은 피하고 싶기 때문이다. 하지만 뚱뚱해서 유명해진 어떤 코미디언의 과체중 이미지가 내 머릿속에 깊이 박혀 있을 때, 그 사람이 갑자기 날씬하고 탄탄한 몸매로 무대에 오른 모습을 보면 이를 받아들이기가 그리 쉽지 않을 것이다.

셰프 수지 거버에게
듣다

내가 박사학위를 받고 처음 일자리를 잡은 곳은 피츠버그였다. 면접을 보기 전까지 피츠버그에는 한 번도 가보지 못했지만, 차를 타고 들어가 보니 몇 년간 그곳에 살아도 참 좋겠다는 생각이 들었다. 언덕이 많은 경치는 샌프란시스코를 연상시켰고, 도시 건축물들은 〈배트맨〉 만화에 나오는 고담시를 떠올리게 했다.[28] 몇몇 동네와 도시 전체에 감도는 탈공업화된 느낌은 흥미로운 분위기를 자아냈다. 이때가 2000년대 초였다. 나는 피츠버그에서 예술가, 영화 제작자, 음악가, 연기자와 같은 창의적인 사람들을 많이 만났다. 그곳은 금전적으로 감당할 만하면서도 영감이 넘치는 곳이어서 그런 사람들을 끌어들이는 도시였다. 이런 배경에서 셰프로 일하는 수지 거버를 처음 만났다.

수지는 과학자의 두뇌를 가진 예술가였고, 나는 예술가의 심장을 가진 과학자였다. 우리가 마음이 잘 맞은 것도 분명 이 때문이었을 것이다. 우리는 몇몇 프로젝트에서 협업하다가 좋은 친구가 되었다. 수지는 내가 코미디언이 되기 전부터 나를 알았고, 나는 그녀가 셰프(그리고 나중에는 박사 후보자)가 되기 전부터 그녀를 알았다. 나중에는 둘 다 펜실베이니아 남서부에 있던 집을 떠나 다른 도시로 갔지만 그 후에도 연락을 주고받았다. 각자 좋아하는 장소들이 많이 겹친 까닭에 세계 곳곳에서 우연히 마주치기도 했다. 최근에 나는 사라와 함께 보스턴에 있는 수지의 식당에서 비건vegan(육류는 물론 생선, 달걀, 우유 등 동물성 식품을 완전히 제외하는 완전한 채식주의-옮긴이) 저녁 식사를 즐겼다. 어찌나 맛있던지 동물성 식재료가 없다는 것을 거의 알아채지 못할 정도였다.

대학시절에 비건 식단을 잠시 시도해본 적이 있다. 주된 목적은 체중 감량이었지만, 전반적으로 더 에너지 넘치고 건강하다는 느낌이 들었던 기억이 난다. 수지의 요리책『식물로 만드는 고급 요리Plant-Based Gourmet』[29]가 나왔을 때, 그런 생활방식으로 돌아가는 것을 진지하게 고민했던 나는 이런 생각이 들었다. 식이조절과 운동이라는 간단한 두 방법 중 식이조절 부문의 전문가로서 수지 셰프보다 더 나은 사람이 있을까? 그녀는 거의 언제나 눈코 뜰 새 없이 바쁜 사람이다. 더군다나 내가 이 책을 쓰는 지금은 대학원에서 박사과정을 마무리하느라 정신이 없을 텐데 고맙게도 시간을 내주었다.

브라이언: 지금 당신의 직업을 무엇이라고 생각하면 좋을까요? 마음 같아서는 셰프라고 부르고 싶지만 하시는 일이 더 있으시죠.

수지: 엄밀히 말하면 행동과학자이자 영양과학자입니다. 둘 중 하나거나 둘 다죠.

브라이언: 좋습니다. 제가 의도하는 방향도 그쪽입니다. 그보다 먼저, 당신도 체중 감량 때문에 나름대로 고생하신 적이 있죠. 그 이야기를 좀 들을 수 있을까요?

수지: 어린 시절에 늘 과체중이었어요. 식구들 대다수가 과체중이거든요. 저의 식이조절 과정은 꽤 어릴 때부터 시작됐던 것 같아요. 오랫동안 다양한 것을 시도해봤죠. 90년대에는 특히 정크푸드를 선호하는 비건이었다가 거기서 곧장 앳킨스 다이어트Atkins Diet('황제 다이어트'라고도 하며, 탄수화물 섭취는 줄이고 단백질과 건강한 지방 섭취를 강조하는 식이요법-옮긴이)로 넘어갔어요.

브라이언: 비건이었다가 갑자기 육류 중심의 식생활을 시작하신 거네요?

수지: 주치의가 저와 엄마를 앉혀 놓고 이렇게 말했어요. "십대인 지금 식생활을 바꾸지 않는다면 절대로 살을 빼지 못할 겁니다. 육류를 먹지 않는다면 절대 건강해지지 않을 거예요." 그때가 고등학교 2, 3학년 때였어요. 하룻밤 만에 비건에서 앳킨스 다이어트로 옮긴 거죠. 제가 먹은 건 전부 육류였어요. 슬라이스 고기와 슬라이스 치즈 같은 것들 말이죠. 저는 늘 운동을 좋아했고 지구력 활동도 많이 했던 터라 근밀도와 체력이

우수했지만 체중은 늘 많이 나갔어요. 그러다 20대 초반에 매우 심각한 만성질환이 생겼고, 몸의 기능에도 문제가 나타났고, 전에 하던 몇몇 체육활동을 하는 데 심각한 지장이 생겼어요. 더는 요가도 못 하겠더라고요. 의사들은 부상이 생길지 모르니 노트북 무게 이상으로는 들고 다니지도 말라더군요.

20대 후반에 5년 정도 만성적으로 몸이 아팠고 몸무게도 정말 많이 나갔어요. 아마 제 인생에서 가장 무거웠을 거예요. 그 시기에는 살을 빼고 싶어서 세상에 존재하는 온갖 것을 시도해봤을 거예요. 극도로 건강을 의식한 나머지 유기농 음식과 과일과 채소만 먹으려고 했어요. 맨해튼에 살면서도 몸이 너무 아팠어요. 음식 천국인 맨해튼에서 말이에요. 맨해튼에서는 말 그대로 어떤 방식으로든 살 수 있는데 아무것도 효과가 없었어요. 온갖 것을 찾아보고 읽어봤죠. 어느 날 수많은 임상시험과 연구를 거쳤다는 뭔가를 보게 됐어요. 내용인즉슨 저와 비슷한 만성질환자들이 비건 식이요법으로 몸이 나았다는 거예요.

비건으로 살았던 90년대에도 잘 해냈으니 다시 한 번 해보기로 했어요. '어렵지 않을 거야. 비건이 어떤 건지 잘 알잖아' 싶었죠. 당시 제 남편은 중서부지역 출신으로 육류와 감자를 주로 먹는 남자였어요. 남편도 덩달아 비건식을 해보겠다고 나서는 것을 보고 충격을 받았죠. 그 사람도 꽤 뚱뚱했거든요. 한 달 사이에 둘 다 몸무게가 상당히 많이 빠졌어요. 지난 수년간 복용했던 약도 전부 끊었죠. 증상이 전혀 나타나지 않았고 몸무게도 계속 빠졌어요. 전에 했던 스포츠 활동도 다 할 수 있었어요.

그렇게 삶이 달라지는 것이 매우 흥미로웠어요. 그야말로 다른 삶을 살았거든요. 당시 저는 시각예술에 더 많이 참여하고 있었는데, '야, 이거야말로 시각예술이구나. 음식과 건강'이라는 생각이 들었어요. 이것이 사람들의 삶을 변화시키는 거예요. 제 인생이 바뀐 것처럼요. 그래서 좀 더 깊이 파고들어 이에 관한 증거들을 더 알아보려고 노력했어요. 그때 제가 비교적 쉽게 접근할 만한 것이 요리의 세계였어요. 이런 삶의 방식을 유지할 방법을 알고 싶었거든요. 저는 대단한 미식가였어요. 다시 한 번 말하지만 맨해튼은 제게 음식 놀이터였던지라 전부 놓아버리고 싶지는 않았어요. 그때 비건으로서 고급 요리를 즐기는 방법, 몸에 좋으면서도 고급스럽고 동시에 매우 실험적인 음식을 먹을 수 있는 전혀 새로운 세계를 발견한 거죠. 그 이후로 이 세계는 더 흥미롭고 다양해졌어요.

브라이언: 아시다시피 제가 지금 책을 쓰고 있거든요. 달리 말하면 거의 온종일 컴퓨터 앞에 앉아 있다는 거죠. 글쓰기는 그다지 몸을 많이 쓰는 활동이 아니라서 저 나름대로 노력하고 있어요. 한 단락을 완성하고 나면, 아빠가 칼로리를 좀 태워야 하니까 같이 나가서 산책하자고 딸에게 말하죠. 이렇게 최대한

애쓰는데도 활발한 생활을 유지하기가 쉽지는 않아요. 당신의 의견을 들었으면 해요.

수지: 제가 거의 모든 사람에게 말하는 몇 가지 방법이 있긴 해요. 하지만 우리는 꽤 오래 알고 지낸 사람이니까 브라이언 씨에게 맞춰서 제 의견을 드릴게요. 체중 감량에서 정말 중요한 부분은 모든 사람이 저마다 체중을 감량할 생물학적인 방법, 그리고 내 생활방식 안에서 내게 효과적인 방법들이 존재한다는 것을 알아차리는 거예요. 비건 식생활이 얼마나 놀라운지는 제가 말씀드릴 수 있어요. 과일, 채소, 통곡물을 더 많이 먹으면 얼마나 좋은지도 말씀드릴 수 있죠. 이런 이야기는 늘 듣잖아요. 그 방법들이 최고라는 건 저도 진심으로 믿는 바지만, 최고의 식이조절은 내가 오래 유지할 만한 식단을 찾는 거예요. 내가 꾸준히 따를 수 있는 식이요법이 최고라는 거죠.

일상생활에서 일련의 타협이 필요해요. 매 끼니, 매달, 매년 이런 식으로요. 저는 사람들에게 이런 방식으로 생각해보라고 권유해요. 때로 우리는 지금 밥 먹는 그 식당, 물건을 사는 그 식료품점에서 늘 가장 맛있는 것을 골라야 한다고 생각해요. 이런 식으로 생각하는 것부터 바꾸라고 말하곤 해요. 매 끼니가 내 인생에 가장 흥미진진한 식사가 되어서는 안 된다고 말이죠. 식사할 때마다 이 끔찍한 것을 삼켜야 한다고 생각하는 것도 금물이죠. 그러면 오래 못 가니까요. 그렇게 하면 한 달 정도 극단적인 식이조절을 유지하다가 오히려 몸이 더 나빠지는 결과를 얻게 돼요.

연구를 살펴보면 식이조절을 시도하고 실패하는 횟수가 늘수록 살이 덜 빠지고 그 방법을 유지하기가 어렵다는 것을 분명히 알 수 있어요. 저마다 포기할 것과 타협할 것에 관해 자신에게 솔직해져야 한다고 생각해요. 이 타협 중 일부는 목표와 관련돼 있어요. 빨리 체중을 감량하는 것과 감량 후 체중을 유지하는 것은 똑같은 목표가 아니에요. 육류를 포기하고 싶지 않을 수노 있고, 이이스크림을 포기하고 싶지 않을 수도 있을 거예요. 자신에게 솔직해지세요.

체중을 감량하려는 경우, 단기간 안에 체중을 대폭 감량한 후에 전략을 완전히 바꿀 수도 있어요. 저에게는 이 방법이 아주 효과적이더라고요. 잘 알려진 몇몇 식이조절 방법은 반응이 나타나기까지 얼마간 시간이 걸려요. 이 유도 기간은 연구문헌이 잘 뒷받침해주죠. 한 달 계획을 생각해보세요. 강도 높은 한 달을 보내면서 이를 악물고 버티는 거예요. 이를테면 한 달 만에 4.5~9킬로그램을 확 빼는 거죠. 일주일에 1킬로그램 이상은 감량하지 말라는 권고를 고려하면 한 달에 4.5킬로그램은 충분히 감량할 수 있어요.

그 지점을 넘어서면 이런 생각이 들 거예요. '좋아하는 음식은 입에도 안 대면서 하루에 1,200칼로리만 먹고 한 달을 보냈어. 남은 인생을 그렇게 보내고 싶지는 않아. 누구도 그렇게 살 수는 없잖아. 물론 그렇게 한 덕분에 지금의 결과를 얻었지. 이제 다른 목표를 세워보자.'

다음 목표로 근육을 좀 키우고 싶을 거예요. 그게 장기적으로도 유익할 테니까요. 보통 저는 이를 가리켜 '감량, 증량, 그리고 유지' 이렇게 불러요. 저도 이렇게 몇 번 해봤어요. 제가 좋아하는 방법은 두 달간 비건 케토 요법을 유지하는 거예요. 그러면 금세 7~9킬로그램이 빠지더라고요. 이 시기에는 집중적으로 지방을 감량해요. 하지만 그다음에는 단백질을 좀 보충하고, 저항 운동을 높여 제지방(지방을 제외한 몸 전체의 무게—옮긴이)을 좀 불리려고 노력해요. 그래야 신진대사가 높아지니까요. 이에 따라 자연스럽게 식욕이 줄어요. 그러면 탄수화물, 단백질, 지방을 적절히 섭취하는 식생활로 바꾸죠. 이렇게 유지 기간에 들어가면서 내게 맞는 이상적인 체중을 유지하는 데 필요한 칼로리가 얼마인지 정확하게 평가하죠.

브라이언: 저는 살면서 비건 식이요법을 두 번 해봤습니다. 첫 번째 시도에서는 체중을 대폭 감량했는데, 결국 땅콩버터와 젤리 샌드위치만 먹게 되더군요. 이후 코로나 팬데믹 직전에 또 한 번 시도했었습니다.

수지: 두 번째로 시도하셨던 그때 우리 식당에 오셨던 것 같군요.

브라이언: 맞습니다. 보스턴에 갔을 때 거기서 식사했었죠. 엄격하게 식단 관리를 하던 중이었는데요. 계속 돌아다니며 생활하다 보니 성분만 식물성인 온갖 햄버거를 먹고 있더라고요. 육류를 대체하는 훌륭한 음식이긴 하지만, 그렇다고 전부 칼로리가 낮은 것도 아니고 그다지 몸에 좋지도 않죠. 여행 중에 비건 식단을 유지하기란 정말 어렵다고 느꼈어요.

수지: 저마다 목표가 달라요. 저는 이 이야기에서 목표가 정말 중요한 부분이라고 생각해요. 비건 식단만 지키면 된다고 생각한다면 삼시 세끼 감자칩을 먹을 수도 있겠죠. 하지만 감자칩은 단일 식품으로는 비만과 가장 관련성이 높을 거예요.

비건 식단에도 종류가 많아요. 제 생각에 비건 식단의 묘미는 사람마다 자기만의 목표와 어울리는 식단을 찾을 수 있다는 거예요. 내 목표가 생태적 지속가능성, 신체 건강, 동물 복지, 혹은 이런 목표들의 결합이라면 그에 맞는 식단을 찾을 수 있어요. 하지만 동물성 재료로 만든 버거의 대체품으로 비건 버거를 택하는 것은 식단을 조금 개선할 뿐이라는 말씀에 동의해요. 버거는 버거니까요.

건강 효과 때문에 비건을 지지하는 건 아니에요. 제 식생활을 정확히 평가해보니 비건이 적합하기에 택한 거죠. 하지만 거기서 책임이 끝나는 건 아니에요. 때로는 식탁의 절반이 브로콜리로 채워진 저녁을 먹기도 하지만, 절반이 감자튀김인 저녁을 먹기도 쉬우니까요.

브라이언: 식물성 버거를 먹으면서도 제가 먹는 음식이 몸에 해롭다는 것은 잘 알고 있었습니다. 문제는 이동하며 지내는 생활방식에 있었죠. 이동 중에는 그런 음식이 편하기도 했고, 그렇게 하면 비건 생활을 유지하기도 쉬웠거든요.

수지: 체중 감량을 위한 비건이나 다른 식이요법, 또 건강을 위한 식이요법 사이에도 차이가 있다고 생각해요. 사람들은 체중 감량을 논할 때 이 부분을 자주 빼놓고 이야기하는 것 같아요. 지방만 먹으면서도 살은 뺄 수 있거든요.

섭식과
성행동에 관한 연구

나는 앤드루 긴즈버그처럼 피트니스 전문가도 아니고, 수지 거버처럼 영양 전문가도 아니다. 사실 무엇에 관해서도 나 자신을 쉽게 전문가라고 부를 수는 없지만 인간 행동에 관해서만은 아는 것이 좀 있다. 나는 우리가 이런저런 행동을 하는 이유에 늘 관심이 있었던 것 같다. 나 역시 사람이기에 자신과 타인의 행동을 늘 관찰하고, 해석하고, 이해하려고 노력해왔다. 이런 점에서 모든 사람은 아마추어 심리학자라고 할 수 있다.

나는 늘 과체중이었던 까닭에 체중과 관련된 문제들에 어느 정도 관심을 두고 있었다. 하지만 이 문제를 가볍게 관찰하는 수준을 넘어서도록 처음 이끈 것은 텍사스대학교에서 들은 한 심리학 수업에서였다. 이 수업은 '물질 남용: 음식과 알코올Substance Abuse: Food and Alcohol'이라는 이례적인 제목 아래 진행되었다. 담당 교수였던 데벤드라 싱Devendra Singh 박사[30]는 첫날부터 내게 강한 인상을 남겼다. 유머감각도 좋았고, 코끼리와 인도에 관한 이야기도 흥미로웠으며, 수업이 끝날 때마다 질문에 정답을 내놓은 학생에게는 생무화과를 상으로 주기도 했다. 그 수업은 내가 학교에 다니는 동안 절대 빼먹지 않겠다고 다짐한 몇 안 되는 수업 중 하나였고, 나는 싱 박사의 연구실을 자주 찾아가곤 했다.[31]

싱 박사는 신체적 매력을 결정하는 데 작용하는 지방 분포의 중요성을 연구한 것으로 가장 잘 알려져 있었다. 허리-엉덩이 둘레waist-to-hip ratio(WHR)[32]로 표현되는 지방 분포는 허리둘레를 측정해 이를 엉덩이둘레로 나누는 간단한 계산법을 따른다. 어떤 사람의 엉덩이가 허리보다 넓다면 여성에게 더 전형적인 모래시계 체형으로서 WHR이 1.0보다 작을 것이다. 1.0에 가까운 WHR은 일자 체형으로 남성 또는 사춘기 이전 아동에게 더 흔하게 나타난다. 마지막으로 어떤 사람의 허리가 엉덩이보다 넓다면 WHR이 1.0보다 크고 뱃살이 좀 나왔을 확률이 매우 높다. 나의 경우에는 거울만 봐도 뻔히 알 만하기에 직접 재보지는 않았지만, 분명 나의 WHR은 늘 1.0보다 컸을 것이다. 싱 박사의 초기 연구에 따르면, 나를 포함한 대다수 남성은 체격과 관계없이 WHR이 약 0.7인 여성을 선호하는 것으로 나타났다. 사라의 WHR은 늘 0.7 정도였고, 탬파 식당 의자에 걸터앉아 있던 호리병 모양의 사라 몸매는 영원히 내 기억 속에 이미지로 박혀 있다. 여성들은 대개 WHR이 0.95인 남성을 선호한다고 한다.

싱 박사에 따르면 이러한 체형 선호는 임의적이지 않으며 그 속에는 적응적 가치가 숨어 있다. 즉, 이것이 궁극적으로 우리 종의 생존에 이바지한다는 것이다. 양쪽 성에게 가장 매력적으로 인식되는 WHR이 더 나은 건강, 더 중요하게는 다산을 포함한 종의 번식과 연관되는 것은 우연이 아니다. 허리-엉덩이 둘레와 생식 적합성 사이의 관계는 다음을 생각해보면 훨씬 명확해진다. 일반적으로 사춘기 전에는 소년, 소녀의 WHR이 같다. 하지만 호르몬의 영향으로 목소리가 굵어지고 체모가 자라나기 시작하면 체형이 달라지면서 생식이 가능한 나이로 접어든다. 성인기에는 임신 기간과 완경기, 즉 여성의 삶에서 생식 가능성이 줄어드는 두 시기에 허리-엉덩이 비율이 달라진다. 잠깐 기다려보라. 사라가 마이크를 잡고 싶다고 한다.

여성분들이 지금 무슨 생각을 하는지 알아요. 그러니까, 내 엉덩이가 제니퍼 로페즈의 엉덩이를 닮지 않았다면 매력도 없고 아이도 못 가진다는 말이야? 뷰티 산업이나 성형외과 의사들이 이런 공포를 이용하려 들죠. 하지만 실은 그렇지 않다는 걸 우리도 잘 알잖아요. 아름다움이란 보는 사람의 눈에 달려 있고 사람마다 신체적, 정서적으로 수많은 특징이 있으니까요. 게다가 현대 문화에서 늘 상호배타적인 것은 아니지만, 아름다움과 섹시함 그리고 이것들과 관련된 진화적 성 전략에는 차이가 있어요. 먼저 섹시함, 아름다움, 매력이 서로 다르긴 해도, 이것들은 성적 상대와 파트너가 단기적 만남과 장기적 관계 측면에서 상대를 인식하는 요소로서 서로 연관된 개념이에요.[33] 더 중요한 두 번째 사실이 있습니다. 여러분이 정말 이상적인 허리-엉덩이 비율을 가졌어도 혹은 실제로 임신 중이어도, 여러분보다 엉덩이둘레가 작은 다른 여성보다 여러분의 골반관이 훨씬 더 활짝 열린다는 뜻은 아니에요.[34]

제 경험에 비추어 말해보죠. 저는 사춘기 이후로 아이 낳기에 더없이 좋은 엉덩이를 가졌다는 말을 평생 들었습니다. 하지만 아이러니하게도 출산하기 어려운 상황에 놓였던 적이 있어요. 제 주치의에 따르면 대다수 여성은 허리-엉덩이 비율이나 골격이 저마다 달라도 대체로 비슷한 크기의 골반관을 가졌다고 하더군요. 그러니까 진정한 의미에서 모든 허리-엉덩이둘레는 멀리서 봐도 누가 남자고 누가 여자인지 더 잘 식별하도록 도와준다는 점에서 의미가 있다고 봐야겠죠.

다른 신체적 특징과는 달리 WHR은 멀리서도 눈에 들어온다. 덕분에 원시인들은 사바나를 가로지르는 다른 원시인을 발견했을 때 같이 자고 싶은 사람인지 아닌지 즉시 판단할 수 있었다. 초기 인류에게 유의미했던 정보를 토대로 현대인의 행동을 해석하는 것이 진화심리학의 기본 태도다. 이것도 싱 박사에게서 처음 접했다.

이후 신경과학 입문을 비롯한 몇몇 심리학 수업을 더 듣고 난 뒤, 내 인생에서 뭘 하고 싶은지 알게 되었다. 싱 박사의 수업[35]을 들으며 처음으로 섭식과 이성 교제에 대한 학문적 관심을 키운 나는 대학원에 들어가 이 주제들을 진화론적 관점에서 집중적으로 연구하고 싶었다. 싱 박사는 추천서를 써줄 정도로 내게 큰 친절을 베풀어주었다.

뉴올리언스대학교에 들어가서는 뇌를 자세히 탐구하며 섭식과 성행동을 연구하고픈 열의로 가득했다. 그리고 정확히 그 일을 했다. 나는 대학원에서 공부하는 동안 시상하부라고 알려진 뇌의 영역과 친해지게 되었다.[36] 뇌의 중심부에 있는 시상하부는 직접 또는 뇌의 중계소인 시상과의 연결을 통해서 우리의 감각기관 및 뇌의 다른 부위로부터 입력 정보를 전달받는다.

그런 다음 직접적으로 또는 다양한 호르몬 분비에 영향을 줌으로써 이 정보를 다른 뇌 영역으로 보낸다. 시상하부는 체온 조절, 수면-각성 주기, 섭식 등 생존에 도움을 주는 행동, 공격과 두려움 등의 정서 반응으로 생존에 도움을 주는 행동, 성행동과 같이 우리 종을 연장하는 데 유익한 행동 등에 관여하는 중요한 구조다. 섭식과 성행동을 연구하던 나로서는 시상하부에 집중해야 했다. 정확히 말해, 나는 실험실 연구라는 구체적인 목적을 위해 사육된 여러 종의 하나인 롱-에반스Long-Evans 쥐의 시상하부를 알게 되었다. 시상하부 수준에서는 사람과 쥐의 뇌가 꽤 유사하기 때문이다.

첫 번째 프로젝트[37]는 뇌 부위 중에서도 극히 적은 부분을 차지하는 복내측 시상하부ventromedial hypothalamus(VMH)와 관련된 것이었다. VMH는 포만감과 연관되는 부위로서 뇌의 다른 영역에 배부르다는 신호를 전달한다. 이 부위가 손상되면 언제 포만감을 느낄지 판단하지 못하게 된다. 실험쥐들은 VMH가 제거되자 이내 체중이 불기 시작하더니 몸집이 거대해졌다. 한편, VMH는 연구자들을 무는 행동을 언제 멈춰야 할지 뇌에 알려주는 데도 유익한 부위였다. VMH가 제거된 쥐들은 몹시 공격적으로 변했다. 사실 나는 VMH 연구가 전혀 반갑지 않았다. 지나치게 공격적인 과체중 동물을 만들어내는 것이 싫었기 때문이다.

VMH가 우리에게 그만 먹어야 할 때를 알려준다면, 인근에 있는 외측 시상하부lateral hypothalamus(LH)는 먹기 시작할 때를 알려준다. LH가 손상되면 먹을 기회가 넘쳐나더라도 도무지 먹으려 하지 않을 것이다. 나는 VMH를 자극해 지금 배부르다고 가짜 메시지를 주거나, LH를 억제해 아예 식욕이 나오지 않게 할 수만 있다면 만사가 해결될 거로 생각했다. 물론 둘 중 하나를 실현하는 데 작용하는 주된 장애물이 있었다. 이런 형태의 뇌 수술(적어도 연구실에서 사용한 절차)은 되돌릴 수도 없거니와 생존 가능성도 높지 않다는 것이다. VMH나 LH는 극도로 작은 뇌 영역이라서 빈틈없이 정확하게 짚어내기가 어렵다. 비수술적 기술을 동원한다면 화학 복합물을 사용해야 하는데, 그 복합물은 이 작은 뇌 영역에만 선택적으로 작용하지 않을 터였다. 돌이켜 생각해보면 식이조절과 운동이 관여된 건강한 생활방식보다 뇌 손상이 더 매력적으로 보였다는 데 웃음이 나온다.

VMH 손상은 성행동도 방해한다. 하지만 쥐를 피험자로 사용하는 내 마지막 연구에서는 시상하부의 또 다른 부분인 전시각중추medial preoptic area(MPOA)를 살펴보았다.[38] 이 영역을 자극하면 수컷의 발기를 유발하거나, 수용적인 암컷 앞에서는 교미를 유도할 수 있다.[39] MPOA는 성적 동기 또는 성적 관심과 연관된 구조로 여겨진다. 나는 MPOA에 관한 연구를 몇 차례 수

행했는데, 그 모든 연구에서 분명히 밝혀진 것 하나가 있다. 수컷 쥐들이 수용적인 암컷 쥐에게 다가가고자 수많은 미로를 해결한다는 것이다.[40] 연구가 이 단계에 접어들자 나는 흔한 직업병으로 동물 알레르기가 생긴 것이 분명했다. 그 동물들 근처에 가는 것만 해도 충분히 내게 위험했고, (그들이) 성교하는 동안 그것을 연구하는 것은 몹시 무리였다. 변화가 필요했다.

이에 사람이 관여하는 실험을 설계하기 시작했다. 더는 뇌를 조작할 일이 없어졌다는 뜻이다. 박사과정을 마친 뒤에는 허리-엉덩이둘레를 다뤘던 싱 박사의 수업에서 떠올렸던 생각으로 돌아갔다. 나는 (WHR을 비롯한 여러 측정치를 토대로 결정하는) 한 개인의 매력 수준 그리고/또는 성적 동기 수준에 따라, 타인의 매력 정도를 측정할 때 강조하는 부분이 달라진다는 가설을 세웠다. 미리 살짝 귀띔하자면 이 가설은 대충 맞는다. 이것이 그리 획기적인 과학적 사실은 아니었지만[41], 내가 박사라는 지금의 위치에 이르는 데에는 유익했다.

이 모든 내용을 여러분에게 말한 이유가 있다. 대학시절부터 체중과 관련된 주제들이 학문적 차원에서 늘 내 마음속에 있었다는 것을 보여주고, 더 중요하게는 섭식과 성행동이 관여되는 다양한 방식 중 일부를 소개하고 싶어서다. 또한, 두 행동 모두 쾌락과 보상을 안겨주며, 둘 다 우리 종의 생존에 필수적이다.

세세한 이야기로 들어가기에 앞서, 이 행동을 일으키는 데 관여하는 뇌 부위가 시상하부만은 아니라는 점도 확실히 해두고 싶다. 몇몇 다른 뇌 영역도 곧 다룰 테니 조금만 기다려보시라.

섭식과 성행동은 복잡하게 연결되어 있다. 사라가 탬파 식당 의자에 걸터앉아 있을 때 내 눈을 사로잡은 것은 최적의 WHR을 이루는 그녀의 지방 분포였다. 사라의 체형은 그녀가 건강하고 번식력이 있다는 것을 내 뇌의 원시 영역에 알려줌으로써 교제하고 싶다는 욕구를 불러일으켰다. 그녀의 외모[42]가 내 시상하부 영역들을 활성화해 그녀와 소통하고 싶다는 동기를 높인 것이다. 우리가 있던 곳이 식당이라는 공공장소였던 까닭에 섹스를 테이블 위에 올려놓을 수는 없었다.[43] 그러나 음식을 먹는 행위는 (충분히) 고려할 수 있었으므로 내 시상하부는 식욕도 자극했다. 이는 내 뇌가 애초에 바라던 행동의 대체 역할을 했겠지만, 음식을 먹는 것이 우리가 만난 분명한 목적이었고 사회적으로도 훨씬 받아들일 만한 행동이었다. 즐거운 식사 경험을 함께하는 것은 상호 관심사에 대한 유대감을 형성하는 기회가 되었고, 결국 우리는 그 다른 행동도 하게 되었다.

이 내용을 제시하는 또 다른 이유는, 많은 사람이 아직 이해하지 못하는 행동 뒤에 숨은 몇몇 기제를 설명하기 위해서였다. 뇌 영역 일부에 관한 나의 설명만 듣고 완전한 평가를 내릴 수야 없겠지만, 내가 기술한 몇몇 세부 사항을 읽음으로써 우리 뇌가 생각과 감정만 담당하는 것은 아니라는 사실을 깨달았으면 한다. 그렇다고 우리가 의식적 자각이 전혀 없는 로봇이라는 말도 아니다. 다만 우리의 수많은 행동이 의식적 자각의 바깥에서 생겨난다는 것을 일러두고 싶다. 섭식 행동이라는 기제를 우리가 뜻대로 조처할 가능성은 딱히 없어 보이지만, 그러한 기제가 존재한다는 것을 이해할 필요는 있다. 뇌가 어떻게, 왜 그렇게 기능하는지를 조금이나마 이해하고 나면, 변화가 그토록 어려운 이유를 깨닫게 될뿐더러 우리 삶에 몇몇 변화를 일으키는 데도 유익하다.

작업치료사
사라 볼린저에게 듣다

몇 해 전에 작업치료사 그룹의 연례 회의에서 기조연설을 맡아달라는 요청을 받았다. 나는 연설을 시작하면서 나 자신이 작업치료사는 아니지만 그 일을 하는 사람과 함께 살고 있다고 말했다. 그런데도 대다수 사람처럼 아직도 작업치료사가 무슨 일을 하는지 잘 모르겠다고도 했다. 이렇게 말하자 곳곳에서 웃음이 터져 나왔고 딱딱했던 분위기가 한결 부드러워졌다.

물론 잘 모르겠다고 했던 말은 농담이었고 나머지 말은 진심이었다. 나는 탬파에서의 저녁식사 데이트 이후로 지금까지 작업치료사 한 사람과 삶을 나누고 있다. 사라에 관해서는 책 앞쪽에 이미 소개했다. 한편 사라는 자격증을 취득한 생활 코치이기도 했다. 체중 감량에 관해 이야기를 나눌 사람으로 내 옆에 앉아 있는 코치보다 더 나은 사람이 어디 있겠는가?

브라이언: 만나는 의뢰인 중에 체중 감량이 목표나 목적이 되는 사람은 얼마나 되나요?

사라: 환자를 평가하고 치료 계획을 수립할 때 체중 감량을 목표로 적는 것은 아닙니다. 하지만 일상 치료에서는 분명 체중 감량이 주제로 등장하죠. 특히 사람들이 제게, "요통, 무릎 통증이 너무 심해요"라든가 "지금보다 더 건강이 좋아지려면 무엇을 더 해야 할까요?"라는 말을 할 때는 더욱 그렇습니다. 또는, 최근에 부상 치료를 마치고 곧 집에 돌아가는데 건강 회복을 위해 기본적인 것 외에 더 총체적인 방법을 원할 때 체중 이야기를 합니다. 이를테면 체중이 관절에 가하는 압력을 줄일 수 있다면 훨씬 좋을 거라고요. 사실 체중 관리는 직접적으로 제 업무 영역에 속하지 않는데도 자주 논의 주제로 떠오릅니다. 생활방식을 교정한다는 틀 안에는 들어오니까요.

브라이언: 자격증을 취득한 생활 코치이기도 하시죠. 그 일에 관해서도 들려주시겠어요?

사라: 저 자신이 체중 감량을 해본 경험이 있어요. 그 과정에

서 익힌 기술을 사람들에게 나누고 도움이 되어야겠다는 생각에 코치가 되었습니다. 전부는 아니지만 제 의뢰인의 99퍼센트는 체중 감량 조언을 들으려고 저를 찾아온다고 할 수 있죠. 저는 그분들이 시작할 여정에서 단순히 체중 감량이 아니라 전체적인 건강이 중요하다고 일러 드립니다. 그러지 않으면 단기간에 살을 빼는 데만 몰두하게 되거든요. 그러면 유지하기가 더 어렵고, 자신의 삶과 지속적인 건강이라는 큰 그림은 한쪽으로 밀려납니다.

브라이언: 사람들의 체중 감량을 도울 때 어떤 방식으로 코치하고, 어떤 조언을 주곤 하나요?

사라: 제일 먼저 다른 보건 기관에서처럼 면담부터 시작합니다. 비교적 편안한 분위기 속에서 왜 체중을 감량하려고 하는지 현실적으로 알아보는 거죠. 건강해지려는 이유는 무엇일까요? 동기가 강할수록 목표한 체중 감량에 성공하고 이를 오래 유지할 가능성이 큽니다.

제가 드리는 조언은 이런 거예요. 새로운 식이요법은 중요한 일 혹은 스트레스 지수가 높은 일을 앞두고 있을 때가 아니라 편안한 기분일 때 시작하는 것이 가장 좋다고 일러드리죠. 내가 실제로 유지할 수 있다고 생각하는 현실적인 식생활 계획을 수립해야 합니다. 지금 하려는 것은 단기간 안에 살을 빼는 것이 아니라 장기적으로 더 건강한 생활습관을 수립하도록 자신을 재훈련하는 것임을 염두에 두어야 합니다.

저는 36킬로그램을 감량할 때 단백질과 채소가 주를 이루는 저칼로리, 저탄수화물 식이요법을 실천했어요. 사람들은 자기가 먹는 양을 과소평가하곤 하죠. 정확한 칼로리양을 측정하고 싶다면, 자신의 현재 활동 수준과 생활방식을 토대로 필요 칼로리양을 계산해야 합니다. 전문가와 피트니스 관리자의 도움을 받는 것도 좋습니다. 사람들은 자신의 운동량을 과대평가하는 경향도 있으니까요.

타인의 조언을 적당히 조절해서 듣는 것도 좋지만 자기 말에 책임을 느끼면서 누군가에게 털어놓을 줄 아는 것이 중요합니다. 건강 코치에게든, 보건 전문가에게든, 또는 내 목표를 잘 아는 친구에게든 자기가 꺼낸 말을 지키는 것은 체중 감량에 유익하고, 자신의 건강 목표를 달성하게 해줍니다.

브라이언: 당신의 의뢰인은 아닙니다만, 저는 당신이 체중 감량을 돕는 상대로서 얼마나 까다로운 사람입니까?

사라: 글쎄요. 당신은 남자고(웃음) 저의 배우자잖아요(더 크게 웃음). 가족의 말을 귀담아들으려는 사람은 없어요. 식구 중에 의료인이 있다고 한들 그 사람이 뭘 얼마나 잘 알겠어요? 우리 식구들도 제 전공 분야와 관계없는 건강 문제를 제게 물어보곤 하더라고요. 사실 그런 건 자기 주치의에게 상담해야 하거든요. 당신도 예외는 아니에요. 당신의 수면 연구를 제발

끝내라고 귀에 못이 박히게 말했잖아요! 의사에게 좀 가보라고도 말했고요! 정말 힘들었어요.

브라이언: 건강과 관련해서 저의 가장 큰 실수는 무엇이라고 생각하나요?

사라: 당신은 칼로리양을 계산하는 데 아주 능숙하죠. 하지만 그 칼로리와 관련해서 말인데요. 당신이 섭취하는 음식들로 뇌에 어떤 메시지를 보내고 있는지 곰곰이 생각해보면 좋을 것 같아요. 거시적인 수준에서는 칼로리양이 의미 있지만, 당신 몸을 어떤 음식들로 채우는지, 어떤 음식이 몸을 회복하는 데 필요한 영양분을 제공하는지도 생각해봐야 해요. CPAPcontinuous positive airway pressure(지속적상기도양압술. 수면무호흡증에 활용하는 도구)를 써서 크나큰 도움을 받긴 했지만, 아직 나쁜 수면 습관이 남아 있을지도 모른다고 말해주고 싶고요. 제발 몸을 좀 더 움직여요(웃음)!

브라이언: 당신도 체중 때문에 나름의 우여곡절을 겪었죠. 그 이야기는 책의 뒷부분에서 나누기로 하고요.[44] 그런데 당신은 매우 활동적인 사람이잖아요. 댄서이기도 하고 모델이기도 하고요. 그런 활동을 하는 데 체중이 어떤 변수로 작용하나요?

사라: 그런 직업들을 가진 사람이기 전에 저는 그저 한 사람이자 여자예요. 저도 다른 모든 사람처럼 사회 속에서 자랐고, 다른 모든 사람처럼 아침마다 거울 속의 제 얼굴을 마주하죠.

제 몸은 하나예요. 그 몸이 어떻게 움직이고 흥을 느끼고 삐걱거리는지 느끼죠. 체중은 정신건강, 정서건강, 전반적인 안녕의 측면에서 저의 느낌에 크게 영향을 미쳐요. 때로는 체중계에 올라갔더니 2킬로그램이 빠져 있어서 자신감이 샘솟기도 해요. 생각해보면 슬픈 일이죠. 눈에 들어오는 그 바보 같은 숫자로 자신을 판단하면 안 되잖아요. 그게 한 사람을 이루는 건 아니니까요. 하지만 때로는 그 숫자가 기분에 영향을 미쳐요.

저는 의료인인 저 자신이 건강하게 지내는 것이 중요하다고 느껴요. 업무 수행을 위해서만이 아니라 환자들에게 본이 되기 위해서라도요. 그러면 이렇게 말할 수 있거든요. "그렇게 고군분투하는 게 어떤 건지 저도 잘 알아요." "충분히 달성할 수 있는 목표예요. 저도 전에 해봤거든요."

모델의 입장에서 생각해보면, 물론 이 업계에서는 날씬할수록 좋다는 것이 일반적인 생각이죠(웃음). 저는 그런 사고방식이 싫어요. 그건 진실이 아니니까요. 날씬하다고 늘 더 건강한 건 아니에요. 모델 생활을 하면서 더 날씬했던 순간도 있었는데요. 그때 저는 '젠장, 가슴이 다 없어졌어!' '엉덩이가 다 없어졌어!' 하는 마음이 들었어요. 사람들은 그런 굴곡도 좋아해요. 여성스러워 보이거든요. 아름다움의 기준은 각양각색이죠. 저는 저 자신이 건강하고 온전한 느낌이 드는 것이 더 중요해요.

브라이언: 잘 아시다시피 최근에 제가 체중 감량을 시도한

데는 우리에게 딸이 생겼다는 사실이 동기가 되었죠. 저는 계속 속으로 이렇게 생각해요. 건강에 해로운 경향성을 물려주지 않으면서 아이를 기르려면 어떻게 해야 할까?

사라: 모든 일이 마찬가지라고 생각해요. 우리가 건강한 행동의 본을 보일 수 있어요. 삶의 방식을 말로만 가르치는 것보다 바람직한 행동의 본을 보이는 게 더 효과적이에요. 모범이 됨으로써 이끌어주는 거죠. 이것이 엄청난 요소로 작용할 거라고 봐요. 아이들의 일은 배우고 성장하는 것인데 대개는 놀이를 통해 이 일을 실행하죠. 우리 가족이 함께 즐기는 것을 찾는다면 우리 딸에게 격려가 될 거예요. 아이는 가라테든 수영이든, 아니면 우리가 수련하는 다른 것이든 갖가지 활동에 관심이 있어요. 열심히 움직이면서 그런 것들을 함께 시도해보자고요. 건강한 음식들을 탐색해보고, 아이스크림은 아주 가끔만 즐기고, 이동 중에는 주유소 매점에서 몸에 좋은 것을 찾을 수 있는지 알아보고 말이에요. 이것을 게임으로 만들어봐요. 아이들은 게임을 하면서 마음껏 나래를 펼치니까요.

1킬로그램의
특별한 지방

내가 기억하는 한 나는 특이한 음식을 접하면 전부 먹어보자는 자세로 평생 살아왔다. 뭔가 새로운 것을 시도해볼 기회가 생기면 대개는 그것을 놓치지 않는 편이다. 거의 30년 전, 아직 대학에 다니던 시절에 텍사스 출신의 친구들과 뉴욕시로 여행을 떠난 적이 있다. 그때 차이나타운의 한 식당에서 메뉴판에 해파리라고 쓰인 것을 보았다. 해파리를 먹어도 되는지조차 몰랐지만 메뉴를 보자마자 호기심이 발동했다. 웨이터가 다가와 어떤 음식을 먹어보겠냐고 묻기에 당연히 해파리를 주문했다. 내 기억에 그는 "손님 같은 분들은 해파리를 싫어하시던데요"라며 경고의 말을 했던 것 같다. 하지만 그 말을 듣고 나니 도전 욕구가 솟구쳤다. 그래서 한번 먹어보고 싶다고 했더니 그는 껄끄러운 듯 주문을 받았다. 몇 분 뒤, 그는 우리가 주문한 음식을 모두 가져왔고, 흐물거리는 갈색 면처럼 보이는 음식을 내 앞에 내려놓았다. 나는 딱 한 입 먹어보고는 단번에 그 음식이 싫어졌다. 나 같은 사람들은 해파리를 싫어한다.

어쩌면 다시 한 번 시도해봐야 할지도 모르겠다. 다음번에 메뉴판에서 그 음식을 본다면 또 한 번 도전할 의향이 있다.

나는 상어 지느러미 수프, 거북이 수프, 개구리 다리, 달팽

이, 돼지 눈알, 황소 고환[45], 닭 염통, 가재, 말고기, 악어고기, 캥거루고기, 온갖 동물의 췌장sweetbreads[46]도 다 먹어보았다. 내가 채식주의자였다면 분명 그렇게까지 살이 찌지는 않았을 것이다. 심지어 나는 귀뚜라미로 만든 타코를 입에 넣고 어떻게든 버텨서 삼키는 데 성공했다. 이 음식들이 누구에게나 특이하게 느껴지지는 않겠지만, 내가 먹고 자란 전형적인 미국식 고기-스파게티 식생활에 속하지 않는 것만은 분명하다. 가끔 나는 온 가족이 이국적인 음식을 먹는 모습을 영상으로 남기고, 무언가를 함께 시도하면서 더 큰 재미를 즐긴다. 올해 초에는 캐나다에서 물개고기 판매가 합법이라는 사실을 알고 난 뒤, 물개고기 한 덩어리를 먹어봐야겠다는 생각에 꽂히고 말았다.[47] 사람들 말에 따르면 물개고기는 세상에서 가장 영양가 있는 고기에 속한다. 단백질 함량은 높고 지방 함량은 낮으며, 대다수의 다른 고기보다 철과 칼슘이 많이 함유되어 있다는 것이다. 몬트리올이라고 여기저기서 물개고기를 파는 건 아니지만 몇 군데를 찾아내긴 했다. 그리고 현재 우리 냉장고에 있는 물개고기 버거 두 개는 내가 새 동영상을 찍자고 가족들을 설득하길 가만히 기다리고 있다.

내가 기억하기로 동물의 뇌를 먹어본 적은 없다. 물론 절대로 안 먹겠다는 것은 아니고, 몇몇 시장에서 파는 걸 본 적도 있다. 하지만 상상컨대 짠 지방 맛이 날 것만 같다. 소금과 지방은 거의 모든 음식에 들어가는 재료이니 맛이 없지는 않을 것이다. 그러나 평소에는 스테이크 부위 중에서도 깔끔하게 걷어낼 부분을 가득 쌓아 놓은 접시를 대하고 싶다는 생각은 한 번도 해보지 않았다. 뇌가 전기를 전도시키는 뉴런이라는 세포들로 이루어졌다는 사실을 여러분은 이미 알고 있을 것이다. 하지만 이들 각각의 세포가 대체로 지방으로 이루어진 세포들을 뒷받침함으로써 다른 세포들과 절연되어 있다는 사실은 아마 모를 것이다. 뇌는 지방으로 가득 찬, 말 그대로 지방 덩어리다. 한편, 염분이 없다면 뇌는 쓸모없는 지방 덩어리일 것이다. 전기를 옮기는 뉴런의 능력은 나트륨과 염소 이온이 뒷받침하는데, 이 하전 입자들은 염분이 물속에 용해될 때 생겨난다. 뇌는 약 60퍼센트가 지방이고, 방금 말한 이온들이 맛을 내므로 추정컨대 뇌 음식은 짠 지방 맛이 날 것이다. 물론 뇌 맛은 췌장 맛과 비슷하다고들 하지만 내가 그것을 어떻게 알겠는가. 좀비에게 물어보거나, 아니면 매주 집에서 만든 따말레스 데 까베싸tamales de cabeza(머리고기 소를 옥수수 껍질이나 바나나 잎에 싸서 쪄낸 음식-옮긴이)를 사무실에 싸 오는 여성에게 물어보도록 하자.

뇌에 관한 또 다른 논의를 시작하기에는 이상한 이야기였다. 하지만 이 책의 전반적인 주제를 생각한다면 순서상 적절하다고 여겨진다. 게다가, 신경과학을 공부한 친구들과 모일 때면 실제로 이런 식으로 대화할 때도 있다. 나는 『웃음 치료』라는 책에서 경찰을 비롯한 유사 직종에 종사하는 사람들이 업무 스트레스를 이겨내려고 이른바 '지독한 유머'라는 어두운 유머를 사용한다고 기술했다. 이런 이야기는 그들이 목격해야만 하는 끔찍한 일들에 대처하는 데 유익하다. 신경과학자의 작업이 법집행관들의 업무만큼 스트레스가 크지는 않지만, 여러분에게 말하건대 우리도 정말 끔찍한 것을 보곤 한다. 뇌의 맛을 상상하는 것이 크게 금기시되지는 않는 듯하다. 특히 지구상의 인간들은 주기적으로 그런 것을 먹으니 말이다. 가만, 이렇게 말하고 나니 뇌를 좀 먹어보면서 또 동영상을 찍어야겠다는 의욕이 샘솟는다.[48]

인간의 뇌는 보통 1.3킬로그램 정도의 무게를 지닌다. 그중 약 60퍼센트가 지방인 까닭에 나는 농담 삼아 뇌는 1킬로그램의 지방과 그 외 물질로 이루어졌다고 말한다. 의심의 여지없이 우리 몸 전체에서 가장 중요한 1킬로그램의 지방은 뇌의 지방이다. 지난 장에서 시상하부의 다양한 핵들이 우리의 섭식과 성행동[49]을 조절하는 데 맡는 역할을 일부 설명했다. 하지만 그 영역들은 우리가 와인을 마시고, 음식을 먹고, 성행동을 하도록 이끄는 뇌 시스템의 일부일 뿐이다.

앞서 나는 연애 초반에 탬파에서 저녁을 먹기 위해 사라와 만났던 이야기를 소개했다. 그리고 가장 생생히 기억나는 세부 정보로, 내가 도착했을 때 의자에 걸터앉아 있던 그녀의 매혹적인 모습—임신이 가능하다는 것을 신호하는 몸매—을 이야기했다. 그다음에는 이 시각 단서가 내 시상하부를 흥분시켜 시상하부가 중재하는 온갖 행동을 그녀에게 하고 싶다는 의욕이 생겼지만, 결국 내 뇌는 맛있는 쿠바 음식을 먹으며 대화를 즐기는 데 만족하기로 했다고도 말했다. 카운터 테이블에서 내가 여지없는 동물처럼 행동하지 않도록 제지한 뇌 부위는 내 의식적 마음이 머무는 전전두엽 피질prefrontal cortex이었다.[50]

전전두엽 피질은 이마와 안구 바로 뒤에 있는 뇌 부위다. 이곳은 전체 뇌 무게의 10퍼센트만 차지할 정도로 작은 부위[51]지만, 우리가 일반적으로 의식이라고 일컫는 모든 것을 담고 있다. 전전두엽 피질이야말로 전체 뇌에서 우리가 자각하는 유일한 부위임을 강조하고 싶다. 뇌는 끊임없이 활동하면서 살아가는 데 중요한 온갖 일을 실행하지만 그중 대부분은 우리가 자각하지 못한다.[52] 내면의 대화, 의사결정, 과거 회상, 미래 결과 예측 등의 행동은 전부 전전두엽 피질에서 일어난다. 이곳은 생각의 집이다.

사라와 처음 만나 그녀의 WHR이 0.7인 것을 보았던 날, 내 의식적인 마음속에는 많은 생각이 있었다. 전에 소통했던 경험을 토대로 사라의 성격이 어떻다는 것은 이미 짐작했고, 서로 호감이 있다는 느낌도 있었고, 저녁을 먹으면서 서로를 알아가려고 식당에서 만나는 것도 분명했다. 한편, 나는 사회 속에서 자라나 여러 문화적 규준을 내면화한 사람이기도 하다. 나의 뇌 곳곳에 저장된 이 모든 정보는 내가 그 식당으로 걸어가는 순간 내 전전두엽 피질에 접속할 수 있었다. 우리의 전전두엽 피질은 이러한 출처를 토대 삼아 뇌의 다른 영역에서 일어나는 자극을 수정하거나 억제한다. 내 생각들은 아무리 원초적 충동의 영향을 받는다 해도 행동적 기대와 사회적 제한의 산물이기도 하다. 누군가에게 성적인 매력을 느끼면서도 그 사람 앞에서 고상하고 단정한 사람답게 행동할 수 있는 것처럼, 먹음직스러운 도넛을 보면서도 그것을 내 목구멍으로 넘기고 싶은 욕구를 억누를 수도 있다.

하지만 우리 모두가 알고 있듯이 어떤 욕구들은 거절하기가 어렵다.

전전두엽 피질은 의식적인 의사결정을 내리는 뇌 부위지만, 이 영역만이 우리의 행동 방식을 결정하는 것은 아니다. 우리는 의식적 자각 없이도 행동할 때가 있다. 일례로 어젯밤 나는 사라, 알리사와 함께 저녁식사 테이블에 둘러앉았다. 다른 때였다면 어제 세 식구가 저녁을 먹고 있었다는 말로 이야기를 시작했을 테지만 실은 그중 둘만 밥을 먹고 있었다. 세 사람 다 음식이 담긴 접시를 눈앞에 두고는 있었지만, 한 명은 이제 겨우 다섯 살 난 뇌를 지니고 있어서 쉽게 주의가 흐트러진다. 우리 집 식탁 중앙에는 딸이 최근에 그린 걸작이 놓인 이젤이 있다. 알리사는 그림의 물감이 아직 마르지 않았다는 것을 완전히 이해하지 못한 모양이었다. 아이는 밥을 먹는 대신 손을 뻗어 자기 작품을 감탄하려다 두 손에 물감을 잔뜩 묻히고 말았다. 사라는 만지지 말라면서, 그러다 그림도 망치고 엉망이 될 거라고 했다. 나 역시 그러지 말라고 아이를 타일렀다. 하지만 내 말이 끝나기도 전에 아이는 또다시 두 손을 그림에 대버렸다. 내가 아이에게 물었다. "엄마 아빠가 하지 말라고 했는데 왜 그랬어?"

여러분이 부모라면 아이가 어떻게 대답했을지 정확히 알 것이다. 아이는 "몰라"라고 대답했는데 그 말은 진심이었다. 손을 뻗어 그림을 만지겠다는 결정은 자기 상황을 평가하고 잠재적인 결과를 분석하는 동시에 부모의 요청을 고려하는 전전두엽 피질의 작동에 따라 이루어진 것이 아니다. 이 행동은 아무런 의식의 입력 없이 측좌핵nucleus accumbens이라는 다른 영역을 통해 이루어졌다. 이는 일종의 충동, 자동적인 행동, 습관이라고 흔히 일컬어지는 행동에 속한다. 전전두엽 피질의 역할 하나는 충동을 다스리는 것이다. 보통의 다섯 살 된 뇌로서는 아직 그렇게까지 숙달한 기술이 아니다.

이야기를 이어가기 전에, 충동 조절에 관해 사라가 덧붙이는 말을 들어보자.

한껏 들뜬 자녀와 외출하거나 새로운 물건들이 즐비한 곳에서 쇼핑을 해본 부모라면, 선반 위에 놓인 물건(또는 모든 물건)에 손대지 못하도록 아이의 시선을 다른 방향으로 돌려야 했던 것과 비슷한 경험이 분명히 있을 거예요. 이는 정상적인 호기심일 뿐만 아니라 사실 발달을 위해 자연스럽게 나타나는 행동이에요. 아이들은 유아기부터 처음에는 눈으로, 그다음에는 손으로, 그다음에는 물건을 입에 대고 느낌과 감촉이 어떤지를 익히면서 세상을 탐색하기 시작하려는 욕구가 있어요. 실제로 놀이를 통해 물건과 환경을 탐색하는 것이야말로 아이들의 일이며 배움을 얻는 방법이죠.

그렇다면 교양 있고 절제된 사회적 테두리 안에서 환경을 탐색하도록 격려하려면 어떻게 해야 할까요? 우선은 간단히 '돼' '안 돼'라는 이분법 안에서 안전을 위한 경계를 이해시키는 데서 출발해요. 하지만 '돼' '안 돼'는 매우 제한적이므로 이것만으로는 중간지대를 잘 이해할 수 없어요. 천성적으로 호기심이 많은 아이에게는 매우 기운 빠지는 일일 수도 있죠.

여러분이 아이(또는, 현실적으로 말하자면 마음만은 아이인 어른)라고 상상해보세요. 크고 아름다운 초콜릿 가게에 걸어 들어가는 순간, 진한 코코아 향이 가득 풍겨옵니다. 주변에는 직접 만들고 모양을 잡아 매혹적인 모양과 색을 덧입힌, 말하자면 초콜릿계의 파오 슈워츠FAO Schwarz(미국의 유명 장난감 브랜드-옮긴이)가 선반과 진열대 그리고 상자에 가득 담겨 있어요.[53] 자연히 두 눈이 휘둥그레져서 이리저리 뛰어다니며 뭐가 있나 둘러보게 되죠. 입 안에 침이 고이자 자연히 여러분은 전부 손에 들고 맛을 보고 싶어집니다. 테디 베어 모양의 잘 포장된 막대 초콜릿에 손을 뻗는 순간, 찰싹! 엄마가 손등을 때리며 단호하게 말합니다. "안 돼!" 그 순간부터 엄마는 연신 "안 돼 …… 안 돼 …… 안 돼"라는 말을 반복하고, 대다수 아이는 말귀를 알아듣습니다. 하지만 저는 우리가 정말 아이의 탐색이나 경험을 멈추게 하고 싶은 건지 의심스러워요. 어디 한번 솔직해져 봅시다. 여러분은 아이를 놀리거나 벌주려고 이 상점에 데려온 건가요? 분명 그건 아닐 거예요. 아마 가격이 생각했던 것과 달랐겠죠. 여러분은 그저 아이가 약간의 자제력을 발휘해 물건에서 손을 떼길 바랐을 거예요. 충동 조절은 성인에게도 버거운 일이잖아요. 천성적으로 원시적인 뇌를 활용해 학습하도록 엮여 있는 아이에게는 더더욱 힘든 일이죠. 이때 아이의 뇌는 완전히 발달하지 않았기 때문에 성인의 지도가 필요해요.

제가 젊은 작업치료사였을 때, 한 동료는 제가 환자들을 대하는 모습을 보고 언젠가 훌륭한 부모가 될 거라고 말해주곤 했어요. 왜 그렇게 생각하냐고 물으면 이렇게 말했죠. "환자들을 어떻게 둥지 밖으로 밀어내야 할지를 정말 잘 아니까요. 그뿐만 아니라 그들에게 나는 법을 가르칠 줄도 알잖아요." 육아라는 공연은 여전히 진행형이므로 제가 훌륭한 부모가 될지는 아직 지켜볼 일이에요. 하지만 저는 개방적으로 탐색을 지도하고 의미 있는 경험을 통해 독립성을 길러주는 쪽으로 아이를 길러왔어요. 알리사의 경우, 돼/안 돼를 아이가 익히고 난 뒤, 우리 부부는 "조심해. 깨지기 쉬운 거야." "살살해"라고 말했죠. 둘 다 아이가 뭔가를 배울 때 금세 핵심을 파악하게 하는 데 효과적이에요. 깨지기 쉽다는 말은 곧 뭔가가 부서질 거라는 뜻임을 알게 되죠. 우리 집에서 이 말은, 그 물건을 손대는 것은 괜찮지만 만져보다가 돌이킬 수 없는 결과를 초래할 수도 있으니 조심히 다뤄야 한다는 뜻이에요. 우리 부부는 예술 애호가들이고, 저는 도자기를 즐겨 만들어요. 덕분에 알리사는 깨지기 쉬운 물건을 어떻게 다뤄야 할지 일찍부터 배웠죠. 지금도 박물관이나 상점에 가면 알리사가 선반에 진열된 도자기 물품이나 유리 기념품을 조심히 들어보도록 허락해주는데요. 그때 자원봉사자나 직원의 초조한 표정을 보면 얼마나 재밌는지 몰라요.

알리사가 주의할 점을 잘 알고 있어도, 때로는 쇼핑하러 나갔을 때 본능적으로 뭔가를 집어 들고, "엄마, 나 이거 구경할래!"라고 말하기도 해요. 그러면 아이에게 이런 말로 상기시키죠. "좋아, 그런데 손 말고 눈으로 구경해." "좋아, 하지만 잘 기억하자. 구경하는 게 만지는 건 아니야." 이건 연습을 통해 강화해야 해요. 여러분은 부엌 조리대나 커피 테이블 위에 사탕이 놓여 있다는 이유만으로, 지금 배가 고픈지 진지하게 생각해보지도 않고 충동적으로 그것을 집어 들었던 적이 몇 번 있었나요? 달러 트리Dollar Tree(또는 이곳 몬트리올에 있는 달러라마Dollarama)와 같은 할인 상점들은 여러분 뇌에서 일어나는 이런 메커니즘을 이용해 큰 수익을 올린답니다.

측좌핵은 비교적 작지만 우리 뇌에서 몹시 중요한 부위다. 뇌의 중심부에 있는 측좌핵은 전전두엽 피질, 그리고 아직 소개하지 않은 편도체amygdala를 포함해 다양한 영역으로부터 정보를 받는다. 간단히 말한다면—이렇게 표현하는 것이 내가 할 수 있는 가장 간단한 설명이다—측좌핵은 무의식적인 의사결정자다. 이곳은 전전두엽 피질이 받는 것과 똑같은 정보를 받은 뒤, 다양한 선택지를 비교해 행동의 방향을 정할 줄 안다. 측좌핵이 고려하는 선택지들이란 우리가 살면서 매우 빈번히 실행한 것들이라 의식적 사고 없이도 표현할 수 있는 것들이다. 이를테면 식탁 위에 놓인 그림에 손을 뻗는 행동 말이다. 측좌핵은 도파민이라는 화학 물질을 사용한다. 여러분도 이 물질을 익히 들어봤을 것이며 특히 중독을 설명하는 맥락에서 접해봤을 것이다. 도파민은 쾌락을 주는 행동에 관여할 때 분비된다. 예컨대 식탁 위에 놓인 그림에 손을 뻗거나 쾌락을 주는 물질을 섭취하는 행동 말이다. 이런 까닭에 많은 사람은 측좌핵을 가리켜 뇌의 쾌락 중추라고 일컫는다. 측좌핵을 이런 관점에서 생각하기 쉽지만, 엄밀히 말하면 측좌핵은 쾌락과 아무 관련이 없다. 오히려 쾌락을 주는 경험을 재창조하는(또는 고통스러운 경험의 반복을 피하는) 방법을 배우는 것과 더 관련된다. 측좌핵에서 이루어지는 도파민의 활동은 강화reinforcement라는 개념과 연관된다. 우리가 느끼는 쾌락은 뇌의 다른 체계들이 활성화될 때 일어난다.

우리 뇌가 쾌락이나 보상을 주는 무언가를 경험할 때마다 측좌핵의 세포들은 도파민을 만들어내기 시작한다. 보상이 큰 경험일수록 더 많은 도파민이 만들어진다. 따라서 도파민 분비량은 어떤 경험이 얼마나 보람된지를 보여주는 지표가 된다. 우리 몸의 화학작용 덕분에 몇몇 경험—섹스, 약물 사용, 도넛 섭취 등—은 다른 경험보다 본질적으로 보상이 더 크다. 시간이 지남에 따라 우리는 똑같은 상황을 반복적으로 경험하기 마련이다. 만약 어떤 행동에 관여할 때마다 보상을 얻는다면 그 행동은 강화된다. 강화는 뇌가 학습하는 방법이다. 따라서 어떤 경험을 몇 차례에 걸쳐 반복하고 그때마다 긍정적인 결과를 얻는다면, 뇌는 그 경험을 반복해야 한다고 기억할 것이다.

뇌는 강화를 통해 어떤 행동을 반복하는 법을 배우고, 그 행동과 빈번히 짝을 이루는 자극과 연관 지어 보상을 기대하는 법도 배운다. 이렇게 짝을 이룬 자극들은 미래의 보상 기회를 예견하는 지표이자 갈망을 촉발하는 요인이 된다. 파블로프의 개 실험을 들어보았을 것이다.[54] 어쩌면 여러분의 반려견을 훈련한 경험도 있을 것이다. 파블로프의 실험에서 먹이(보상)와 종소리가 빈번히 짝을 이룬 결과, 개들은 종소리가 들리면 곧 먹이가 뒤따른다는 것을 학습했다. 뇌가 주변 환경에 존재하는 촉발 요인과 마주치면 측좌핵에 있는 도파민 세포들이 보상을 예견하고 활성화된다. 촉발 요인이 가리키는 잠재적 보상이 클수록 세포들의 활동성이 커진다. 이것은 우리가 갈망craving 또는 동기motivation라고 일컬을 만한 감각을 일으킨다. 나는 좀 더 일반적인 느낌이 나는 '욕구urge'라는 단어를 선호하지만 기본적으로 뜻은 같다. 파블로프의 연구에서 개들은 종소리에 대한 반응으로 침을 흘렸다. 만약 그 개들이 말할 줄 알았다면 식욕을 느꼈다고 표현했을지도 모른다.

나의 뇌는 도넛을 사랑한다. 지금 내가 표현하는 것은 내 개인적인 취향임을 나도 안다. 하지만 틀린 말도 아니다. 내 뇌는 도넛이 주는 보상이 매우 크다고 여긴다. 지금 내 외모를 본다면 당연히 도넛을 좋아할 거로 추정하기 쉽겠지만, 내 인생에도 도넛은 입에도 대지 않던 시절이 있었다는 것을 알아야 한다. 아기였을 때, 좀 더 현실적으로 말해 걸음마 아기였던 시절이었을 것이다. 그렇게까지 먼 과거는 기억도 나지 않고, 부모님에게 물어본 적도 없다. 걸음마 아기일 때 나의 뇌가 최초로 도넛을 접했다고 상상해보자. 도넛을 손에 들고, 이리저리 살펴보고, 냄새도 맡아보고, 살짝 입에 넣어보고 대체 왜들 그리 난리인지 직접 알아본다. 그랬더니 우와! 도넛의 맛은 엄청났다! 나는 쾌락을 경험했고, 내 걸음마 측좌핵은 그 맛을 보고는 도파민을 한 움큼 생산하기 시작했을 것이다. 내 걸음마 뇌는 이를 주목하고 생각한다. 이건 …… 이건 더 가져야겠어. 그렇게 시간이 지남에 따라 도넛을 더 많이, 좀 더 많이 먹고, 그때마다 긍정적인 경험을 맛본 나의 뇌는 보상을 얻는다. 그리고 이 도넛이 주는 쾌락을 재창조하는 방법에 관해 알아야 할 모든 것을 학습한다. 이를테면 도넛의 모양, 도넛의 냄새, 그리고 결국에는 '도넛'이라는 단어마저도 도넛을 먹었을 때 얻는 쾌락과 연결 짓는 법을 배운다. 이 모두가 도넛에 대한 내 갈망을 촉발하는 요인이 된다. 한 살 한 살 자라면서 도넛을 통한 긍정적인 매 경험이 측좌핵의 도파민 반응을 더욱 강화한다. 결국, 나는 밥을 잘 챙겨 먹고 완전히 든든해진 상태로 거리를 걸어가다가 근처 상점에서 풍겨오는 도넛 냄새만 맡았을 뿐인데, 상점에 들어가 거기 있는 도넛을 몽땅 사고 싶은 욕구에 사로잡힌다. 오늘도 그런 일이 있었다. 아니, 이건 농담이다. 하지만 beignerie이라는 단어가 프랑스어로 도넛 가게를 뜻한다는 것을 알고 있었는가? 이제 나의 뇌는 이 단어마저 도넛을 먹는 쾌락과 연관 짓는다.

동기에 관한 이야기가 나왔으니, 잠시 본론에서 벗어나 음식과 같이 우리가 행동에 나서도록 만드는 몇 가지를 이야기해보자. 음식, 그것도 훌륭한 음식의 유혹은 강력하다.

이 책의 프롤로그에서 언급했듯이 나는 대학시절에 여름 캠프에서 상담사로 일했다. 내가 만난 대상은 주로 10세 소년들이었다. 참가자들은 음식물을 반입할 수 없었고, 군것질거리는 몰래 가지고 들어온 물품으로 간주되었다. 각 그룹은 우리와 2주 정도를 함께한 뒤 귀가했는데, 우리는 그 시간 대부분 동안 수영이나 게임 등 아이들이 즐겨 하는 활동을 금하겠다고 위협함으로써 아이들의 올바른 행동과 협력을 유도할 수 있었다. 숙소를 깨끗이 정리하지 않으면 호수에서 노는 시간을 없앨 수밖에 없다고 말하는 식이었다. 캠프 마지막 날에는 다음에 들어올 그룹을 위해 아동 한 명 한 명이 캠프 준비를 도와야 했다. 하지만 아이들은 떠나는 마당이니 더는 잃을 것이 없다고 생각하는 탓에 말로 타이르기가 늘 까다로웠다. 그럼 나는 내

침대 밑에 숨겨둔 상자를 가져왔다. 아이들이 주변을 둘러싸면 상자를 열고 그 안에 무엇이 들어 있냐고 물어보았다.

"과자네요!" 아이들은 신이 나서 소리 지른다.

"아니." 내가 말을 바로잡으며 말한다. "이건 동기야." 이후 캠프장 정리는 언제나 착착 진행되었다.

한 아이가 내게 와서 이렇게 물었던 것은 지금도 기억난다. "브라이언 씨, 부탁드릴게요. 제 동기를 지금 가져도 될까요?"

이제 뇌가 무의식적인 결정을 내리는 방법으로 다시 돌아가자. 지금껏 살아오면서 내 뇌가 배운 것이 있다면, 수백만 가지의 다양한 행동과 경험이 보상의 잠재력을 지녔다는 것이다. 내 뇌는 도넛 먹기를 좋아할 뿐만 아니라 당근이나 콜리플라워 같은 더 건강한 선택지도 즐기는 법을 배웠다. 음, 그것들도 맛있지! 각 선택지는 내 측좌핵에 있는 연관 세포를 자극해 매번 다른 정도로 도파민을 생산하게 만든다. 만약 내 뇌가 보상을 안겨줄 여러 기회를 한꺼번에 포착할 경우, 측좌핵은 그중 어떤 선택지든 더 많은 도파민 활동과 연관되는 것을 택한다. 예를 들어, 파티에 갔는데 주최자가 각종 도넛을 담은 스낵 테이블과 신선 채소가 담긴 접시를 내놓았다고 해보자.[55] 둘 중 내가 어느 스낵을 갈망할지 짐작할 수 있을 것이다. 아무리 내가 나의 식이요법을 지킬 의도를 가졌다고 해도, 내 의식적인 정신이 누군가와 대화하느라 바쁘거나 다른 이유로 주의가 흐트러져 내 행동에 세심한 주의를 기울이지 못한다면, 나는 도넛을 집을 것이다. 여기에 의식적 사고는 필요치 않다. 생각 없이 습관에 따라 행동하기란 너무도 쉽다. 체중 감량이 그토록 힘든 이유도 여기에 있다.

정도의 차이는 있겠으나 많은 연구자는 우리 행동 대다수에 무의식적 동기가 깔렸다는 데 동의한다. 우리의 행동 중 이성적인 의사결정을 따르는 것은 극소수에 불과하다. 내 딸이 자기가 왜 식탁 위의 그림을 집어 들었는지 모르겠다고 말할 때, 아이의 이 말은 진심이다. 아까 내가 귀가하면서 도넛 가게에 들른 것과 같은 이치다. 살을 빼고 체중 감량에 관한 글을 쓰겠다는 사람이 왜 그렇게 행동했을까? 나도 모르겠다.

1.3킬로그램의 지방 덩어리 안에 그 모든 이유가 담겨 있다.

앞서 강화에 관해 이야기할 때, 나는 쾌락이나 보상을 안겨주는 경험에 초점을 맞췄다. 이를 가리켜 긍정적인 강화positive reinforcement라고 한다. 앞서 설명했듯이 긍정적인 강화가 일어나면 그 행동을 반복할 가능성이 커진다. 강화의 형태에 보상만 있지는 않다는 것을 알아야 한다. 우리는 고통이나 불편을 완화하는 행동도 반복하는 법을 배운다. 이를 가리켜 부정적인 강화negative reinforcement라고 한다. 이 현상을 설명하면서 내가 잘 드는 예시는 두통을 가라앉히려고 아스피린을 복용하는 것이다. 하지만 지금 내 마음은 도넛 모드인 것 같으니 이 예시를 계속 따라가보기로 하자. 내게 저혈당증이 있어서 두통과 어지럼증을 앓고 집중력이 떨어져 있다고 해보자. 나는 혈당이 낮아 이런 증상이 나타났다는 것을 깨닫고는 주변에 단것이 없는지 찾아보다가 인근 상점에서 사 온 도넛 상자가 손닿는 곳에 놓여 있는 것을 보았다. 이 도넛들이 왜, 어떻게 내 사무실까지 오게 되었는지는 묻지도 않고 냅다 도넛 하나를 집어 들고 한입 베어 문다. 잠시 후 불편함이 잦아드는 느낌이 들기 시작하고, 이에 내 측좌핵에 있는 세포들은 도파민을 뿜어낸다. 내가 어떤 일을 했더니 그 결과로 고통이 완화되는 경험을 한 것이다. 이것이 부정적 강화다. 다음번에 또 그런 증상이 느껴지면 도넛을 집어 들 확률이 더 높아질 것이다. 이 경우에 도넛은 내게 쾌락도 주거니와 증상을 완화하는 데도 유익하다. 따라서 도넛을 먹는 행동을 반복할 가능성이 훨씬 크다.

학습은 다면적이다. 반복의 가능성을 떨어뜨리는 경험들도 있다. 이런 것들을 가리켜 처벌punishment이라고 한다. 예를 들어, 도넛을 한입 먹었는데 그 맛이 더없이 끔찍해서 역겨움을 참지 못하고 뱉어냈다고 해보자. 처음부터 이런 경험을 했다면 내 어린 걸음마 뇌는 다시는 도넛을 집어 들지 않았을 것이다. 마찬가지로, 도넛에 대한 취향이 형성된 상태인데 매번 도넛을 즐기려 할 때마다 불쾌함을 느낀다면, 결국 측좌핵은 점점 더 낮은 수준의 도파민을 활성화할 것이다. 그리고 결국 도파민 분비량이 너무 낮아지면 오히려 다른 선택지가 상대적으로 더 나은 결과를 안겨줄 것이다. 그러다가 결국 도넛을 먹는 행위는 완전히 사라질 것이다.

이런 가설을 세워보자. 내가 과체중이 된 유일한 이유가 무제한 도넛을 섭취했기 때문이라고 하자. 칼로리양을 조절해 체중을 감량하고 싶다면, 다년간의 모순적인 경험에도 불구하고 도넛을 먹는 것이 쾌락도 주지 않고 저혈당증을 완화하지도 않는다고 내 뇌를 설득해야 한다. 또는, 도넛은 혐오스러운 것이라고 어떻게든 내 뇌에 확신을 주어야 한다. 행운을 빌겠지만 잘 될지 모르겠다. 이것이 체중 감량이 그토록 어려운 이유 중 하나다. 더군다나 우리는 지금 한 가지 음식만 말했을 뿐이다!

나는 완전히 기능하며, 상대적으로 건강한 뇌를 상대한다고 늘 가정했었다. 내 뇌를 촬영해본 적이 없으니 이 가정은 틀렸을 수도 있다. 마지막으로 IQ 검사를 받은 것도 벌써 꽤 오래전 일이다. 건강에 나쁜 생활방식을 수년간 유지한 것이 내가 모르는 방식으로 내 뇌에 영구적인 영향을 끼쳤을 것이다. 하지만 나는 반대 증기가 없음에도 불구하고, 내 두개골 안에 살고 있는 1.3킬로그램짜리 지방이 내 다른 장기들의 비행으로부터 안전하게 격리되어 있다고 생각하길 좋아한다.[56] 내 뇌는 일하고 있고, 그 일을 꽤 잘하는 듯하다. 그런가 하면 나는 평생 과체중으로 살아온 사람이기도 하다. 정말 괴로운 사실이 있다.

나는 체중 감량하는 법을 평생 알고 있었고 늘 그러고 싶다는 마음도 있었다. 그런데도 문제없이 제 기능을 다하는 듯한 나의 뇌는 아직 이 목표를 달성하지 못했다.

나는 이 점을 지적하며 우리 행동을 바꾸기가 무척이나 어렵다는 것을 강조하곤 한다. 똑똑하고 성공한 사람들인데 그들의 뇌가 자꾸만 알코올과 약물을 선택한 탓에 모든 것을 잃어버린 예를 잘 안다. 내가 아는 의료인 중에는 폭넓은 지식을 갖추었으면서도 애연가로 사는 사람들이 있다. 그들 중 다수는 다양한 수준의 비만인이기도 하다. 성인의 뇌는 변화를 감당하는 능력을 지녔지만, 현실적으로 말해 이 능력을 발휘하기란 여간 어려운 것이 아니다. 우리 뇌는 자기에게 돌아오라고 사정하는 사기꾼 같은 전 남자친구와도 같다. "제발, 자기야. 나 진짜 달라질게. 딱 한 번만 기회를 줘!" 우리 모두가 익히 아는 상황이다. 전혀 새로운 소식이 아니다. 이 페이지를 읽는 거의 모든 사람이 일정한 형태의 행동 변화를 시도했지만 실패한 경험이 있을 것이다.

나는 우리 중 너무도 많은 사람이 아는 것도 많고 변화에 대한 의지도 있으면서 건강에 나쁜 행동을 놓지 못하는 이유를 설명할 때 이런 이야기를 하곤 했다. 어떤 면에서 이런 이야기는 거대한 풍보면서도 사람들에게 행동 변화를 가르친다는 이 명백한 모순을 해소하는 데 도움이 되기도 했다. 하지만 오랫동안 사람들에게 전해온 이 메시지는 어느 순간부터 나를 짓누르는 무거운 짐이 되기 시작했다.[57] 어쩌면, 변화가 그토록 어려운 이유를 설명하기보다 나 스스로 긍정적인 사례가 되는 것이 사람들에게 더 와닿겠다는 생각이 들었다.

변화는 몹시 어렵다. 이런 까닭에 내가 이 책을 쓰는 지금까지도 **빼야** 할 살이 많이 남은 것이다. 이 분투는 만만치 않다. 나의, 그리고 우리 모두의 최선은 할 수 있는 일을 실천하는 것뿐이다. 변화는 하루아침에 일어나지 않을 테고 단기적인 보상도 미미할 것이다. 하지만 분명 우리는 변화할 수 있고 또 변화해나간다.

도넛 하나 먹는다고 뭐 달라지겠어

저절로 반응하는 경향성을 극복하고 통제력을 발휘할 수 있으려면, 자기가 무엇을 하고 어디에 주의를 기울이는지 의식적으로 알고 있어야 한다. 하지만 이 둘을 다 챙긴다 해도, 다시 말해 완전한 주의를 기울이고 자기 행동을 세세히 인식한다고 해도, 우리의 의사결정은 전전두엽 피질의 이성적 사고보다는 측좌핵의 욕구에 더 많이 휘둘릴 수 있다.

전전두엽 피질의 처리 과정이 측좌핵에 비해 너무 느리기 때문이다. 측좌핵이 도파민 세포들의 상대적인 활동성을 비교해 결정을 내린다는 사실을 기억할 것이다. 이는 매우 간단한 의사결정이다. 이만큼이 저만큼보다 크다는 것을 보여주는 기본적인 수학처럼 말이다. 측좌핵은 얼마나 빨리 결정을 내리는지 거의 자동적인 반응이 나오게 한다. 여러분도 알겠지만, 전전두엽 피질에서 일어나는 의식적인 마음은 온갖 정보를 계산에 넣어 결정을 내릴 줄 알며, 대개는 정확히 이 작업을 한다. 그러나 이 모든 여분의 분석 작업은 의사결정 과정을 늦춘다. 때로 우리의 의식적인 마음은 지나치게 느린 탓에 무의식이 내리는 결정에 영향을 주지 못한다.

대중 강연자로 처음 순회를 시작했을 때, 아직 샌프란시스코에 살고 있던 나는 다음의 이야기를 사례로 들곤 했다.

저는 캘리포니아 샌프란시스코에 산다는 것이 너무 좋습니다. 하지만 여느 도시처럼 이곳도 마음에 드는 것과 들지 않는 것이 있죠. 샌프란시스코가 싫은 점 하나는 괜찮은 도넛 가게가 없다는 겁니다. 정말이지 하나도 없어요.[58] 한 번이라도 거기 가보신 분이라면 도넛을 사러 가지는 않으셨을 겁니다. 샌프란시스코에는 괜찮은 도넛 가게가 전혀 없습니다. 저는 크리스퍼 크림Krispy Kreme에서 만든 도넛이 세계에서 가장 훌륭하다고 생각합니다. 크리스피 크림은 정말 마약과도 같죠. 그 정도로 훌륭합니다. 아직 드셔보시지 않았다면 드시지 마세요! 누구라도 그런 습관을 들이라고 홍보하려는 마음은 추호도 없습니다. 어쨌든 그 도넛은 정말 훌륭하고 저도 좋아합니다. 처음 샌프란시스코로 이사했을 때, 시내에 크리스피 크림도 없고 다른 가게에서도 괜찮은 도넛을 찾지 못해 실망했습니다. 그러던 중 가장 가까운 크리스피 크림이 280번 고속도로를 타고 시내에서 남쪽으로 몇 킬로미터 가면 있다는 것을 알게 되었습니다. 당시 저는 이 지역이 처음이라 그쪽 고속도로에 익숙지 않은 상태였습니다. 처음에 그쪽 길로 운전한 것은 오로지 도넛을 사러 가기 위함이었죠. 그런데 그 도로는 크리스피 크림을 사러 갈 때만 이용한 탓에 저도 모르게 제 뇌가 280번 고속도로 운전을 도넛과 연결하도록 훈련하게 되었습니다. 결국 그 고속도로가 도넛에 대한 갈망을 자극하게 된 거죠. 무슨 일 때문이든 그쪽 길로 운전할 때마다 '오, 크리스피 크림 먹겠네!'라고 생각할 수밖에 없었습니다. 280번 도로 운전에 대한 반응으로 이 생각이 머릿속에 떠오르는 겁니다.

얼마 전 어느 날, 그 도로를 따라 운전하던 중 문득 도넛 생각이 떠올랐고, 뒤이어 전전두엽에서 분석적 대화가 펼쳐졌습니다. 그때 제 생각의 과정을 조금 의인화해서 설명해보겠습니다. 우선 의식적 마음 일부가 말했습니다. "당연히 크리스피 크림을 먹어야지. 이쪽 길로 그리 자주 오지는 않잖아." 이때 의식적 마음의 또 다른 일부가 끼어들어서 이렇게 말했습니다. "에이, 지금 우리는 더 나은 결정, 더 건강한 결정을 내리려고 노력하는 중이잖아. 너도 알다시피 도넛은 그리 좋은 선택지가 아니야. 도넛은 그냥 넘어가자." 그러자 아까 그 부분이 이렇게 말대꾸했습니다. "아니, 딱 하나만 사자는 거야. 도넛 하나 먹는다고 뭐 그렇게 나빠지겠어? 안 그래?"

이번에는 상대가 말대꾸했습니다. "틀린 말은 아닌데, 너도 알다시피 그건 불가능해. 도넛을 딱 하나만 먹는 건 불가능하다고. 스페셜 도넛도 먹을 거고, 일반적인 글레이즈드 도넛도 한두 개 사겠지. 그러다 보면 열두 개짜리 한 박스를 사는 게 더 싸다는 것을 알게 될 거야. 결국에는 차에 도넛을 잔뜩 싣게 된다는 걸 잘 알잖아!"

듣고 있던 상대가 기다렸다는 듯이 대꾸합니다. "그래, 네 말이 맞아. 근데 너도 알지, 그 가게는 커피도 진짜 괜찮잖아. 어차피 커피 때문에라도 거기 들를 참이었고 말이야. 가서 커피 한잔 사자!"

마침내 상대도 이렇게 대답했습니다. "좋아. 하지만 나를 속일 생각은 그만둬. 그 가게에 들르면 커피만 사지는 않을 거라는 걸 너도 알잖아."

이것이 그날 제 생각의 과정을 꽤 정확히 설명한 것입니다. 저의 요점은 이 선택지를 따를지를 두고 제 전전두엽 피질에서 활발한 토론이 벌어졌다는 겁니다. 그리고 이 토론은 제가 크리스피 크림 주차장에 차를 세웠다는 사실을 깨닫고 나서야 끝났습니다. 저도 참 못 말리죠.

고속도로에서 빠져나와 그 가게의 주차장으로 들어갈 때도 의식적인 자각이 없었습니다. 그건 마치—여기서 다시 한 번 의인화해 보겠습니다—제 측좌핵이 이렇게 말하는 것 같았죠. "그래. 너희들은 마음껏 토론해. 예전 경험에 비춰보면 이건 어마어마한 보상을 얻을 기회니까 우리는 갈 거야." 무의식적인 제 측좌핵은 의식적 마음이 열심히 궁리할 때 의식적인 고려 없이 결정을 내렸습니다.

이런 일은 늘 벌어집니다. 우리 행동이 분명한 자기 의도와는 대조되는 무의식적 동기의 부산물로 나타날 때가 부지기수입니다. 전전두엽 피질이 너무 느려서 의사결정에 영향을 주지 못한 결과로 우리는 늘 이런저런 행동을 합니다.

제가 마지막 순간에 저 자신을 붙잡는 데 성공했다는 것을 전해드리면서 이 이야기를 마칠까 합니다. 차 문을 열고 나오려는 순간 이런 깨달음이 들었습니다. 나 지금 여기서 뭐 하고 있지? 도넛은 안 먹을 거야! 그러고는 다시 차에 올라타 주차장을 빠져나왔습니다. 그날 제가 도넛을 하나도 사지 않았다는 것을 자랑스럽게 말씀드립니다.

다음 날 사 먹었습니다. 어찌나 맛있던지 말이죠.

이 이야기를 얼마나 많이 했는지는 기억나지 않지만, 매번 반응이 좋았다는 것은 알고 있다. 이 이야기에 공감하거나 이를 다른 사람들에게 들려준 사람들의 이메일도 받아보곤 했는데 하나같이 좋은 내용이었다.

가장 황당했던 점은 언젠가부터 너무도 자연스럽게 사람들이 내게 도넛을 가져다주기 시작했다는 것이다.[59] 사람들은 근처에 있는 크리스피 크림 또는 현지 도넛 가게에서 내가 먹어봐야 한다고 생각한 도넛을 여러 번 내게 가져다주곤 했다.

배고프지 않아도 먹는 이유

1.3킬로그램의 지방 중 언급할 가치가 있는 또 다른 부분은 편도체amygdala라는 영역이다. 편도체는 대칭 구조의 아몬드 모양인데 시상하부, 측좌핵, 전전두엽 피질과 인접한 곳에 있다.

위치만 놓고 보면 섭식, 성행동과 연관된다고 짐작할 수 있는데 이는 올바른 추측이다.

편도체의 일차적인 역할은 위험 감지다. '일차적인'이라는 말에는 내 개인적인 판단이 섞여 있을 수도 있다. 하지만 주변 환경에서 신속히 위험 요소를 식별하는 능력이 우리의 생존 전반에 얼마나 중요한가를 생각한다면, 단연 이 역할을 1순위에 두고 싶다. 편도체는 뇌의 정서 중추라고 일컬어지는 것이 보통이고, 실제로도 편도체는 우리의 정서 경험에서 일정한 역할을 담당하지만, 위험 탐지와 관련된 일도 많이 담당한다. 세상에서 무언가와 마주칠 때마다 우리 뇌는 무엇보다도 "저것이 내 목숨을 해칠까?"라는 질문에 신속히 답해야 한다. 편도체는 이 질문에 빠르게, 그것도 매우 빠르게 응답한다. 때로는 전전두엽이 말할 기회를 얻기도 전에 답을 내놓는다.

어떠한 자극이 위협적이라고 판단했을 때, 편도체는 자율신경계를 활성화하는 뇌의 다른 부분에 신호를 보낸다. 자율신경계는 뇌부터 긴 척수까지 뻗어 있는 신경망으로서 우리 몸의 모든 장기에 변화를 일으킨다. 동공이 확장하고, 심박수가 높아지며, 속이 뒤틀리고, 땀을 흘리며, 방광이 이완되는 것과 같은 변화를 유발한다. 여러분은 이 변화가 스트레스 반응의 일부임을 알아차렸을 것이다. 스트레스는 위협을 인식했을 때 우리 뇌가 보이는 반응이기 때문이다. 편도체의 위험 분석은 몹시 빠르다. 따라서 우리가 접한 것이 무엇이든, 이에 대한 반응으로 몸에서 일어나는 생리적 반응들은 의식적 자각이 일어나기도 전에 나타난다.

나의 전작 『느긋하게 웃으면서 짜증 내지 않고 살아가는 법』에서는 내가 좋아하는 가상의 위협에 관한 예시를 사용했다. 그것은 커다란 회색곰에게 공격당하는 상황이다. 당시 출판업자는 책 표지로 무시무시한 곰의 이미지를 고르기까지 했고, 이 때문에 다섯 살배기인 내 딸은 이 책보다 전작을 더 좋아한다.[60] 내가 이 사례를 좋아한다고 말하는 것은 그것이 현실을 기반으로 하기 때문이다. 내가 사는 곳은 인간과 곰이 함께 살고 있는 북아메리카 대륙이다.

자, 한번 상상해보자. 저 멀리 공격 태세가 분명한 곰 한 마리가 보인다. 우리의 감각기관들은 곰을 보고, 냄새 맡고, 곰의 소리를 듣는 동안 그 곰에 관한 정보를 뇌에 전달한다. 이렇게 처리한 정보를 전달받은 편도체는 이를 위협이라고 인식하고 자율신경계를 활성화하여 우리 몸에 몇몇 생리적 변화가 일어나게 한다. 이 변화들은 전전두엽 피질이 의식적으로 상황을 자각하기도 전에 일어날 것이다. 극히 짧은 순간이다. 하지만 우리를 공격하려는 곰이 있다는 것을 갑자기 깨닫게 되자 몸에서는 벌써 심박수가 높아지고 속이 조여오는 등의 반응이 일어난다고 상상해보라. 전전두엽 피질은 우리의 생각, 우리의 감정, 우리가 관여하는 행동 속에 이 정보를 통합할 것이다. 마치 전전두엽 피질이 이렇게 말하는 것 같다. "그래, 저기 곰이 있군. 심장이 미친 듯이 빨리 뛰고 속도 조여오잖아. 그렇다면 두려워해야겠군."

물론 이는 극도로 단순화한 설명이지만 틀린 말은 아니다. 우리의 정서는 다양한 입력 정보를 기반으로 한다. 만약 편도체가 위협을 인식했다면 그 결과로 스트레스에 기반한 감정을 느낄 수 있다. 대개 이 감정들은 두려움, 분노, 슬픔과 같은 부정적인 것들이지만, 자극과 해석에 따라 흥분과 같은 긍정적인 감정일 때도 있다. 편도체가 인식하기에 상황이 위협적이지 않다면 그때는 해석에 따라 전혀 다른 감정들을 느낄 수도 있다. 정리하면 편도체가 위협을 감지하고 이것이 정서에 영향을 끼친다. 흔히 편도체를 가리켜 뇌의 정서 중추라고 부르는 것도 이런 이유에서다. 편도체에서 정서를 느끼는 것은 아니나 편도체의 활동이 정서에 어마어마한 영향을 끼친다.

모든 사람이 나와 같지는 않겠지만 내 식생활에는 정서가 중요한 부분을 차지한다.

해파리 먹기가 아니라면 음식 먹기는 즐거운 일이다. 기분이 아주 좋을 때 나 자신에게 근사한 식사를 선물한다거나 마음껏 스낵을 먹는다면, 속담처럼 '케이크 위에 달콤한 크림을 뿌린 격'이다.[61] 아, 갑자기 케이크가 당긴다. 이상하지 않은가?

우리는 만사를 음식으로 기념한다. 생일을 맞았는가? 그렇다면 브라질식 고기 구이집에 가서 마음껏 즐겨보자! 그런 다음 케이크도 먹자. 직장에서 승진했는가? 그렇다면 기념으로 외식할 만한 완벽한 장소를 내가 안다! 대다수 기념일은 음식으로 기념한다. 핼러윈, 밸런타인데이, 부활절에 먹는 사탕이나 초콜릿은 모두가 좋아한다. 심지어 날짜가 지나면 이 기념일을 주제로 했던 사탕이나 초콜릿은 반값에 살 수 있다. 어머니의 날에 엄마를 데리고 브런치를 즐기러 가는 것 말고 달리 뭘 할 수 있을까? 바비큐를 먹지 않는 독립기념일을 상상할 수 있겠는가? 졸업식은 또 어떤가? 먹으러 가야 한다. 결혼한다고? 함께 먹으러 가자. 이혼했다고? 그래도 먹으러 가자.

식욕에 있어서 편도체의 역할은 명확하다. 섭식에 정서적 요소가 다분히 들어 있으니 말이다. 하지만 앞서 말했듯이 편도체의 일차적인 역할은 위험 탐지다. 그렇다면 스트레스는 우리의 식욕에 어떻게 작용하는 걸까?

자, 여러분이 거대하고 포악한 곰에게 공격당하기 직전인 장면으로 되돌아가자. 분명 녀석의 의도는 당신에게 해를 가하는 것이며, 여러분의 뇌는 그 곰을 위협이라고 올바르게 식별했다. 뒤이어 자율신경계가 활성화되면서 몸에 일련의 변화가 한꺼번에 나타난다. 그 변화들은 무엇이 됐든 임박한 곰의 공격으로부터 생존하는 데 유리한 행동을 하도록 돕는 목적으로 설계되었다. 이때 여러분의 행동은 싸움 혹은 도주라는 두 가지 범주 중 하나에 속할 가능성이 크다. 즉, 방어 태세를 갖추는 (또는 심지어 공격에 나서는) 등 뭔가 공격적인 행동에 나설 수도 있고, 그 자리에서 달아나거나 숨는 행동을 통해 그 상황에서 벗어날 수도 있다. 싸움 혹은 도주는 위협적인 대상에 대한 우리의 기본적인 두 반응을 대표한다.

행동하려면 에너지가 든다. 만약 여러분이 곰에게 공격받는다면, 여러분의 뇌는 여러분이 실행하는 모든 것이 생존 확률을 높이도록 확실히 하려고 할 것이다. 이때의 행동 중 싸우거나 도주하는 것과 직접적으로 관련되지 않는 것은 에너지를 낭비하는 것이며 목숨을 잃게 만들지도 모른다. 예를 들어 저 앞에서 곰이 맹렬히 돌진해 오는데 갑자기 식욕이 생기는 것은 적절치 않을 것이다. 곰 고기가 맛있을 수도 있지만 말이다.

곰에게 공격당하는 와중에 잠깐 멈추고 샌드위치를 만드는 행동은 정말이지 하고 싶지 않을 것이다. 분명 싸우거나 도주하려면 에너지가 필요하고 에너지는 음식에서 얻는다. 하지만 이 경우에는 음식을 먹고 소화한 뒤 그 영양분을 필요한 세포에 전달함으로써 곰 공격을 피해 생존하는 데 사용하지 못한다. 그 곰을 보고는 "가만, 탄수화물을 좀 보충해야겠어!"라고 말하는 것은 이치에 맞지 않는다. 그런 식으로 해결되는 일이 아니다. 먹는 행위에도 많은 에너지가 든다. 이 에너지는 곰을 피해 달아나거나 나 자신을 방어하는 데 쓰는 게 낫다.

이런 까닭에 편도체는 주변 환경에서 위험 요소를 감지하면 시상하부에 신호를 보내고, 뒤이어 시상하부는 코르티솔cortisol 이라는 호르몬을 혈액 속에 분비하도록 신호한다. 흔히 스트레스 호르몬이라고 부르는 코르티솔은 우리 몸에 다양한 추가 효과를 불러일으키는데 그중 하나가 식욕 감퇴다. 스트레스에 짓눌릴 때면 입맛이 없다. 만약 그 스트레스가 우리의 존속을 위협하는 실제적인 요소 때문에 생겨났다면 식욕이 떨어지는 편이 낫다. 물론 스트레스를 받으면 체중이 느는 사람들도 있긴 하지만 식욕 감퇴는 실제로 일어난다. 만성 스트레스로 인해 급격히 체중이 빠지는 사람들도 많다. 하지만 '아, 스트레스 다이어트가 있었구나! 그건 아직 못 해봤네!'라고 섣불리 생각하지는 말자. 이렇게 체중을 감량하는 것은 매우 해로운 방법임을 기억하자.

대다수 사람은 짧은 기간이나마 스트레스로 인한 식욕 감퇴를 경험해본 적이 있다. 최근 순회강연에서 한 남자가 내게 오더니 직장에서 바쁜 한 주를 보냈다고 말해주었다. 그중 하루는 얼마나 일이 고되던지 밥 먹는 것도 잊어버렸다고 했다. 그런데 스트레스를 받으면 식욕이 떨어진다는 이야기를 듣고 보니, 자기가 밥 먹는 것을 잊어버린 것이 아니라 배고프다는 것을 뇌가 전혀 인정하지 않았다는 것을 깨달았다는 것이다. 나도 그런 상황을 많이 겪어봤고, 분명 여러분도 충분히 공감할 이야기라고 생각한다. 그날 일을 마치고 무슨 일이 벌어졌냐고 물었더니 그는 이렇게 답했다. "와, 진짜 엄청나게 먹었죠!" 곰에게 공격받는 상황에서는 아무것도 입에 대지 않을 것이다. 하지만 곰이 사라지고 나면 곧장 뷔페로 달려간다.

공격당할 때 먹는 것이 바람직하지 않은 또 다른 이유는 섭식 행위가 주의를 분산시켜 우리를 취약하게 만들기 때문이다. 때로 영화에서는 대다수 사람이라면 매우 불편해할 상황에서 차분히 식사하는 모습을 보여줌으로써 그 등장인물이 제정신이 아니거나 잔인한 성격임을 보여준다. 폭력배 무리가 나오는 대다수 영화에 그런 장면이 있다. 그중 내가 좋아하는 장면들이 영화 〈좋은 친구들Goodfellas〉[62]에 나온다. 하나는 등장인물 토미(조 페시 분)가 헨리(레이 리오타 분)에게 "내가 어떻게 웃겨?"라고 물으면서 장난삼아 헨리를 무섭게 몰아가는 장면이고, 다른 하나는 그들이 토미 모친의 집에서 식탁에 둘러앉아 식사하면서 트렁크에 있는 죽은 사람에 관해 농담을 주고받는 장면이다. 이 장면은 검시관이나 장의사가 얼마나 둔감해질 수 있는지를 보여주는 용도로도 사용된다. 또한, 너무도 흔한 장면이어서 영안실을 배경으로 하는 거의 모든 장면에는 누군가 태연히 음식을 우걱우걱 먹는 모습이 담겨 있다. 개인적으로 알고 있는 장의사는 없지만, 그들이 시체 위에 점심식사를 올려둔다고 하면 몹시 놀랄 것이다.[63] 이것은 그 사람이 위협을 느끼지 않는다는 것을 단번에 인식하도록 만드는 강렬한 이미지다.

상황에 굴하지 않고 음식을 먹는 것은 강한 자신감을 드러내는 행동이다. 내가 대학을 나와 처음 몸담았던 회사의 한 임원을 나는 이날 이때까지도 기억한다. 그는 점심시간이 되면 구내식당에서 모든 사람을 등지고 혼자 밥을 먹는 특이한 행동의 소유자였다. 이 단순한 행동은 그가 아무것도 걱정하지 않는다는 메시지를 모두에게 심어주었다. 뭐, 나도 걱정할 것이 전혀 없다. 하지만 나는 내 집에서도 등을 벽 쪽에 두고 밥 먹는 것을 선호한다.

스트레스가 식욕을 떨어뜨린다면 왜 그리 많은 사람이 스트레스 때문에 살이 찌는 걸까? 사실 그 이유는 간단한데 이는 사람들이 평소에 살찌는 것과도 같은 이유다. 인간은 배가 고프지 않을 때도 음식을 참 잘 먹는다. 우리는 이 특별한 기술의 대가로서 이에 관해서만큼은 다른 어떤 종보다 탁월하다.

인간은 다양한 이유에서 살이 찐다. 나는 그런 이유 하나하나가 비만 전염병에 이바지한다고 확신한다. 시간이 지나면서 먹는 양 그리고/또는 음식별 칼로리 밀도가 높아졌다고 말하는 사람들이 많다. 분명 이것도 하나의 요인으로 작용한다. 음식을 구하기가 너무 쉽다며 비난의 화살을 돌리는 사람도 많다. 우리—적어도 선진국에 살면서 여유 있게 사는 사람들—는 풍요롭고도 다양한 음식에 둘러싸여 있다. 미국과 캐나다 일부 지역에 사는 나는 원하는 것이 무엇이든 어디서나 대체로 구할 수 있다.[64] 고칼로리 음식의 존재는 분명 나의 체중 증가에 이바지했다. 내가 한밤중에 군것질하려고 냉장고를 급습했던 것이 언제인지 한참 되짚을 필요가 없다는 것만 봐도 알 수 있다 (바로 어제였다). 하지만 인간만이 이러한 풍요 속에 사는 것은 아니다. 사라를 만나기 전, 나에게는 루나Luna라는 이름의 반려견이 있었다. 루나도 우리처럼 풍부한 먹거리 속에 살았다. 나는 하루 24시간, 일주일에 7일 내내 루나의 밥그릇을 가득 채워 두었다. 원할 때마다 원하는 만큼 먹을 수 있도록 말이다. 하지만 루나는 절대로 필요한 양보다 많이 먹지 않았다. 배가 고프면 먹었고, 든든하다 싶으면 그만 먹었다. 인간 사회에 어울려 사는 반려동물 중에도 비만해지는 동물이 있다는 사실을 부인하는 것은 아니다. 하지만 외출이라고는 절대로 하지 않는 뚱뚱한 개와 고양이들이 사람들의 집에 가득한 것이 아니라면[65], 반려동물의 비만은 인간의 경우보다 훨씬 적다.

우리의 체중이 늘어나는 큰 이유는 배고프지 않을 때 먹는 법을 배웠기 때문이다. 허기와 전혀 관계없는데도 먹어야 할 이유는 차고 넘친다. 나는 180킬로그램의 거구가 되기까지 많이도 먹었다. 하지만 장담컨대 실제로 배가 고파서 먹은 경우는 많지 않았다. 물론 배가 고플 때도 먹지만 지루해서 먹을 때도 있다. 사람들과 어울리려고 먹기도 한다. 음식이나 돈을 낭비하지 않으려고 먹을 때도 있다(음식 남기면 못 쓴다!). 돈 이야기가 나왔으니 말인데, 내 인생의 상당 기간을 제도화된 가난―달리 말해, 대학이라고 알려진 시스템―에 자발적으로 바치고 나니 공짜 음식이라면 더더욱 마다하지 않는 나쁜 습관이 생겼다. 누군가 밥을 산다고 하면 대개는 얼마나 배가 고픈지와 관계없이 따라가서 먹는다.

지난 휴가에 텍사스에서 지내는 동안 라디오에서 들은 조언이 기억난다. 칼로리양 관리에 유익한 좋은 속임수라며 진행자가 읽어준 내용이다. 크리스마스 파티 때 단것을 너무 많이 먹을 것 같다면 파티에 가기 전에 몸에 좋은 간식을 먹어두라는 것이다. 파티에서 단것을 너무 많이 먹는 것이 허기 때문이라고 생각하나보다. '도를 넘는다'는 것이 무엇인지 모르고 하는 소리다. 아무리 뱃속에 두부를 든든히 채워놔도 크리스마스 쿠키와 초콜릿이 들어갈 자리는 언제나 남아 있다. 파티에서 식욕을 참는 최선책은 파티 자체를 피하는 것이고, 차선책은 스낵 코너에서 멀리멀리 떨어져 있는 것뿐이다.

나는 모험심에 무엇을 먹어본 적이 있다. 내기에서 이기려고 먹은 적도 있다. 내가 음식을 먹는 가장 바보 같은 이유 하나는, 음식이 반쯤 남은 용기를 냉장고나 찬장에 다시 넣지 않기 위해서다. 나는 소량 포장의 목적을 도무지 모르겠다며 농담하곤 했다. 아니, 감자칩 한 봉지를 다 먹지 못하는 사람이 어디 있는가? 또한, '킹 사이즈' 초콜릿바 중에는 절반으로 쪼개지는 것들이 있다. 포장지를 읽어보면 "반은 지금 즐기고, 반은 나중에 즐기세요!"라고 쓰여 있다. 나는 한 번도 절반을 보관했다가 나중에 먹은 적이 없다. 어떻게 초콜릿바를 다 먹지 않고 남겨둘 수가 있단 말인가?

내가 음식을 먹었던 이유 중에서도 가장 어리석은 것은 관심을 끌기 위해서였다. 모든 사람이 그런 건 아니지만 대다수 코미디언은 기본적으로 관심에 목말라한다. 나는 코미디언들이란 악기 다루는 법을 배워본 적 없는 록스타 지망생이라고 말하곤 했다. 별 볼 일 없는 밴드라도 꾸준히 공연 일정이 잡히는 그룹이라면 그중 한 사람과 얼마든지 내 자리를 맞바꿀 의향이 있다. 베이스 연주자라도 말이다. 받아들이는 속도가 더디긴 했지만 나도 소셜미디어 시대에 발맞추는 코미디언이 되었다. 마이스페이스Myspace라는 플랫폼 덕분에 인기를 끈 몇몇 코미디언을 보았는데[66], 내가 무대에 처음 발을 들이기 전부터 이미 마이스페이스는 저무는 해였다. 페이스북과 트위터가 부상하고 있던 터라 나도 이 둘을 전부 받아들였다. 하지만 초기에는 페이스북을 더 즐겨 사용했다. 트위터는 페이스북과 달리 모든 게시물을 140자 이하로 써야 했다. 하지만 나는 왠지 모르게 150자 밑으로는 아무리 노력해도 재미있는 글을 쓰기가 어려웠다. 자연히 트위터에서는 가짜 계정들 말고는 팔로워가 그리 늘지 않았다. 페이스북에서도 아직은 나 자신을 '마이크로 인플루언서micro influencer'(팔로워 수는 적지만 자신의 전문 분야에 관한 내용을 공유하며 팔로워들에게 영향력을 발휘하는 사람－옮긴이)라고 부르기 어렵다. 나는 사진을 많이 찍는 사람(사라가 내 세미나에 처음 참석했을 때 주목했던 또 다른 점)이면서도 인스타그램이 인기를 끌 때 뒤늦게 따라갔다. 첫 게시물 몇 개는 음식 사진이었다. 특히 이동 중에 발견한 희한한 음식 또는 엄청난 양의 음식을 찍어 올렸다. 놀랍게도 이 게시물들이 인기를 끌었고, 사람들이 '좋아요'를 누르거나 댓글을 남길 때마다 내 뇌에 충분한 도파민 자극이 가해졌다. 덕분에 나는 내 계정을 온통 음식 사진으로 가득 채웠다.

처음 순회강연을 시작할 즈음, 트래블 채널Travel Channel에서 방영하는 〈인간 대 음식Man v. Food〉이라는 프로그램이 내 눈길을 끌었다. 이 프로그램에는 배우 애덤 리치먼Adam Richman이 출연했는데, 공교롭게도 내가 방문하기로 예정된 여러 도시에서 몇 편을 찍고 있었다. 이 프로그램이 생소한 분들을 위해 말하자면, 에피소드마다 애덤이 다른 도시를 찾아가 그 지역에서 열리는 음식 챌린지에 참여하는 식으로 방송이 진행된다. 이를테면, 애머릴로에 있는 빅 텍산 스테이크 렌치Big Texan Steak Ranch

라는 식당에서 파는 그 유명한 2킬로그램짜리 스테이크 먹기에 도전한다.[67] 한 시간 안에 다 먹으면 밥값을 내지 않아도 된다. 애덤은 주요 이벤트를 준비하면서 그 도시에 있는 다른 식당도 몇 군데 방문해 고칼로리의 다양한 음식을 맛본다. 이 프로그램은 소셜미디어에 음식 사진을 올리는 것이 아직 유행일 때 내가 일종의 여행 가이드로 참고했다. 내가 직접 음식 챌린지에 참여한 적은 전혀 없다. 하지만 나는 엄청난 양의 음식을 숱하게 먹었던지라 그런 음식 사진을 소셜미디어에 올리면 "여기 〈인간 대 음식〉에 나왔던 가게인가요?"라는 댓글이 달렸다. 다시 말하지만 이것이야말로 내가 음식을 먹었던 가장 어리석은 이유일 것이다.

결국 알래스카 데날리까지 가게 되었다. 나는 거기서 이례적으로 큰 고기와 치즈를 곁들인 블러드 메리Bloody Mary(토마토 주스를 섞어 만든 칵테일의 일종-옮긴이) 사진을 올렸다. 반응은 뜨거웠다.[68] 그전까지는 블러드 메리를 가끔 즐겼을 뿐이었는데 이때부터 블러드 메리를 찾아다니기 시작했다. 그 후로 몇 년간 햄버거부터 프라이드치킨까지 온갖 것을 곁들인 블러드 메리를 찍은 사진들은 내 인스타그램 계정에서 보물 같은 콘텐츠였다. 이에 나는 전국을 돌아다니며 최대한 많은 사진을 모았다. 나는 내 농담보다 토마토 주스를 넣은 그 칵테일을 먹고 다닌 사람으로 더 이름이 났고, 전국 방방곡곡에서 열리는 블러드 메리 페스티벌의 심사위원으로 초대까지 받았다. 이 과정에서 바텐더, 식당 주인, 다른 저술가들, 그 외 각양각색의 블러드 메리 애호가들을 알게 되었다. 심지어 나는 직접 블러드 메리에 관한 여행안내 책자를 써서[69] 행사장에서 판매하고, 블러드 메리를 주제로 한 TV 프로그램을 기획하려고도 했다. 감사하게도 그 많던 관심은 결국 잦아들었고 나는 블러드 메리 부문의 애덤 리치먼이 될 기회를 전혀 얻지 못했다.

그렇다면 우리는 배고프지 않을 때 먹는 법을 어떻게 배우는 것일까? 이런 것쯤은 배울 필요가 없다고 늘 생각했었다. 그런 기술을 습득한 기억이 없기 때문이다. 하지만 작년에 내 딸 알리사와 대화를 나누다가 이 주제에 관한 생각이 바뀌게 되었다. 어느 날 아침 한 호텔에서 이루어진 이 대화에서 사라와 나는 알리사에게 하루를 시작하기 전에 아침을 좀 먹겠냐고 물어보았다. 알리사는 배고프지 않다고 했고, 이렇게 해서 대다수 부모가 자녀와 나눌 법한 대화가 시작되었다. 우리는 배가 고프지 않더라도 뭘 좀 먹어두는 게 중요하다면서, 나중에 우리가 일할 때는 밥 먹을 기회가 없을 거라고 했다. 우리 모두 삶이 얼마나 복잡해질 수 있는지 잘 아니까 말이다. 성인인 우리 대다수는 하루 중 밥 먹을 시간이 따로 있고, 기회가 있을 때 먹어야 한다는 것도 잘 알고 있다. 하지만 네 살배기 우리 딸은 일정을 조정해야 할 업무가 없다. 알리사의 몸은 점심 때쯤

배가 고파져서 다시 연료를 채워야 한다는 것이 훈련되지 않았
다. 아이에게 저런 말을 내뱉는 순간 '아, 이런 식으로 아이들
은 배고프지 않아도 먹는 법을 배우게 되는구나' 하는 깨달음이
들었다. 이에 곧장 태도를 바꿨다. 사라와 나는 잠시 이야기를
나눈 뒤, 우리 일정에 알리사의 식욕을 억지로 맞추기보다는
가능한 한 알리사가 배고플 때만 먹는 것을 허용하기로 했다.
내가 딸에게 해줄 수 있는 최선의 일 하나는 내가 지금까지 씨
름하고 있는 똑같은 나쁜 습관을 기르지 않도록 돕는 것이다.

　감사하게도 딸을 양육하는 일에 관해서는 사라의 도움을 받
을 수 있다. 사라가 자기 생각을 덧붙였다.

　　물론 우리는 생존을 중시하도록 만들어진 것이 분명하고,
　우리 뇌는 달고 짜고 기름진 음식을 찾도록 만들어졌죠. 하지
　만 어떤 환경 속에서 무엇에 노출되며 어떤 행동을 배우느냐
　도 분명 한몫을 담당합니다. 알리사는 첫돌을 맞기까지 단 음
　식에 전혀 노출되지 않았습니다. 음식을 가지고 놀아도 된다
　는 허락을 받자 그야말로 신이 났죠. 치즈 케이크를 부수고 찌
　그러뜨리면서 연신 낄낄거리는 아이의 모습은 너무도 사랑스
　러웠습니다.[70] 그날 케이크를 그리 많이 먹지는 않았지만, 휘
　핑크림을 좀 입에 대보던 그 순간 얼굴이 환해지더군요. 마치
　전등이 깜빡거리듯 알리사 뇌의 수용체들이 점화되는 것이 보

이는 듯했죠. 이것이 바로 단것을 만난 뇌의 반응입니다! 우리는 얼른 웨이터를 불러 휘핑크림을 좀 더 가져다 달라고 했습니다. 지금도 알리사는 볼에 휘핑크림을 가득 담고 시나몬을 뿌려달라고 부탁하곤 합니다! 얼마나 맛있는지! 하지만 알리사가 초콜릿을 실제로 즐기기 시작할 때까지 초콜릿을 얼마나 많이 먹어봐야 했는지를 보고 깜짝 놀랐습니다. 지금도 과일 스낵이나 메이플 시럽 같은 음식은 너무 달다면서 좋아하지 않는 걸 보면 놀랍습니다.

저도 우리 아이가 좋은 삶을 마음껏 즐기길 바라죠. 땅콩버터나 구구클러스터Goo Goo Cluster(초콜릿, 캐러멜, 땅콩, 마시멜로를 주재료로 한 초콜릿 과자—옮긴이)와 같은 기름진 음식이 역사적으로 우리 생존에 한몫하기도 했고요. 하지만 몸에 해로운 음식은 그 어떤 것도 지나치게 강요하지 않습니다. 분명 그런 음식을 대체할 다른 많은 음식을 선호하게 될 거라는 데 한치의 의심도 없습니다. 하지만 한때는 알리사도 브로콜리, 시금치, 피클, 레몬, 그 외 몸에 좋은 음식들을 잘 먹었습니다. 시간이 지나면 미뢰도 변한다지만 유년기와 아동기 사이의 어느 시점에서 그 수용체들이 확실히 줄어듭니다. 만화나 영화에서 아이들이 채소를 싫어하는 것으로 형상화하는 경우가 많은 것도 일부 책임이 있습니다. 저녁식사 자리에서 아이와 실랑이를 벌이는 것도 흔한 일이죠. 하지만 우리는 언젠가 브로콜리도 초콜릿처럼 아이 입맛에 다시 맞을 거라고 기대하면서 계속 아이를 좋은 음식에 노출하려고 합니다. 한편, 모든 것을 아이스크림으로 기념할 수는 없습니다. 약간의 균형이 필요하죠. 이를테면 브로콜리를 세 입만 더 먹으면 가도 좋다고 말해주는 겁니다.

우리는 배고프지 않을 때도 먹을 수 있다. 이런 까닭에 많은 사람은 스트레스 때문에 식욕이 억제되더라도 체중이 늘어난다. 바로 이게 문제가 되는 요인 중 하나다. 또 다른 요인은 내가 앞서 언급한 점, 바로 먹는 것이 즐겁다는 사실이다. 음식을 섭취하면 기분이 좋아지고, 그중에서도 탄수화물 함량이 높은 몇몇 음식은 실제로 기분을 띄워주는 특징이 있다. 이는 이치에 맞는다. 당분은 에너지원이므로 당분을 섭취할 때 즐겁게 반응하는 것은 앞으로도 당분을 계속 섭취하도록 확실히 하는 데 유익하다. 스트레스가 우리 기분을 망치더라도 탄수화물이 풍부한 음식을 섭취하면 일시적으로나마 기분이 더 좋아질 수 있나. 먹는 것으로 기분을 푸는 이유도 여기에 있다. 스트레스를 음식으로 푸는 것은 괜한 일이 아니다. 여러 연구에 따르면 편도체는 음식으로 스트레스를 푸는 행위에도 작용한다고 한다.

독이 든 딸기를
이용하라

내 세미나에 처음 참석했을 때 사라는 '루나', '사진', '독이 든 딸기'를 노트에 끄적거렸다. 앞서 나의 반려견 이름이 루나였다는 것과 내가 사진을 즐긴다는 것은 밝혔지만, 아직 딸기 이야기는 꺼내지 않았다. 이 이야기는 부정적 기억이 긍정적 기억보다 훨씬 더 생생한 이유를 설명할 때 사용했던 비유다. 세상에서 내게 쾌락을 가져다줄 온갖 좋은 것들을 익히는 것은 뇌와 유기체 전체에 무척이나 중요하다. 하지만 무엇이 나를 해치거나 죽일 수 있는지 파악하는 것도 절대적으로 필요하다. 뇌는 보상과 처벌 모두를 통해 학습할 수 있는 기제를 지녔다. 이 중 부정적인 결과를 경험하면서 배운 교훈이 훨씬 빠르고 선명하게 학습된다. 부정적인 결과가 우리의 즉각적인 생존에 훨씬 심대한 영향을 끼치기 때문이다. 독이 든 딸기가 바로 그런 종류다.

딸기 이야기의 자세한 내막은 다음과 같다. 세상을 탐색하고 경험을 수집하면서 경이와 위험을 학습하던 초기 인류의 삶을 상상해보자. 그는 우연히 먹음직스러운 딸기가 열리는 관목을 마주치고 열매를 한두 개 따 먹을 수도 있다. 맛도 기가 막힌데다 딱히 나쁜 결과도 없는 것 같아서 몇 개 더 따 먹는다. 그 딸기들은 기운을 북돋아주고 영양가도 있다. 알고 보니 그 안에 함유된 당분이 초기 인간에게 약간의 에너지를 채워줌으로써 측좌핵 안의 도파민 활동이 늘어난 것이었다. 이 관목에 열리는 딸기는 먹을 수 있는 것임을 기억해야 한다. 그의 뇌는 몇 차례 반복을 통해 이 점을 확실히 기억할 것이다. 게다가 그의 뇌는 그 딸기와 연관되는 모든 자극도 기억할 것이다. 이를테면 그 관목의 종류, 위치, 시간대, 기후, 광고판, 그 밖에 그쪽 길로 온 배고픈 사람의 머릿속에 곧 음식을 만날 거라는 암시를 주는 모든 표지가 그렇다. 맛 좋은 딸기를 기억하는 것은 적응력이 있는 행위다.

반대로, 그가 아까와는 다른 관목을 만났는데 그 나무에도 딸기가 가득 열렸다고 해보자. 이번에도 한두 개를 따 먹었는데 그만 배탈이 나고 말았다. 그의 몇몇 동료도 탈이 났을 것이고, 어떤 사람은 목숨을 잃었을지도 모른다. 맛 좋고 영양가 있는 딸기를 기억하는 것도 중요하지만, 나를 죽일 수도 있는 딸기를 기억하는 것은 절대적이며 필수적이다. (아니면 그 딸기가 곰을 쓰러뜨릴 좋은 독을 만들지도 모른다. 내가 무슨 말을 하는지 잘 알 것이다.)

부정적인 경험 속에 형성된 기억들은 오로지 보상과 연관된 기억들보다 우리 행동에 훨씬 더 큰 영향을 끼친다. 다른 예로 가스레인지 위에 있던 뜨거운 팬을 만지다가 우연히 화상을 입고 나면 다시는 뜨거운 팬을 만지지 말아야 한다는 것을 금세 배운다. 단순히 뜨거운 팬을 만지지 말라는 주의를 들을 때보다 훨씬 학습 속도가 빠르다. 1도 화상을 입으면서 배운 교훈은 말로 주의를 들으며 배운 교훈보다 훨씬 더 즉각적으로 와 닿는다.

이론적으로 독이 든 딸기 모델은 우리가 덜 섭취하려는 음식에 대한 갈망을 줄이는 데 활용할 수 있다. 그런 음식의 섭취에 부정적 결과를 연결 짓는 법을 배운다면, 우리 뇌는 그 결과를 촉발하는 요인 앞에서 도파민을 덜 분비하므로 욕구가 감소한다. 이것이 혐오 요법aversion therapy의 토대다. 이 요법은 효과를 낼 수 있고 실제로도 효과가 있지만, 음식에는 제한적으로 활용한다. 안타부스Antabuse라는 약물은 음주 직후에 숙취 증상을 일으키는 원리를 통해 사람들이 음주를 완전히 끊도록 돕는다. 하지만 누구든지 음식은 계속 먹어야 한다. 체중 감량의 방법은 덜 먹고, 더 건강히 먹는 것이다.

몇 페이지 전에 도넛 이야기를 장황하게 했다.[71] 가설을 세워 생각해보자. 만약 도넛을 먹을 때마다 구역질이 나는 약물을 사용한다면, 결국 내 뇌는 도넛에 대한 태도를 바꿀 것이다. 도넛 광고만 봐도 부정적인 연상이 뒤따를 테고, 이에 도넛을 먹는다는 생각이 너무 불쾌해서 기꺼이 모든 도넛 가게를 외면한 결과 더 건강한 삶을 즐길 것이다. 물론 이것은 도넛을 먹을 때마다 꼬박꼬박 그 약물을 사용하고 이를 염두에 둔다는 가정에서다. 하지만 그런 약물은 존재하지도 않을뿐더러, 필요할 때마다 내 뇌가 이를 빼먹지 않고 복용할 것이라고 믿어지지도 않는다. 게다가 도넛만 해결하면 될까, 아니면 페이스트리 전체를 겨냥해야 할까? 초콜릿바와 다른 스낵은 또 어떤가? 과당 음료와 아이스크림은? 그때마다 인공적으로 구토를 유발하는 것을 견뎌낼 자신은 없다. 우리를 도와줄 마법의 알약이 존재한다고 해도 행동을 바꾸기란 여간 어렵지 않다.

하지만 우연히 자기 자신에게 '독이 든 딸기'를 줌으로써 식생활을 절제하고 체중을 감량한 실제 사례도 더러 있다.

내가 아는 한 어린 소녀는 어린이들이 주고받곤 하는 농담을 배운 적이 있다. 이 농담은 "어느 것이 더 역겨울까?"라는 농담을 변형시킨 것이다. 예를 들자면 이렇다. 사과를 베어 물었는데 그 안에 벌레가 있는 것과, 사과를 베어 물었는데 벌레 몸통이 반만 있는 것 중 어느 것이 더 역겨울까?

이 농담의 핵심을 정확히 파악한 소녀는 사과를 먹고 싶은 마음이 싹 사라졌다. 이뿐만 아니라 벌레를 조금이라도 닮은 것, 이를테면 스파게티를 비롯한 면 종류를 먹고 싶은 마음도 쏙 들어갔다. 갓 뽑아낸 지렁이를 먹는다는 건 상상도 못 할 일이 되었다.

이후에 소녀는 사과와 파스타에 대한 혐오를 극복했다. 하지만 벌레는 아직 두고봐야 한다.

다른 사례로, 한 친구는 고기를 끊게 된 연유를 내게 설명해주었다. 그녀는 어느 날 저녁식사 장소로 차를 몰고 가다가 얼마 전 차에 치인 동물 사체 옆을 지나가게 되었다. 죽은 동물을 보고 크게 당황한 그녀는 식당으로 가는 내내 그 이미지를 지울 수가 없었다. 그리고 이제 곧 먹을 고기와 아까 지나친 동물 사체를 갑자기 연관 짓게 되었고, 결국 더는 고기를 먹고 싶지 않았다. 그날 이후로 그녀는 철저한 채식주의자가 되었다.

잠깐 짚고 넘어가자면, 채식주의 식이요법이 체중 감량에 꼭 유익한 것은 아니다. 앞서 셰프 수지 거버도 이 점을 언급했고, 내 친구인 코미디언 카라 트라몬타노Cara Tramontano 역시 다음과 같은 말로 이를 잘 설명해주었다. "스니커즈 초콜릿바에 고기는 전혀 안 들어 있잖아요. 스니커즈 다섯 개를 모아놔도 고기는 없거든요." 하지만 채식이 잠재적인 칼로리원의 한 범주를 제거해주는 것은 분명한 사실이다. 따라서 그 외의 칼로리를 건강한 음식들로 적정량 섭취한다면 체중 감소를 촉진한다고 볼 수 있다.

또 다른 내 친구는 글루텐 섭취를 포기했다. 언젠가부터 식사 후에 위경련과 복부 팽만을 겪었는데 누군가 글루텐 반응일 수도 있다고 말해주었기 때문이다. 글루텐 섭취를 끊자 훨씬 상태가 좋아졌다. 혹시나 해 글루텐이 든 음식을 다시 먹어보니 또다시 위경련이 일어났다. 이렇게 해서 그녀는 자기가 경험한 불편감이 글루텐 불내성 때문임을 확신하고 지금은 글루텐이 든 음식을 먹지 않는다. 애초에 체중을 감량할 생각은 없었다. 하지만 식생활을 이렇게 바꾸자 빵, 파스타, 시리얼은 물론이고 도넛을 먹는 경우도 극히 줄었고 이것이 간접적으로 체중을 줄이는 결과를 낳았다.

채식주의 식이요법처럼 글루텐 프리 식이요법도 반드시 저칼로리인 것은 아니다. 감자칩, 땅콩버터, 베이컨에도 글루텐은 전혀 들어 있지 않으니 말이다.

나도 알코올 문제로 비슷한 경험을 한 적이 있다. 언젠가부터 맥주를 마시고 나면 불편감이 생겨 자연스럽게 맥주를 덜 마시게 되었다. 하지만 내 뇌는 여전히 맥주 맛이 좋다고 생각하는지 때때로 맥주를 주문하곤 한다. 그러나 막상 마시고 나면 맥주 때문에 몹시 불편해진다는 것을 금세 다시 깨닫는다. 여기 앉아 이 글을 쓰는 지금에 와서는 마지막으로 술을 마신 것이 언제였는지 기억도 나지 않는다. 인지적 관점에서는 아직 술을 끊지 않았지만, 행동 차원에서는 사실상 술을 끊은 셈이다. 이 과정에서 알코올에 들어 있는 그 모든 여분의 칼로리로부터 나 자신을 지켜내기도 했다.

알코올을 끊자 칼로리 섭취량이 현저히 줄었다. 단순히 술에 든 칼로리를 덜 섭취했다기보다는 술을 마시면서 함께 섭취하는 칼로리가 줄어든 것이다. 술을 마시면 자제력이 흐트러진다. 욕구를 억제하는 전전두엽 피질의 능력이 떨어지기 때문이다. 내 경우에는 코미디 공연장에서 맥주를 한두 병 마시면 귀갓길에 드라이브 스루 음식점에 들를 확률이 높았다. 다행히 이제는 맥주를 마시면 배가 아프다. 써놓고 보니 이상한 문장이라는 생각이 든다. 하지만 이런 통증이 나타나서 감사하다. 뭐, 잘됐네!

분명 우리는 섭취하는 모든 음식을 역겨워할 수도 없고, 매번 통증을 경험할 수도 없다. 하지만 비유적인 의미에서 독이 든 딸기를 살짝 이용한다면 습관을 바꾸는 데 유익할 것이다.

스트레스를 음식으로 풀다

우리가 몬트리올을 사랑하는 이유 중 하나는 미국 국경에서 차로 단 45분 거리에 있어서다. 이 말인즉슨 미국에서 그날그날 처리할 일들에서 훌쩍 벗어나 다른 나라에서 삶을 즐기다가도, 집에 있는 무언가가 필요하면 언제든지 국경을 넘어올 수 있다는 것이다. 여기서 가장 가까운 미국 도시는 뉴욕의 플래츠버그다. 여행하기에 그리 흥미로운 도시는 아니지만 우리에게는 존재만으로도 고마운 곳이다. 우리는 이따금 대담하게 남쪽으로 내려가 캐나다에서 구할 수 없는 물건을 사거나 미국 우편으로 편지를 보낸다. 거리상으로는 채 한 시간도 되지 않는 모래 위를 지나는 것뿐이지만 국제우편은 엄두가 나지 않을 정도로 비싸다. 의료 서비스를 받으러 미국에 갈 때도 있다. 캐나다 의료 체계에 반대할 이유는 전혀 없지만, 미국을 순회하는 데 대다수 시간을 쓰는 터라 캐나다에 오래 머물더라도 미국 의료보험을 가지고 있다. 그동안에는 응급 서비스를 받을 일이 없어 다행이었는데, 몇 주 전에 일이 터졌다.

알리사는 걷는 것보다 더 재미있고 빠르게 시내를 빨리 돌아다닐 목적으로 스쿠터를 타고 다닌다. 일이 터진 것은 화창한 6월 후반이었다. 정말 완벽한 날이었다. 나로서는 실내에 틀어박혀 글을 쓰기가 몹시 힘든 그런 날이었다.[72] 사라는 내게 혼자만의 시간을 주려고 알리사를 데리고 마운트 로얄 국립공원 입구의 놀이터에 가기로 했다.[73] 겨우 몇 페이지도 못 끝내고 있었는데 한 시간쯤 지나 전화벨이 울렸다. 사라의 전화였다. 사라는 최대한 빨리 데리러 오라고 했다. 알리사에게 사고가 났다는 것이다.

나는 즉시 하던 일을 덮고 밖으로 나가 차에 올라탔다. 사라의 GPS 좌표를 확인하면서 가보니 쓰러진 스쿠터 옆 보도에서 사라가 딸을 살피고 있었다. 알리사는 스쿠터를 타고 언덕 아래로 너무 빨리 내려가다가 보도에 있던 무언가와 부딪쳐 넘어진 모양이었다. 알리사의 눈썹 위에는 크게 찢어진 상처가 있었다. 나는 둘을 부축해 차에 태우고 그 자리를 떠났다.

솔직히 처음에는 다친 부위가 그리 심각해 보이지 않았다. 하지만 사라가 깨끗이 닦아내고 보니 이마에 꽤 깊은 상처가 나 있었다. 알리사는 더 이상 통증을 느끼지 않았지만, 사라와 나는 어서 빨리 얼굴에 난 저 구멍을 꿰매야겠다고 생각해 플래츠버그로 출발했다. 우리는 몸을 다쳐 치료가 필요한 다섯 살배기를 차에 태우면 국경을 건너는 속도가 훨씬 빨라진다는 것을 알게 되었다. 하지만 누구에게도 일부러 이렇게 해보라고 권할 생각은 없다.

응급실에 도착한 우리는 기다리라는 안내를 받았다. 조금만 기다리면 될 것 같아서 사라에게 잠시 스타벅스에 다녀오자고 했다. 병원에서 다 잘 챙겨줄 거라고 믿고 사라도 동의했다. 우리는 차를 몰고 전에 많이 가봤던 플래츠버그 스타벅스로 갔다. 그 시간쯤이면 이미 그날 섭취할 칼로리를 다 채웠거니와 콜드브루는 5칼로리 미만이라고 쓰여 있기에 평소대로 콜드브루를 주문했다. 보통 커피에는 칼로리가 전혀 없고 감미의 목적으로 추가하는 온갖 다른 재료가 칼로리를 높인다는 것을 잘 알고 있지만, 일반 블랙커피에 대한 취향은 전혀 기르지 못했다. 콜드브루를 부드럽게 만드는 공정이 무엇인지는 모르겠지만, 콜드브루만큼은 크림이나 설탕을 넣지 않고도 쉽게 마실 수 있다. 칼로리를 따지기 전부터 콜드브루를 좋아했다는 얘기다.

드라이브 스루 라인에서 주문한 커피를 기다리면서 칼로리 면에서 참 똑똑한 결정을 했다고 생각하던 그 순간, 건너편에 있는 타코벨Taco Bell이 눈에 들어왔다. 최근 몬트리올에 와서 지내는 동안 타코벨이 계속 생각나던 참이었다. 어느 날 타코벨 음식이 먹고 싶었는데, 퀘벡 주에는 어디에도 타코벨이 없다는 소식을 듣고 깜짝 놀랐다.[74] 가장 가까운 매장은 온타리오에 있는 혹스베리Hawkesbury라는 도시에 있다. 하지만 그곳은 내가 사는 곳에서 차로 한 시간 반 정도 떨어진 곳이다. 타코벨을 매우 좋아하긴 하지만, 칠리소스를 추가로 얹은 빈 부리또를 먹겠다며 다른 주로 특별한 여행을 떠날 정도는 아니다. 이렇게 뜻밖에 미국으로 넘어와 코앞에서 타코벨을 마주하는 것은 완전히 다른 얘기다.

한동안 타코벨 음식을 너무 먹고 싶었고, 집에 돌아가면 주변에 타코벨 매장이 없으며, 타코벨에 또 가볼 기회가 많지 않다는 것을 잘 알고 있었다. 하지만 다른 한편으로 그날 섭취할 일일 칼로리를 이미 다 채웠다는 것도 아는 상태였다. 그럼에도 스타벅스 드라이브 스루 라인에 앉아 있자니 이 갈망을 떨쳐낼 수가 없었다. 주문한 커피를 받아 들며 생각해보니 내가 미처 고려하지 못한 한 가지가 내 사고 과정에 영향을 끼치고 있었다. 바로 스트레스다. 나는 잘 버티고 있었지만 딸의 사고와 부상, 그리고 이렇게 급작스럽게 응급실에 오게 된 것이 극도의 스트레스로 작용했다. 차를 몰고 타코벨에 가서 타코 두 개, 빈 부리토 하나에 칠리소스를 추가하는 동안에도 이것이 부분적으로 스트레스 때문임을 나는 알고 있었다.

그날 밤 내 딸에게는 조금 더 날씬한 아빠보다 마음이 진정된 아빠가 필요했다.

병원에 돌아와 보니 알리사는 치료실로 옮겨 무통제, 다른 말로 진통제로 알려진 것을 맞고 있었다. 사라와 나는 의료진이 꿰맬 준비를 하는 동안 옆에 서 있었다. 알리사는 우리가 아는 알리사답게 씩씩하게 상황을 마주하고 있었다. 치료 후, 알리사의 눈썹 위에는 다섯 바늘을 꿰맨 자국이 남았다. 알리사는 그 모양이 애벌레 같다면서 멋있는 자국이라고 생각했다. 그런데 말이다. 알리사의 애벌레는 정말 너무도 멋져 보였다.

배가 고프면
왜 화가 날까

이상적인 환경에서 살을 뺄 수 있다면, 나는 외딴 오두막에 들어가 6개월간 혼자 지내면서 23킬로그램의 말린 콩 한 봉지와 약간의 핫소스만으로 버틸 것이다. 그저 나를 식당에서 멀리 떨어진 곳, 어떤 배달 서비스도 되지 않는 곳에 데려가 거기 떨어뜨려 달라. 고독이 필요해서도 아니고, 가상이긴 하지만 날마다 장작을 패며 몸을 단련하기 위해서도 아니다. 칼로리 섭취가 부족하면 주변 사람에게 정말이지 나쁜 놈이 되기 때문이다.

평소에 나는 더없이 좋은 사람이다. 하지만 진심으로 말하건대 때때로 나는 도저히 참아줄 수 없는 사람이 된다.

최근 들어 점점 인기를 얻고 있는 '행그리Hangry'(배고픈 상태의 hungry와 화가 난 상태의 angry를 합성한 신조어−옮긴이)라는 단어는 제한적인 음식 섭취가 불러오는 안타까운 부작용을 완벽하게 표현한다. 허기가 진다고 반드시 화가 나는 것은 아니다. 하지만 배가 고프면 평소에는 살짝 짜증이 나는 일에도 과하게 반응하게 된다. 사실 나는 느긋한 사람이다. 그러니 문자 그대로 느긋해지는 법에 관한 책도 썼고, 자잘하게 짜증이 나는 일들은 별문제 없이 넘겨버린다. 그러나 혈당이 떨어지면 극히 사소한 일에도 평정심을 잃는다. 아무리 가족을 사랑한다고 해도 자잘한 일들은 언제나 존재하는 법이다. 나도 내 딸을 더없이 사랑하고 사라와도 완전히 사랑에 빠져 있지만, 유독 이번 주에는 두 사람 때문에 화가 났다. 어느새 나는 매우 사소한 자극에도 두 사람에게 신경질을 부리고, 말도 안 되는 일로 불같이 화를 내고 있었다. 공교롭게도 이번 주에는 칼로리 섭취량을 적게 유지하는 것도 꽤 잘하고 있었다.

세세한 설명은 필요 없을 것이다. 오늘 아침, 자리에서 일어나면서 내가 이번 주에 얼마나 참아주기 어려운 사람이었는지를 문득 깨닫고는 즉시 두 사람에게 사과했다. 사라는 알리사와 따로 이야기를 나눴다고 했다. 아빠가 다이어트 때문에 날카로워졌다고 아이에게 잘 설명해준 모양이었다. 알리사는 내가 짜증을 부릴 때면 '상어 모드'가 된다고 했다. 실제로 알리사는 언제 그 상어를 멀리해야 하는지 잘 안다. 그런 알리사가 너무도 귀엽다고 생각하지만 우리 중 누구도 그런 일을 견디지는 않았으면 좋겠다. 내가 늘 평소대로 행복한 나였으면 한다. 하지만 이는 내가 건강해지기 위해 극복해야 할 또 다른 장애물이다.

적어도 이번 주에 1~2킬로그램을 더 감량했으니 이런 날카로운 사람이 된 것에 약간의 희망이 보인다.

칼로리양을 제한하는 모든 사람이 행그리 상태가 되는 것은 아니며, 행그리 상태가 되는 사람이라고 칼로리를 제한할 때마다 그렇게 돌변하는 것은 아니다. 하지만 행그리 상태는 확실히 존재하는 현상이다. 앞서 말했듯이 전전두엽 피질은 의식적 사고가 머무는 장소로서, 뇌의 다른 영역에서 생겨난 자극을 다스리는 능력을 지니고 있다. 만약 그 자극이 편도체에서 오고 있다면 지금 우리는 정서 조절을 말하는 것이다. 제 기능을 다하는 뇌를 가진 사람이라면 당면한 상황에 맞춰 자신의 정서 반응을 조정하고 억누르고 그 방향을 다른 데로 돌릴 수 있다는 것을 안다. 학생들은 선생님이 조용히 하라고 말할 때 웃지 않으려고 노력한다.[75] 우리는 자신에게 의지하는 사람들에게 강해 보이기 위해 또는 자신의 취약성을 감추기 위해 눈물을 참는다. 어떤 사회적 상황에서는 곤란한 상황을 피하려고 화를 억누른다. 이렇듯 우리는 감정을 경험하는 것만큼이나 자주 감정을 조절한다. 이를 위해 전전두엽 피질은 칼로리 형태의 연료가 있어야 한다. 특히, 당분에서 얻는 칼로리가 필요하다.

충분한 연료 없이 전전두엽 피질이 제대로 기능할 수는 없다. 정서 조절뿐만 아니라 명료한 사고도 어려워지는 까닭에 서투른 결정을 내리고, 습관대로 행동하는 경향이 커진다. 경솔하고 서투르고 조급해지기도 한다. 뇌는 1.3킬로그램의 지방과 그 외 물질로 이루어진 오래된 대형 기계로서 제대로 일하려면 당분이 필요하다. 실제로 체내에 존재하는 당분 에너지의 절반은 뇌가 사용한다.

분명 우리 모두는 전전두엽 피질이 제대로 작동해야 한다. 내가 전문적으로 행하는 거의 모든 일이 나의 뇌, 특히 전전두엽 피질에 단것이 가득 차 있기를 요구한다. 일례로 나는 대중 강연자로 활동했던 첫해에 빈속으로는 절대 세미나를 열어서는 안 된다는 것을 알게 되었다. 초창기에 오전 세미나를 몇 번 진행할 때는 20분이라도 더 잘 생각에 아침을 굶고 갔다. 그랬더니 평소와 같은 에너지도 나오지 않았고 사람들과 효과적으로 소통하고 내 생각을 똑바로 유지하기도 더 어려웠다. 지금은 순회강연을 진행할 때마다 머무는 모든 호텔에서 훌륭한 조식을 제공하는지 꼭 확인한다. 이것은 길 위에서 배운 교훈이다. 절대로 아침을 거르지 말라. 보너스로 알려주자면, 구김이 생기지 않는 셔츠에 투자하라. 나는 배고픈 상태에서는 코미디 공연도 절대로 하지 않는다. 이 교훈은 힘들게 배워야 했다. 코미디언들은 때때로 대실패를 경험한다. 이것은 누구나 겪고 익숙해지는 일이다. 내 경우에 실패가 빈번하지는 않다. 하지만 실제로 실패할 때는 내 농담 자체가 재미없었던 것이 문제였다. 지어둔 농담을 잊어버리거나 생각을 명료하게 하지 못해서가 아니었다. 강연장이든 코미디 클럽이든 사람들로 가득한 곳에서 무대에 설 때 머릿속이 하얘지는 것만큼은 피하고 싶다.

사라와 내가 어떻게 데이트를 시작했는지에 관한 자잘한 이야기는 앞에서 이미 꺼내놓았다. 나는 사라가 임시로 일하던 탬파에서 저녁식사를 했고, 그로부터 이틀 뒤에 사라의 고향 게인스빌에서 코미디 공연이 있었다고 말했다. 그렇게 우리가 각자의 길을 간 후, 나는 하루 정도 탬파에서 시간을 보내며 시내 부근과 건너편의 세인트피터즈버그 만에서 사진도 찍었다. 살바도르 달리 박물관도 둘러보고 예술 지구에 있는 멋진 벽화들도 감상하다 보니, 게인스빌이 있는 북쪽으로 향하기 전에 뭘 좀 챙겨 먹어야 한다는 것을 깜빡했다. 시간이 늦은 듯했다. 겨우 클럽에 도착해 주차하고는 매니저와 함께 서둘러 입장했다. 차분히 준비하고 나니 머릿속이 이상하다는 느낌이 들었다. 기분이 몹시 언짢은 것이 내가 아는 저혈당 증상과 같았다. 무대에 오르기 전에 뭘 좀 먹어야지 싶던 차에 뭔가를 발견했다. 길 건너편에 피자 가게가 있는 것이다. 부리나케 달려가서 뇌 연료를 한 조각 먹고 있는데, 나를 놀라게 해주려고 공연장으로 오던 사라가 내게로 걸어오는 모습이 보였다. 이것은 오늘날까지도 사라에 관해 내가 좋아하는 기억 중 하나다. 내 공연을 보려고 탬파에서부터 차를 몰고 와서 내게 걸어오던 모습 말이다. 사라는 피자 가게에 있던 나에게 합류했다. 피자를 한두 조각 먹고 나니 금세 뇌 기능이 완전히 살아났다. 우리는 다시 길을 건너왔고, 나는 내 순서에 환상적인 공연을 펼쳤다.

공연 후에 사라는 집으로 갔고, 나는 그날 밤 나를 재워준 친구 리사와 함께 내 차로 걸어갔다. 차에 거의 도착할 즈음 키를 꺼내려다가 키가 없다는 것을 알아차리고 섬뜩해졌다. 다행히 곧 키를 찾았는데 그것은 차에 그대로 꽂혀 있었다. 저혈당 상태에서 키를 그대로 꽂아둔 채 내렸고, 라이트를 켜둔 탓에 배터리가 전부 닳아버렸다. 고맙게도 리사는 견인 트럭이 올 때까지 기꺼이 나와 함께 기다려주었다. 보시다시피 뇌는 당분을 필요로 한다.

한편, 뇌가 지방으로 이루어졌으며, 용해된 염분을 사용해 전기를 발생시키고, 이 전체 과정에서 당을 연료로 쓴다는 것도 앞서 설명했다. 우리 몸에 해롭다는 말을 자주 듣는 그 세 가지가 실제로는 뇌의 건강과 기능에 필수적인 것들이다. 당연히 뇌는 오로지 자기를 보존할 생각으로 가득하다. 이때 지방, 염분, 당이 늘 공급되도록 확실히 하는 방법 하나는 이 성분들을 맛 좋은 식재료로 느끼게 하는 것이다. 지방, 염분, 당을 따로따로 보면 그리 구미가 당기지 않을 수도 있다. 예를 들자면, 돼지기름 한 스푼 또는 소금 더미를 맛있게 즐길 것 같지는 않다. 하지만 이 성분들을 한데 섞으면 최강 조합이 된다. 이렇게 말해놓고 나니 감자칩이 너무 먹고 싶어진다. 맛 좋은 음식은 측좌핵에서 도파민 활동도 자극한다. 따라서 우리 뇌는 많은 양의 지방, 염분, 당을 제공하는 행동을 기억하고, 결국 그 행동을 반복하게 한다. 만약 지금 내 손에 감자칩 한 봉지가 있다면, 나는 정신없이 감자칩을 집어 먹다가 결국 봉지 바닥이 드러나야 멈출 것이다. 문제는 진화 과정 전체를 놓고 볼 때, 비교적 최근까지도 인간은 지방, 염분, 당 섭취가 지나쳐 몸을 해칠 정도로 이것들을 풍부히 누리지 못했다는 것이다. 오늘날에는 이것들을 원 없이 누리고 산다. 하지만 이를 지나치게 섭취하면 몸에 해롭다.

칼로리양이 부족할 때 일어나는 또 다른 현상은 스트레스를 받는다는 것이다. 우리는 그것을 스트레스라고 느끼지 못할 수도 있으나 체내에서는 바로 그 일이 벌어진다. 앞서 설명하기를 스트레스란 우리 뇌가 위협을 감지했을 때 보이는 반응이라고 했다. 연료 부족도 뇌에게는 일종의 위협이다. 곰은 아닐지라도 그보다 훨씬 심각한 위협이다. 뇌는 명료한 생각 외에도 많은 일을 하기 위해 연료가 필요하다. 우리의 존재를 유지하는 데도 연료가 필요하다. 따라서 연료가 고갈되면 당연히 공격받을 때처럼 반응한다. 굶주린 뇌는 다른 모든 위협에 반응할 때처럼 자율신경계를 발동시켜 싸움 혹은 도주[76] 반응을 일으키고 코르티솔을 뿜어내는 등 몇몇 익숙한 생리적 변화를 일으킨다. 이런 상태일 때 우리가 나타내기 쉬운 몇몇 잠재적인 공격 행동이 음식을 얻는 데 유익할 거로 생각한다.

이렇듯 이미 몹시 고조된 상태인데 뭔가가 나를 건드린다면…… 여지없이 상어 모드로 들어가는 것이다.

섭식과 성행동은
어떤 관계일까

나는 대학원에서 성행동을 연구했다. 이 분야를 택한 데는 섹스라는 행동에 매우 관심이 많았던 이유도 있다. 대학에 다니던 젊은 학생 시절, 나는 내 관심을 끄는 주제라면 무엇이든 자유롭게 연구할 수 있다는 사실을 어느 순간 깨달았다. 섹스보다 흥미로운 것이 뭐가 있겠는가? 내게는 없었다.

대다수 사람은 섹스를 즐기고 섹스에 관심도 많지만, 자기 연구를 섹스에 바치는 사람은 드물다. 내가 20대였을 때 우리가 만났다면 적어도 이렇게 설명했을지도 모른다. 지금은 나의 성욕이 대다수 사람보다 높다고 말할 수 없지만, 젊었을 때는 보통 사람보다 높았다고 생각한다. 많은 사람이 자기가 그렇다고 생각할지 모른다. 하지만 나는 내 주장을 뒷받침할 근거 자료가 있었다. 연구를 진행하면서 성욕과 동기를 측정하는 설문조사를 활용한 적이 있다. 그 도구를 그대로 나 자신[77]에게 적용해서 점수를 내봤더니 나는 보통 사람보다 높은 순위로 나올 때가 많았다.

이렇게 한번 표현해보자. 대다수 사람은 먹는 것을 좋아하고 좋은 음식에 관심이 많지만 클럽을 400군데나 가보는 사람은 드물다. 앞에서 잠시 언급했듯이, 섹스와 섭식 모두 뇌에서 긴

밀히 연결된 영역에서 비롯하고 둘 다 우리 종의 생존에 이바지하므로 서로 복잡하게 연결되어 있다. 두 행동 중 섭식은 개인의 생존에 더 중요하고 사회적으로 용인되는 공적인 행동이다. 따라서 우리는 성행동보다 섭식 행동을 더 많이 한다.

또한, 성행동에는 에너지가 많이 든다. 특히 제대로 하려면 큰 에너지가 들기 때문에 여기서 스트레스가 발생하고, 이로써 분비되는 코르티솔도 우리의 성욕을 꺼뜨린다. 곰에게 공격받고 있는데 느닷없이 성행동에 뛰어들고픈 욕구가 들지는 않을 것이다. 많은 에너지를 소모하고 나면 그만큼 보충이 필요해지므로 성행동은 결국 섭식으로 이어진다. 하지만 반대로 섭식이 꼭 성행동으로 이어지지는 않는다. 더 많이 먹을수록 성행동이 줄어든다고 말하는 것이 이치에 맞는다. 내 경우에는 정말 그랬다. 지난 오랫동안 나는 푸짐히 먹고 난 뒤에는 데이트 중일 때라도 그저 침대 속으로 기어들어가 자고 싶은 마음뿐이었다. 탄수화물 함량이 높은 음식은 기분을 띄워주는 특징이 있다. 따라서 비연애 기간에 외로움이 느껴질 때면 스낵으로 기분을 띄우고 싶어질 수도 있다. 다시 말해, 성행동이 줄면 더 많이 먹고, 더 많이 먹으면 성행동이 줄어든다.

관계가 진전될수록 커플인 남녀가 함께 살이 찌는 것은 흔한 일이다. 사라와 나도 정확히 같은 경험을 했고, 과거에도 진지한 관계를 맺을 때면 나는 거의 늘 그랬다. 스탠드업 코미디를 많이 들어본 분이라면, 코미디언들은 결혼만큼 성욕을 꺼뜨리는 것이 없다고 생각한다는 인상을 받을 것이다. 나는 많은 커플이 더 많은 시간을 함께 보낼수록 섭식은 늘고 성행동은 줄어든다고 본다. '넷플릭스 보면서 쉬자Netflix and chill'라는 말이 말 그대로 넷플릭스를 보다가 잠든다는 말을 의미하는 시점이 있다. 이 모든 이유로 나는 내 성욕이 감퇴하는 동안 이를 의심하지 않았다. 물론 사라와 나는 활발한 성생활을 유지했지만 (그 증거로 아기까지 만들었다), 내 몸무게가 늘면서 과거보다 적극성이 훨씬 줄었고, 활력이나 유연성도 크게 떨어졌다.

이런 감퇴를 나이 탓으로 돌리긴 쉬웠다. 나도 나이를 먹고 있었고, 스탠드업 코미디 배우들도 늙으면 성욕이 죽는다는 데에 다들 동의하는 듯하다. 운 좋게도 나는 비아그라가 나올 시점에 중년에 접어들었다. 비아그라는 나로서는 더없이 고마운 약이지만, 비아그라를 먹는다고 계속 움직이는 데 필요한 에너지가 생기지는 않는다. 비아그라를 먹어도 허리가 아프고 다리도 쑤시니 말이다.

하지만 살이 빠지기 시작하자 욕구도 되살아나기 시작했다. 처음에는 성적 공상이 늘어나더니 다음에는 욕구가 늘었고 에너지와 체력도 늘었다. 50대 초반이 된 지금은 물론 20대나 30대 때와는 비교도 할 수 없지만, 40세 남자들로 가득한 방에서도 당당히 내 자리를 지킬 수 있다는 느낌이 든다. 그 방에 여성들이 좀 있다면 말이다. 45킬로그램 가까이 감량하고 나니 성욕이 꽤 많이 돌아왔다. 남은 살도 다 **빼면** 어떻게 될지 정말 궁금하다.

나는 한 번도 섭식과 성행동 중 하나를 골라야 한다는 생각을 해본 적이 없다. 하지만 논리적으로 말한다면, 둘 중 하나를 너무 많이 선택하면 다른 하나를 얻기가 어려워진다. 때로는 실상 방해가 되기도 한다. 후배위를 위해 최대한 배에 힘을 주려고 노력해본 적이 있는가?[78] 결코 쉬운 일이 아니다.

지금 나는 사라와 처음 만났을 때보다 낮은 체중을 유지하고 있고, 덕분에 내 성욕과 성생활에 나타난 변화를 즐겁게 경험하고 있다. 섹스는 건강에 좋은 활동이며, 체중 감량은 나를 여러모로 더 건강하게 만들어주었다.

건강검진이
동기가 되다

강화 과정을 통해 학습된 오랜 습관들은 깨뜨리기 어렵다.
내 뇌가 여전히 도넛을 사랑하고 종종 도넛을 먹고 싶다는 욕
구를 느끼는 것도 이런 이유에서다. 내 뇌는 지금도 더 건강한
선택지를 즐기는 법을 배우고 있지만, 조만간 케일이 몹시 먹
고 싶어질지는 의문이다. 내 오랜 습관들은 다른 것보다 익히
기 쉬웠기에 습관으로 자리 잡았을 것이다. 그러니 새로운 습
관을 기르려면 더 큰 노력이 요구될지도 모른다. 내 뇌는 소파
에 앉아 있길 좋아한다. 이 행동은 편안하고 느긋하며, 특히 엉

덩이를 떼고 조깅하러 밖에 나가는 것보다 훨씬 편안하다. 변화를 일으키려면 새로운 행동을 자동화해야 하는데, 유감스럽게도 대다수 사람의 뇌는 적은 노력으로 큰 보상을 얻는 행동이 이미 학습된 상태로 성인기에 접어든다. 따라서 어떤 것이든 새로운 행동을 익히려면 진지하게 노력해야 한다.

　누군가 변화하도록 동기를 주려면 어떻게 해야 하느냐고 묻는 사람도 더러 있다. 나는 그때마다 타인은 그렇게 해줄 수 없다고 답한다. 분명 사람들은 변화할 능력이 있다. 이는 의심의 여지가 없는 사실이다. 하지만 변화는 자기가 원해서 해야 한다. 아무 의욕도 없는 사람에게 행동 변화에 관한 영감을 불어넣겠다며 타인이 할 수 있는 일은 거의 없다.

　여기서 한 가지 문제는 행동 변화에 따르는 이득이 상대적으로 적다는 사실이다. 내면의 싸움에 지지 않고 도넛 가게를 지나쳐 갈 수는 있다. 그렇지만 다음 날 아침에도 나는 여전히 뚱뚱한 몸으로 일어날 것이다. 당장 내 바지 치수를 바꿔 놓지도 못하는데 왜 스스로 기회를 마다하겠는가? 흡연자들도 같은 논리를 내세운다. 장기적으로는 흡연이 몸에 나쁘다는 것을 알지만, 당장 담배 한 개비를 피운다고 암에 걸리지는 않는다는 것이다. 내 행동을 성공적으로 바꿔 내가 세운 목표를 달성하려면, 즉각적인 보상이 없더라도 반복해서 건강한 선택을 해야 한다. 그러려면 내면의 의식적인 동기가 필요하다.

압도적일 만큼 어마어마한 외적 보상도 좋다. 드라마 〈필라델피아는 언제나 맑음It's Always Sunny in Philadelphia〉에 출연한 배우 롭 맥엘헨니Rob McElhenney의 말 중에 마음에 쏙 드는 것이 있다.[79] 그는 자신이 한때 27킬로그램 이상 감량했던 비결을 이렇게 적었다. "여러분이 할 일은 일주일에 6일간 웨이트 운동을 하고, 술을 끊고, 저녁 일곱 시 이후로는 아무것도 먹지 않고, 탄수화물이나 설탕은 입에도 대지 말고, 아니 그냥 좋아하는 것은 다 끊고, 〈매직 마이크Magic Mike〉에 나오는 그런 개인 트레이너를 구하고, 날마다 아홉 시간씩 자고, 매일 5킬로미터씩 뛰고, 6~7개월간 이 모든 작업을 위한 스튜디오 비용을 내는 것뿐입니다. 왜 다들 이렇게 안 하는지 모르겠습니다. 지극히 현실적인 생활방식이고, 예전 사진과 확연히 다른 멋진 사진이 나오는데 말이죠."

유감스러운 일이지만 때로는 극단적인 상황이 생겨야만 변화하려는 용기가 생겨난다. 사람들은 자기 삶이 위태로워지기 전까지는 건강한 생활방식을 진지하게 고려하지 않는다. 내가 아는 흡연자 중에는 암에 대한 공포 때문에, 또는 암을 이겨낸 후에야 금연에 성공한 사람들이 있다. 때로 알코올이나 그 외 다른 물질에 중독된 사람들은 바닥을 치고 나서야 자기 행동을 변화시키려는 의욕이 생긴다. 심장 발작이나 뇌졸중을 겪는 것도 눈을 휘둥그레지게 하는 사건 중 하나다.

나는 그런 극단적인 사건은 겪어보지 못했다. 하지만 곧 아빠가 될 테니 검진을 받아보라며 사라가 설득할 때, 나는 눈이 휘둥그레졌을 뿐 아니라 흐릿했던 시야가 또렷해졌다. 살을 빼야 한다는 것은 늘 알고 있었지만, 180킬로그램이 넘을 때까지 방치했다는 것은 믿을 수가 없었다. 내 혈압은 심장 발작이나 뇌졸중에 걸릴 수 있을 만큼 높았다. 젠장, 뭔가 즉각적인 변화에 돌입하지 않는다면 말 그대로 죽음이 코앞에 있는 상태라는 것을 깨달았다.

다행히 극심한 질병은 피했지만, 건강검진은 내 눈을 휘둥그레지게 만든 사건이었다. 앞서 내 상태를 이야기했듯이 오랜 기간에 걸쳐 내 몸에 쌓여온 온갖 증상들이 훤히 드러났다. 다리와 발목은 비정상적으로 부어 있었고, 관절은 염증을 앓고 있었다. 성욕도 크게 줄었다.

다행히 진료실에서 나쁜 소식만 한가득 안고 나온 것은 아니었다. 나는 변화에 대한 의욕을 가지고 병원을 나섰고, 수면무호흡증에 관해 이것저것을 깨달은 후 드디어 체중 감량에 돌입했다. 이때가 딸의 탄생을 한 달 앞둔 때였다. 그 이후로 나는 지금까지도 건강해지기 위해 고군분투하고 있다.

음식, 운동, 그리고 생각

자, 그럼 나는 정확히 어떻게 하고 있을까? 내가 소셜미디어에 새로운 사진을 올릴 때마다 적어도 한 사람은 댓글이나 개인 메시지로 내가 체중 감량을 위해 무엇을 하는지 물어본다.

여기까지 읽었다면 딱히 비결이 없다는 것을 잘 알 것이다. 나는 우리 모두가 이미 알고 있다고 늘 주장해온 바로 그것을 해왔다. 덜 먹고 더 운동했다. 그게 전부다. 들어오는 칼로리와 나가는 칼로리를 염두에 둔 것뿐이다. 특별한 프로그램도, 별다른 비결도 없이 그저 오래되고 훌륭한 전통적인 지혜를 실천했다. 이와 더불어 가능한 한 오랜 시간을 함께하고픈 다섯 살배기 딸로부터 더 큰 동기부여를 받고 있다.

비결은 이렇게나 단순하다. 단순해 보이겠지만 쉽지는 않을 거라던 나의 말을 기억할지도 모른다. 지금의 내가 있기까지 모든 길이 순탄했던 것은 아니다. 그사이에 굴곡진 길도 많았다. 순회 중일 때의 상황, 코로나19 팬데믹과 관련된 스트레스, 휴가를 비롯해 음식이 빠지지 않는 기념일들, 아니면 이유 없는 퇴보들이 때때로 나타났다. 최근 5년간 내 체중은 꽤 많이 오르락내리락했지만, 이를 그래프에 옮겨놓고 보면 전반적인 하향 곡선을 그리고 있어 기분이 좋다.

덜 먹는 것부터 이야기해보자.

저마다 선호하는 것은 다르겠지만 인간이 잡식성이라는 데는 모두가 동의할 것이다. 우리는 다양한 종류의 식물성, 동물성 음식을 먹을 수 있고 또 먹으며 산다. 많은 사람이 한두 가지 범주를 제외하는 쪽을 택하겠지만[80], 인간이라는 종으로서 우리는 모든 것을 먹도록 설계되었다. 실제로 우리는 온갖 것을 먹는다. 독이 든 음식을 제외하면, 어디선가 누군가가 이 세상에 존재하는 식물이나 동물을 먹는 방법을 알아냈다. 심지어 우리는 일부 독이 든 것도 먹는 방법을 알아낸다. 일례로 사라는 대황(장군풀) 케이크를 즐겨 만든다. 몬트리올 농산물 시장에 가면 신선한 대황을 구할 수 있기 때문이다.[81] 대다수 대황 식물은 사람에게 유독하다. 하지만 배가 고팠던 우리의 선조 몇몇은 다행히 대황의 어느 부분이 무해한지 알아냈다.

인간은 다양한 음식을 먹을 줄 안다는 것뿐만 아니라 본성상 다양성을 추구한다는 점도 알아두어야 한다. 우리 몸에는 다종다양한 영양분이 필요한데, 모든 음식이 이를 전부 함유하지는 않으므로 자연히 우리는 다양한 음식을 먹으려고 한다. 한 가지 음식만 섭취하는 식이요법으로 식생활을 제한하는 것은 우리의 자연적 경향성에 어긋나는 행동 방식이다. 많은 사람이 경험을 통해 알고 있듯 이러한 삶의 방식을 유지하기란 거의 불가능하다. 일반적으로 말해서 식이요법은 효과가 없다.

싱 박사의 수업에서 내가 처음 접한 사실이 하나 더 있다. 우리에게는 다양한 음식이 필요하므로 극도로 식품 섭취를 절제해 다양성을 제한하면 결국 살이 빠진다는 것이다. 전보다 적은 종류의 식품을 먹기로 한다면 어떤 식이요법이든 단기간에는 효과를 안겨줄 것이다. 그러나 다양성을 경험하지 않는다면 우리 뇌는 그 제한적인 선택지에 점점 관심을 잃는다. 내가 택한 음식이 지루해져서 결국 전보다 덜 먹게 된다. 대다수 사람의 경우, 한 가지 음식으로 선택을 제한하는 식이요법은 오래가지 않는다. 사탕만 먹는 식이요법을 상상해보라. 처음에는 살이 좀 붙겠지만, 결국 사탕에 대한 뇌의 관심이 점점 줄어서 결국 살이 빠지기 시작할 것이다. 사탕도 훌륭하지만 우리 몸에 필요한 모든 영양분을 함유하지는 않으므로 그 매력이 줄어든다. 나는 해마다 핼러윈이 지나면 내 딸(그리고 그 아빠)에게서 이 현상을 목격해왔다. 첫째 날 저녁에는 사탕이 새로운 것이라서 입안 가득 물고 있지만, 하루만 지나도 점차 흥미를 잃어 전날보다 적은 양을 먹는다. 하루하루 지날수록 점점 사탕을 덜 먹게 되고, 결국 너무 오래 방치된 사탕 바구니는 구호를 내걸고 항의하기 시작한다.[82] 그러니까 사탕만 먹는 식이요법으로 살을 빼라는 걸까? 전혀 아니다. 우리의 식생활 다양성을 제한하는 모든 식이요법이 체중 감량에 이바지하지만, 이런 식이요법은 그만두게 된다는 사실을 잘 이해했을 것이다.

빈틈없이 꽉 찬 냉장고 안을 들여다보면서 먹을 게 없다고 생각한 적이 있는가? 이 느낌은 다양성에 대한 우리의 필요를 잘 반영하는 듯하다. 꾸준히 섭취하는 음식은 매력을 잃는다.

싱 박사가 했던 밀 이야기가 기억난다. 밀은 전 세계적으로 주식이 된 밀가루를 생산하는 데 쓰이는 식물이다. 분명 밀가루는 탄수화물의 좋은 공급원이지만, 밀가루의 진정한 유익 하나는 쉽게 상하지 않는다는 것이다. 밀 한 포대는 겨우내 먹을 수 있는 상태를 유지한다. 이는 세계 경제가 개발되기 전까지 철마다 변화를 겪던 세계 일부 지역 사람들에게 특히나 중요한 점이었다. 그 시절 유럽에 사는 한 가족이 겨우내 음식을 구한다고 상상해보라. 먹을 만한 신선 과일과 채소는 찾아볼 수 없었다. 하지만 매일 저녁 밀 한 줌은 요리할 수 있었다.[83] 며칠간 연달아 밀을 먹고 나면 그 음식이 얼마나 지루해졌을지 생각해보라. 나 같으면 닷새째 되던 날 그만두었을 것이다.

밀을 먹던 인간들은 밀의 식감을 바꿈으로써 다양한 음식을 먹는다고 생각하도록 뇌를 속이는 방법을 고안해냈다. 죽이 지겨워졌는가? 그렇다면 이탈리아로부터 배운 스파게티라는 요리에 관심이 생길 것이다. 스파게티 면이 지겨운가? 그렇다면 토르텔리니나 페투치니는 어떤가? 아니면 빵이라는 새로운 음식에 관심이 있을지도 모른다. 선택할 만한 음식 유형은 차고도 넘친다. 팬케이크나 피자 같은 것은 어떤가? 우리가 먹는 갖가지 음식이 밀을 비롯한 주식 곡물을 조금씩 변형한 것들인 이유가 여기에 있다. 우리 뇌는 다양한 음식을 섭취한다고 생각해야만 하기 때문이다.

적어도 밀가루는 충분한 양의 칼로리를 함유하므로 평범한 사람의 에너지 필요량을 채울 수 있다. 반대로 칼로리가 낮을수록 다양성을 추구하는 경향성은 더 빨리 고개를 든다. 한 자리에서 양상추 한 송이를 우적우적 다 먹어본 적이 있는가? 드레싱이나 다른 음식을 전혀 곁들이지 않고 양상추만 먹는 것이다. 식욕을 다 채우기에 한 송이로는 부족할 것이다. 그럼 두 송이는 어떤가? 세 송이는? 양상추나 셀러리만으로 완전한 포만감을 얻는다는 것은 상상하기 어렵다. 이런 음식들은 우리 몸이 기능하고 생존하는 데 필요한 일부 영양분이 부족하기 때문이다. 인간의 위 용량이 비교적 작다는 것도 또 하나의 이유다. 음식을 소화하는 데 할당된 체내 공간에는 한계가 있다. 만약 영양분이 부족한 양상추로 위를 가득 채운다면, 이것이 제한된 공간을 다 차지해 나중에 영양분이 풍부한 다른 것을 발견했을 때 들어갈 자리가 없다. 소를 비롯한 채식 동물들은 네 개의 위로 소화 능력을 높이지만 우리는 위가 하나뿐이다. 따라서 우리 뇌는 하나뿐인 위 속에 무엇을 집어넣을지 똑똑하게 계산해야 한다. 이에 인간은 칼로리가 풍부한 음식을 다양하게 추구하는 자연스러운 경향성을 보인다.

뷔페는 바로 이 점을 이용한다. 나는 다양성의 유혹에 이끌려 내가 기억하고 싶은 것보다 더 많은 뷔페에 갔었다는 것을 인정한다. 나는 훌륭한 뷔페식당을 사랑한다.[84] 게다가 미국에는 훌륭한 뷔페식당이 너무 많은 까닭에 체중을 감량할 생각이라면 그런 식당에 가는 횟수를 대폭 줄여야 했다. 내가 당분간 크루즈 선박을 타지 않겠다고 다짐하는 것도 이 때문이다.

잘 정리해서 말하자면 이렇다. 흔히 체중 감량 효과가 있다고 알려진 모든 식이요법은 기본적으로 섭취 음식을 한 가지로 제한한다. 하지만 우리에게는 다양한 음식을 섭취하려는 본능적인 욕구가 있다는 사실을 이해하는 것이 좋다. 장기적으로는 이러한 틀 안에서 노력해야 훨씬 더 성공적일 것이다.

나는 베지테리언, 나아가 비건 식이요법을 시도했을 때 상당한 효과를 보았다. 자연식품의 탄생지인 오스틴에서 대학생활을 하던 시절에는 채식주의 생활방식을 유지하기가 쉬웠으므로 덕분에 놀라운 체중 감량을 경험했다. 동물성 식품을 섭취하는 쪽으로 돌아오자 체중이 다시 불었고, 몇 년 사이에 조금 더 살이 쪘다. 나는 동물성 음식을 먹는 데 도덕적 반감이 전혀 없었으므로 딱히 채식주의 생활방식을 고수할 이유가 없다고 판단했다.

나는 고단백 식품 위주의 식생활로 체중을 감량한 사람을 많이 알고 있다. 고기를 사랑하는 사람으로서 당연히 나도 이런 식이요법에 귀가 솔깃하다. 이론적으로 따진다면 스테이크만 먹어도 괜찮으니 말이다. 하지만 솔직히 말하면, 내가 좋아하는 모든 탄수화물 식품을 확실히 끊을 자신은 없다.

게다가 나는 이것저것 선택지가 많은 것이 좋다. 1990년대 후반에 오스틴에서 채식주의로 생활하기는 어렵지 않았다. 전문 식료품점도 있었고, 베지테리언 및 비건 카페도 많았으며, 시내 중심부의 거의 모든 식당이 풍부한 채식주의 메뉴를 갖추고 있었기 때문이다. 하지만 뉴올리언스로 이사 와서 캠퍼스 부근에 살 때는 이런 생활방식을 유지하기가 매우 어려웠다. 결국 땅콩버터와 젤리 샌드위치를 많이 먹게 되었는데 이는 구운 새우나 치킨 한 접시보다 칼로리가 높았다.

나는 어떤 식이요법을 택하든 다양한 음식을 포함하고 선택지도 많이 두어야 한다는 것을 알게 되었다. 이에 비교적 저탄수화물, 저지방으로 구성된 식이요법을 택했다. 하지만 몇몇 음식으로 제한하거나 특정 음식을 완전히 끊는 대신, 칼로리양을 계산하는 쪽을 택했다. 즉, 하루 1,000칼로리 미만으로 칼로리 섭취량을 유지하려고 노력했다. 이 정도라면 보통 체격의 사람이 몸을 지탱하는 데 필요한 것보다 적은 양이고, 180킬로그램에 달하는 몸을 가진 사람에게 필요한 것[85]보다는 확실히 적은 양이었다.[86] 그 이후로 꾸준히 체중을 감량해왔다.

그렇다. 나도 이따금 실수한다. 때로는 퇴보하기도 하면서 몸무게가 오르락내리락한다. 하지만 전반적으로는 내가 정해 둔 1일 1,000칼로리 제한을 고수하거나 이 양으로 계속 돌아왔다. 그러자 점점 체중이 줄었다. 휴대전화에 있는 루즈 잇 Lose It[87] 앱을 사용해 식사할 때마다 칼로리양을 기록한다. 내가 해보니 이 방법은 꾸준히 유지하기가 수월했다. 휴대전화는 늘 가지고 다니거니와 이미 휴대전화를 들여다보는 데 많은 시간을 쓰고 있기 때문이다. 어차피 손에 휴대전화를 들고 있을 거라면 내가 건강해지는 방향으로 기기를 활용하는 것이 낫다고 생각한다.

내 친구 앤드루 긴즈버그의 제안대로 나는 저지방 단백질에 초점을 맞추려고 노력한다. 이에 구운 치킨과 생선을 즐겨 먹는다. 칠면조 버거는 칼로리가 더 높은 소고기를 대체하는 훌륭한 식품이다. 통조림 참치에 칼로리가 없는 핫소스를 뿌려 먹는 것도 빠른 시간 안에 맛있는 간식을 즐기는 방법이다.

핫소스가 주는 즐거움에 관해 조금 더 말해야겠다. 대다수 핫소스는 식초를 기반으로 하는데 이는 사실상 칼로리가 전혀 없다. 게다가 핫소스는 뭔가 대단한 것을 먹는다고 내 뇌를 속일 만한 맛을 제공한다. 그저 핫소스를 혓바닥에 몇 방울 떨어뜨리는 것만으로 식욕을 만족시킨 적도 여러 번 있었다는 것을 인정한다. 나는 여러 종류의 핫소스를 보관해두기도 한다. 핫소스 종류마다 더 잘 어울리는 음식이 다르기 때문이다. 내 생각에 루이지애나(브랜드 이름이 아니라 미국의 한 주)의 핫소스는 참치에 가장 잘 어울리고, 멕시코 소스인 차모이Chamoy는 샐러드드레싱으로 써도 좋고 팝콘과 함께 먹어도 정말 맛있다.

머스터드와 피클도 비교적 칼로리가 없는 데다 미뢰를 충분히 자극해 뇌를 속이는 데 유익하다. 몬트리올의 스테이크 양념과 같은 분말 향료도 같은 효과를 낸다. 나는 이 향료나 토니 차쉐어Tony Chachere의 크리올리 시즈닝Creole Seasoning을 아이스크림을 뺀 거의 모든 음식에 뿌려 먹는다.

과일은 맛도 좋거니와 때로 내 예상보다 칼로리도 훨씬 낮다.[88] 채소는 샐러드로 섭취하면 맛도 좋고 포만감도 준다. 충분히 다양한 재료를 넣어 샐러드를 만든다면 온종일 채소만 먹을 수도 있다. 나는 여러 종류의 양상추에 토마토, 채 썬 피망, 오이, 그 외 냉장고에 있는 채소를 아무거나 넣은 거창한 샐러드를 최대한 자주 만들어 놓는다. 이렇게 며칠간 먹고 난 후에는 거의 매번 체중계 위에서 그 효과를 확인하게 된다.

또한, 가능한 한 일반식 제품의 가벼운 버전을 구해두려고 한다. 저지방 마요네즈, 샐러드드레싱, 채식주의자를 위한 구운 콩(돼지고기 제외), 저지방 우유 같은 것들 말이다. 내가 원하는 음식이 있는데 이를 대체할 저지방, 저칼로리 식품이 있다면 항상 그것을 산다.

이 규칙에서 제외되는 한 가지는 인공 감미료다. 나는 인공 감미료를 즐기지 않는다. 내 생각에 인공 감미료를 즐기는 많은 사람은 반복적으로 먹다 보니 그런 입맛을 갖게 된 것이다. 나라면 인공 감미료를 먹느니 차라리 설탕을 아예 먹지 않겠다. 사라는 스테비아를 즐겨 먹는다. 하지만 나는 스테비아를 먹으면 그보다 훨씬 맛이 좋은 설탕이 생각날 뿐이다.

커피와 차도 칼로리가 없는 음식으로서 둘 다 내 식욕을 잠재우는 데 유익한 듯하다. 나는 훌륭한 아이스커피를 사랑하고, 여기에 저지방 우유를 살짝 넣더라도 추가되는 칼로리가 워낙 적기 때문에 그날 섭취량에 포함하지 않는다. 아이스티는 내가 늘 선택하는 편안한 음료다. 물론 단맛이 나는 남부 스타일의 차를 마셨던 좋은 기억이 있지만 그런 맛을 떼는 데 성공했다. 하나 덧붙이자면, 왠지 모르겠으나 캐나다에는 진정한 의미의 아이스티가 없다.[89] 그런 아이스티를 구할 수 없다는 것을 잘 안다. 캐나다 식당에서 아이스티를 주문하면 인공 시럽을 혼합해서 만든 음료를 주는데 이는 소다수 판매소soda fountain(탄산음료, 아이스크림, 간단한 먹거리를 제공하는 가게-옮긴이)에서 흔히 파는 음식이다.[90] 아이스 티백을 파는 식료품점도 없다. 이에 우리는 국경을 넘어갈 때마다 아이스 티백만큼은 충분히 구해오려고 노력한다.

마지막으로 칼로리양 계산에 관해 말해야겠다. 내가 정한 칼로리양만 지킨다면 사실 무엇을 먹든지 크게 관계없다. 어떤 날은 아침식사를 거하게 즐기면서 일찍부터 칼로리를 대부분 채운 뒤 이를 만회하려고 저녁에는 가볍게 먹는다. 이렇게 접근했더니 어떤 식으로도 박탈당하거나 제한당한다는 느낌 없이 체중을 감량하는 데 유익했다.

칼로리양을 계산하면서 얻은 또 다른 효과는 눈으로만 보고도 칼로리양을 가늠할 수 있게 되었다는 것이다. 이제 나는 끼니마다 내가 얼마나 많은 칼로리를 섭취하게 될지 대충 계산할 수 있고 보통 이 계산이 거의 맞는다. 내 위는 250~500칼로리에 해당하는 식사로도 포만감을 느끼도록 훈련되었다. 과거에 내가 끼니마다 주기적으로 섭취하던 어마어마한 칼로리양과는 사뭇 다른 수준이다.

게다가 나는 어디에 있든지 내가 먹을 수 있는 것을 잘도 찾아낸다. 이는 과거에 이동생활 중에 베지테리언이나 비건 생활을 시도할 때 경험했던 어려움 중의 하나였다.

반면에 술은 내가 사실상 완전히 포기한 것에 속한다. 애초에 그럴 의도는 없었다. 처음에는 술을 마시는 횟수가 점점 줄었을 뿐인데 지금은 거의 마시지 않는다. 어차피 술은 칼로리도 높으니 지금처럼 금주하는 게 좋다. 게다가 술은 하나의 약물로 작용해 절제력을 잃게 만든다. 술을 마시면 전전두엽 피질이 내 행동을 감시하면서 해로운 음식을 먹지 않도록 예방하기가 힘들어진다. 나는 훌륭한 맥주와 맛 좋은 블러드 메리를 더없이 사랑하지만 이제는 그런 것들을 먹지 않아도 괜찮다.

　이것이 대략 지금까지 내가 해온 것들이다. 초점은 칼로리양을 계산하는 데 있었다. 간헐적 단식으로 성공을 거뒀다는 사람들 이야기도 많이 들었다. 간헐적 단식도 음식의 다양성을 즐기면서 유연하게 해볼 만한 방법이지만, 나는 더 바람직하고 똑똑한 식사법을 배우는 데 유익하다는 점에서 칼로리양 계산을 선호한다. 물론 어떤 방법을 쓰든지 행동 변화를 유지하기란 어렵다. 이런 이유로 나 역시 그토록 오랜 시간을 들였음에도 아직 나의 최종 목표에 도달하지 못한 것이다. 사람의 행동을 바꾼다는 것은 쉽지 않은 일이다. 하지만 그 과정을 한결 수월하게 만들기 위해 내가 그리고 모든 사람이 실천할 만한 것들이 있다.

　많은 식이요법이 실패하는 이유는 일정한 형태의 보상―이 경우에는 음식―을 삶에서 제거하는 데 집중하기 때문이다. 목표가 체중 감량이라면 뭔가를 제거하긴 해야 한다. 그러나 제거되는 보상을 다른 무엇으로 대체하지 않는다면 결국 실패할 수밖에 없다. 나는 최대한 많은 보상 활동을 내 인생에 채움으로써 내 뇌가 도파민을 분비할 대안 자원을 제공하려고 노력한다. 예를 들어 아무것도 하지 않고 빈둥거리면서 지루함이 유발하는 식욕에 저항하려고 애쓰기보다는, 산책하러 나가거나 전에 가보지 못한 박물관을 구경하러 간다. 이런 활동이 불가능한 날에는 취미 활동(나는 취미도 많다)에 참여해 계속 뇌에 자극을 준다. 촬영과 함께 디지털 편집도 해야 하는 사진 작업을 한다거나 그 밖의 창작 활동을 할 수 있다. 내가 글도 쓰는 사람이라는 것을 여러분도 알리라 생각한다. 사라는 탱고 댄서이기도 하지만 집에서 도자기도 즐겨 만든다. 여러분의 뇌가 보상이라고 여기는 것이라면 어떤 활동이든 습관적으로 먹는 경향성을 낮추는 데 유익하다. 지금의 취미로는 부족하거나 더는 그런 것들이 재미도 없고 할 수 있는 상황도 아니라면 새로운 것을 배운다. 코로나19 팬데믹 기간에 우리는 체중 감량뿐만 아니라 여러 이유에서 우리 삶을 색다른 방식들로 채우는 법을 배워야만 했다. 내가 영화 제작에 관심을 두기 시작한 것도 이때였다. 나는 내가 촬영한 몇몇 영상을 매우 자랑스럽게 생각하며, 앞으로도 사라, 알리사와 함께 더 많은 영상을 찍을 수 있다.[91]

방금 내가 설명한 것을 가리켜 심리학자들은 대체 보상reward substitution이라고 부르곤 한다. 이는 앞서 설명한 사라와의 첫 만남에서, 내 뇌가 더 큰 보상—사라와 잠자리 갖기—대신 저녁식사를 함께하는 것을 대체 보상으로 삼는 데 만족했던 것과 같다.

모든 행동 변화에 유익한 또 다른 요령은 생각 바꾸기다. 지금 우리가 이야기하는 주제에서는 음식에 관한 생각을 바꾸는 것이다. 재구성reframing이라는 이 인지 기술을 간단히 말하자면, 자기 행동과 그 결과를 대하는 사고방식을 바꾸는 것이다. 예를 들어 나는 도넛이 맛있다고 생각할 수 있고 실제로도 도넛은 맛있지만, 이를 달리 생각하는 법을 배울 수도 있다. 결국 도넛은 튀긴 밀가루 덩어리에 불과하다고 말이다. 또는 더 구체적으로, 설탕을 좀 입히고 속을 젤리로 채워서 튀긴 동그란 빵이라고 생각할 수도 있다. 이렇게 생각해도 여전히 식욕을 당기는 조합이다. 하지만 훨씬 덜 구미가 당기는 표현이므로 그 맛있는! 도넛을 건너뛰기가 더 수월하다.

또는, 이것이 정말 그렇게까지 드문 기회인가 다시 생각해볼 수도 있다. 앞서 말했던 나의 도넛 이야기에서 핵심은 내가 크리스피 크림에 방문하는 것을 드문 기회로 여겼다는 것이다. 사실 나는 어느 날, 어느 시간에라도 그 가게에 갈 수 있었다. 언제든지 타고 갈 차가 있었으니 말이다. 내가 원하면 언제든 차에 올라타 도넛을 좀 사러 갈 수 있었다. 이것이 특별한 기회보다는 평범한 경험에 가깝다고 생각하면, 280번 도로를 타고 남쪽으로 가서 그 도넛을 먹고 싶다는 욕구는 사그라들었다.

내가 사랑하는 수많은 음식을 이 책에 적었다. 대개는 나의 논점을 확실히 하기 위해서였지만, 실은 체중 감량을 위해 그 음식들을 대하는 내 사고방식을 조정해야 했기 때문이다. 감자튀김은 맛있는 음식이지만 사실 그다지 특별한 음식은 아니다.

이렇게 생각했더니 여름 동안 이 음식을 대체로 잘 피할 수 있었다. 도넛을 한입 먹거나 감자튀김을 한 접시 먹을 때마다 나오는 도파민을 대체하도록 나의 측좌핵에 직접 접근할 수는 없겠지만, 전전두엽의 활동을 바꿔 그 음식들의 매력을 떨어뜨릴 수는 있다. 생각을 바꾸면 바꿀수록 변화된 생각이 나의 자동적인 행동 선택에 영향을 미친다. 달리 말하면, 나의 어떤 습관에 관한 생각을 바꿈으로써 그 습관을 실현하려는 경향성을 줄일 수 있다.

이와 동시에 촉발 요인들이 내 행동에 끼치는 영향도 줄일 수 있다. 도넛과 같은 보상의 출처를 학습할 때, 우리 뇌는 보상이 연관되는 것이라면 무엇이든 기억해서 그 보상을 예측하는 방법도 배운다. 280번 도로를 타고 가다가 크리스피 크림 광고판을 마주치는 것은 하나의 촉발 요인으로 작용해 내 뇌가 도넛을 갈망하게 했다. 때로 이러한 연상 작용들이 일으키는 욕구들은 저항하기가 어려운데, 우리는 이 연상 작용을 새로운 방식으로 훈련하거나 아예 새로운 연상을 만들 수 있다.

나는 여행을 많이 다닌다. 몬트리올을 푸틴과 연관 지은 것처럼 내가 방문하는 거의 모든 장소는 연관 지을 만한 음식이 있다. 뉴욕시는 베이글과 피자, 오스틴은 핫소스를 곁들인 께소$_{queso}$(치즈)[92], 버몬트는 아이스크림, 필라델피아는 치즈 스테이크, 캔자스시티는 바비큐 립, 텍사스는 바비큐 브리스킷, 캐롤라이나 주들은 돼지고기 바비큐, 밀워키를 비롯한 중서부 지역 전체는 각종 재료를 넣은 블러드 메리, 솔트레이크시티는 탄산주(칵테일에 탄산음료와 설탕을 섞어 만든 것을 상상하면 된다), 시카고는 두꺼운 피자(내 친구이자 동료인 뉴요커 리겔 번은 이 음식을 비하하는 말로 '파스타 케이크'라고 부른다)가 대표적이다. 이 음식들 하나하나를 가끔 즐기는 것이야 크게 문제 될 것이 없지만, 나는 수시로 돌아다니면서 이곳들을 계속 방문했고 매번 좀 많이 먹기도 했다. 하지만 이동 중에 전과 다른 색다른 경험을 하면서 내 뇌가 만들어 놓은 연상 작용을 적극적으로 줄여 왔다. 도넛의 경우처럼, 내가 어떤 장소에 있다고 해서 반드시 고칼로리의 어떤 음식을 먹어야 하는 것은 아님을 내 뇌에 조금씩 설득하고 있다.

이번에는 운동 이야기를 좀 더 나눠보자.

운동량을 늘리기보다 식사량을 줄이는 것이 더 쉽게 느껴진다는 것은 인정할 수밖에 없다. 다행히 지금까지는 식사량을 줄이는 편이 체중 감량에 유익했다고 본다.

내가 운동을 어렵게 느끼는 데는 몇 가지 이유가 있다. 첫째, 운동은 지루하다. 운동을 생각하면 체육관에 가서 웨이트 운동을 하거나 기계 운동을 하는 장면이 떠오른다. 반복적으로 신체를 움직이는 것이 바로 운동의 정의인데 내 뇌는 이 활동에 전혀 재미를 느끼지 못한다. 앤드루는 보디빌더이므로 웨이트 운동을 신나게 즐길 수 있다. 그의 그런 점이 부럽다. 나로서는 어떤 무게를 들었다 놨다 하는 반복 운동이 더없이 지루한 활동이라고 생각된다. 이 밖에도 무척이나 지루한 활동들이 있다. 러닝머신에서 달리는 것은 어떤가? 차라리 그냥 자리에 앉아 일기예보나 보고 있는 편이 낫겠다.

여기서 다시 한 번, 운동을 대하는 내 사고방식을 재구성할 수 있다. 운동을 한다고 꼭 웨이트 트레이닝을 하거나 체육관에 갈 필요는 없다. 공원에서 산책하거나 딸과 놀아주는 것도 운동이 될 수 있다. 자전거 타기와 섹스도 운동에 속한다. 모든 신체 활동은 운동이므로 내가 좋아하는 활동을 찾아 시도할 수 있고, 실제로 나는 그렇게 하려고 애쓴다. 스스로 의욕을 떨어뜨리지 않도록 운동이라는 꼬리표를 떼려고 노력한다.

뻔한 운동과 달리, 내가 좋아하는 운동 유형은 걷기다. 나는 날마다 산책하려고 노력한다. 어기서도 스마트폰이 도우미 역할을 한다. 휴대전화에 설치한 만보계가 내 걸음 수를 계산해주고, 움직임이 적은 날에는 엉덩이를 떼고 일어나도록 좋은 알림을 계속 보내준다.

운동이 힘든 또 다른 이유가 있다. 180킬로그램이 되기까지 과도한 몸무게를 모아온 터라 움직이는 것이 때로 고통스럽다. 젊은 시절에 자랑하던 유연성과 체력도 떨어졌다. 하지만 살이 빠지면서 이런 기능들이 회복되는 것을 느껴왔다. 살이 빠질수록 더 많은 운동을 내 삶에 적용할 수 있게 되리라 생각한다. 알리사에게 했던 약속도 지키게 될 것이다.

아침식사로 먹은 팝콘

오늘 내가 잠에서 깬 것은 약 두 시간 전이다. 다른 식구들이 아직 곤히 자기에 정신을 차리고도 다시 잠들려고 무의미하게 시간을 보냈다. 그래도 잠이 오지 않자 일어나 아침을 좀 먹어야겠다 싶어 부엌으로 향했다. 나를 기다리던 것은 어젯밤에 영화 〈패딩턴Paddington〉을 보면서 딸과 나눠 먹으려고 만들어 둔 팝콘 한 그릇이었다. 그것을 어떻게 만들었는지 기억이 났다. 옥수수가 담긴 그릇을 전자레인지에 넣고 톡톡 튀는 모습을 유심히 바라보다가 그릇을 꺼내 식혔다. 그런데 어느새 내가 바라던 대로, 마멀레이드를 먹고 영국식 발음을 뽐내는 곰이 알리사를 잠에 빠지게 했다. 나도 피곤했던 터라 잘됐다 싶어 침대에 몸을 눕혔다. 금방 만든 팝콘이 이튿날 아침 약간의 핫소스와 함께 내 아침식사가 되리라고는 생각지도 못한 채 잠들었다. 전형적인 아침식사는 아니지만 그렇게까지 이상한 것도 아니다.

팝콘을 아침식사로 먹고 난 후, 시간을 능률적으로 써야겠다 싶어서 컴퓨터를 켜기로 했다. 지금 시각은 아침 7시 반쯤이다.

오늘은 일요일인 동시에 아버지의 날이기도 해서 내가 일찍 잠에서 깰 이유가 전혀 없다. 사라와 알리사가 날 위해 무언가를 계획해뒀겠지만, 아침 다섯 시에 일어날 만큼 급한 일은 없었다. 공연도 없고, 낮 근무도 없고, 이동 일정도 없다. 어젯밤에 너무 일찍 잠들지도 않았고, 당장 불안한 일도 없으며[93], 크나큰 소음이나 다른 무엇도 없었다. 알람도 맞춰 놓지 않았다. 아무것도 없었다.

건강을 챙기기 시작하면서 내가 처음 실행한 것 중에는 수면무호흡증 치료도 있었다. 전에 이 병명을 진단받은 적은 없었지만, 눈이 휘둥그레지는 검진을 하러 갔을 때 만난 의사는 내가 수면무호흡증을 앓고 있다는 것을 즉각 발견해냈다. 이후 사라가 시간과 노력을 좀 들여야 했지만 어쨌든 그해 후반에 수면 검사를 진행했다. 그리고 곧이어 수면무호흡증에 쓰는 도구 CPAP를 사용하기에 적합한 몸을 만들 수 있었다. 수면무호흡증 치료는 회복으로 가는 첫걸음이었다. 이 증상을 치료하지 않았다면 뒤이은 체중 감량은 전혀 불가능했을 것이다. 나는 4년여 간의 치료 끝에 내 인생에서 가장 질 좋은 수면을 누리는 중이다.

밤에 잘 잔다는 것은 곧 아침에 더 수월하게 잠에서 깬다는 것을 의미한다. 사실 나는 오늘처럼 집에서 가장 먼저 눈뜨는 사람일 때가 많다.

오래된 습관은 끈질긴 법

나는 칼로리양을 잰다. 과식을 확실히 예방하기 위해 종일 내가 먹은 것을 세세히 확인하는 것은 매우 유용한 일이다. 매 끼니와 간식 때 섭취한 칼로리양을 모두 더해 스마트폰 앱에 기록하거나 총량을 머릿속에 기억하려면 노력, 그것도 의식적인 노력이 필요하다. 칼로리 추적은 아직 무의식적인 습관이 되지 못했다. 아직 측좌핵이 이 일을 넘겨받지 못했다는 말이다. 따라서 더 중요한 다른 일에 전전두엽 피질의 처리 능력을 써야 할 때면 가끔 나 자신을 느슨하게 풀어주기도 한다. 그런 일 중 하나가 장거리 운전이다. 운전대를 잡고 있으면 그날 먹은 것을 낱낱이 표로 만드는 것보다 도로 사정에 집중하는 것이 더 가치 있다고 느껴지는 까닭에 나 자신을 풀어준다.[94] 여행 중에는 대체로 내가 운전을 맡기에 가족들도 이 결정에는 동의할 것이다.

텍사스에서 몬트리올까지는 장거리 운전이므로 하루 만에

그 먼 거리를 달려오지는 않았다. 하지만 여행의 마지막 날에는 몹시도 힘들었다. 집에 도착하자마자 잠이 쏟아졌다. 그리고 다음 날 오후 두 시쯤 잠에서 깼다. 기운이 쏙 빠진 상태로 비틀거리며 부엌으로 갔더니 사라가 벌써 차에서 짐을 다 꺼내 놓았다. 아직 사다둔 식료품은 없었지만, 나는 본능적으로 냉장고 문을 열고 안에 뭐가 들었나 한참을 살펴보았다. 우리가 이동 중에 사 먹었던 고기 스틱이 절반 정도 든 상자를 사라가 냉장고에 넣어둔 것이 보였다. 나는 상자를 집어 들고 고기 스틱 하나를 조금씩 뜯어먹기 시작했다. 그다음 또 하나, 그러고 나서 또 하나를 먹었다.

그때 문득, 오늘은 칼로리 계산을 해야 한다는 생각이 들었다. 이동 중에는 얼마든지 나를 풀어놓았지만 다시 원래대로 돌아와야 했다. 상자 아랫면을 보니 고기 스틱 한 개당 '110칼로리'라고 적힌 것이 보였다. 아침에 일어나 멍한 상태에서 고기 스틱을 몇 개나 먹은 거지? 세 개? 네 개? 다섯 개? 당최 알 수가 없었다. 아무 생각 없이 먹은 것이다. 습관대로 고기 스틱을 먹고 있었다.

전에 내가 이야기했던 그 망할 도넛처럼 말이다.

나를 포함한 많은 사람이 살을 빼거나 자기 행동을 의미 있게 변화시키기를 그토록 어려워하는 데는 이렇게 생각 없이 먹는 습관이 크게 작용한다. 우리의 행동은 의식적 사고의 산물이 아니라 습관의 산물일 때가 많다. 우리 몸은 생물학적 기계이므로 이 기계의 작동 경로를 바꾸려면 조종사의 의식적인 노력이 필요하다. 그렇지 않으면 프로그램에 짜여 있는 경로를 고수할 것이다. 행동을 바꾸고 싶다는 강한 욕망을 품었을 수도 있고, 행동을 변화시키는 방법을 알고 있을 수도 있다. 하지만 중요한 순간에 이를 적극적으로 생각하지 않으면 자기 행동을 바꾸기가 매우 어려울 것이다.

계산해보니 고기 스틱 다섯 개는 어림잡아 550칼로리 정도였다. 내가 하루를 시작하며 섭취하고 싶은 적정량보다 훨씬 높은 수치다. 나는 얼른 저쪽 방으로 달려가 이 숫자를 적어두었다. 이 분투는 만만치 않다.

미워할 수 없는
빅사이즈 바지

아직 갈 길이 멀지만, 45킬로그램(측정하는 주에 따라 거의 45킬로그램) 감량은 결코 사소한 성취가 아니다. 체구가 줄어들자 사라 말대로 '내 옷장 안으로 쇼핑하러 갈' 기회가 생겼다. 사람들은 하루아침에 체중이 늘지 않는다. 어느 날 아침에 일어나 거울을 보고는 "어머 세상에, 이것 좀 봐. 또 다른 인격을 만들어야 할 판이야"라고 말하지는 않는다는 말이다. 체중은 서서히 불어난다. 그 과정에서 나를 포함한 많은 사람은 다양한 치수의 온갖 옷들을 쌓아둔다. 그리고 실제로 입는 옷의 태그에는 L 앞에 X가 계속 하나씩 더 붙는다. 나도 180킬로그램까지 살이 찌는 동안 여러 치수를 갈아치웠지만, 이따금 샐러드 먹는 법을 배울 수도 있다는 생각에 작은 옷들을 모아두었다. 내가 입는 셔츠가 사람보다 내 차를 덮는 데 더 적합하다고 보이기 시작할 때부터 서서히 살이 빠졌다. 그리고 지금쯤 저장소를 열고 쌓아둔 옷들을 좀 꺼내야겠다는 생각이 들었다. 예전 옷을 입는다는 게 이렇게 기쁠 수가 없었다.

나는 1980년대에 고등학생이었다. 그러니 지금 보면 의문스러운 패션 감각을 지녔다는 것을 여러분도 상상할 수 있을 것이다. 나는 옷을 고를 때 내 음악적 취향을 많이 고려했다. 영국의 록 밴드 더 큐어The Cure와 러브 앤드 로켓츠Love and Rockets, 팝 밴드 디페쉬 모드Depeche Mode처럼 차려입고 뜨거운 텍사스를 돌아다녔던 모습을 상상해보라. 다행히 그때의 옷차림은 넘어섰지만, 그 당시 유행이었던 배기팬츠만은 여전히 내 취향으로 남아 있다. 내 체형이 아무리 변한다 해도 딱 달라붙는 바지를 입던 시절로는 절대 돌아가지 않을 것 같다. 배기팬츠는 편한 옷이다. 헐렁한 것은 단연 멋진 스타일이다.

나는 바지를 좋아한다. 크고 느슨한 것 말이다.[95] 옷 선호에 관한 이야기를 꺼낸 데는 이유가 있다. 오랫동안 나는 헐렁한 옷이 문제의 일부라고 생각했다. 이런 옷은 얼마든지 몸이 불어나도록 허용한다. 헐렁한 옷을 입으면 체중이 얼마나 늘었는지 추적하기가 훨씬 어렵다. 하지만 이 이야기를 꺼낸 진짜 이유는 아래 이야기를 위한 배경을 깔아두기 위해서다.

이 이야기는 누구에게도 해본 적이 없다. 너무 창피하거나 사적인 이야기라서가 아니다. 내 인생에서 그리 자랑스러운 순간이 아니었기 때문이다. 과체중인 사람들은 저마다 체중이 불어 창피당했던 순간들이 있을 것이다. 내게도 그런 순간이 있었다.

앞서 말했듯이 오스틴에서 대학을 졸업한 후 경력을 쌓느라 미국 이곳저곳으로 몇 차례 집을 옮겼다. 텍사스로 다시 이사 올 생각은 전혀 없었다. 다만 기회가 생길 때마다 방문하곤 했는데, 그것만으로는 늘 부족한 느낌이 들었다. 다행히 대중 강연자로서 활동한 첫해에 텍사스 전역을 돌아다니는 순회 세미나가 있었다. 지금은 댈러스에 사는 남동생이 아직 텍사스에 살던 때라 동생과 함께 긴 주말을 함께 보낼 좋은 기회였다. 아들들이 한곳에 있다는 소식을 듣고 부모님이 날아오셨고, 온 가족이 다시 모이는 것을 기념해 조촐하게 파티를 열기로 했다. 모이는 취지에 맞게 리유니온 타워Reunion Tower에 올라가기로 했다.

댈러스에 가보지 못한 분들이라면 알아둘 점이 있다. 댈러스에는 미국에서 가장 아름답고 대표적인 지평선이 있으며, 주된 명소로 거대한 막대사탕 모양의 구조물이 있다. 이 구조물이 바로 리유니온 타워라고 알려진 곳이다. 리유니온 타워는 낮에는 시내 끝자락에 우뚝 서 있고, 밤이면 온갖 디자인으로 꾸민 전시물을 비춰준다. 타워 꼭대기에는 회전 식당이 있다. 여기서는 칵테일 한 잔 가격에 170미터 상공에서 시내를 내려다볼 수 있는 파노라마 뷰를 제공한다. 나는 텍사스에 그렇게 오래 살았으면서도 한 번도 그곳에 올라가보지 못했다. 우리 가족 모두 마찬가지였던 터라 그곳에 가자고 제안한 것이다. 때는 여름이었고 나는 헐렁한 카고바지를 입고 갔다. 하지만 내 옷차림은 댈러스를 내다보며 멋지게 회전하는 칵테일 바에 적합한 드레스 코드가 아니라는 것을 금세 알게 되었다. 나는 '그게 뭐 대수인가' 하고 생각했다. 마침 순회강연 중이라 여행 가방이 차에 있었다. 나는 식구들을 먼저 올려 보내고 좀 더 점잖은 옷으로 갈아입으러 갔다.

순회 일정을 위해 빌린 커다란 SUV 차량으로 가서 딱 하나 챙겨 온 청바지를 가방에서 꺼낸 뒤, 얼른 하의를 갈아입으려고 뒷좌석으로 들어갔다. 카고바지를 벗고 청바지를 입으려는 순간 문제가 생겼다. 아무리 애를 써도 청바지 버튼을 채울 수가 없었다. 온 힘을 다해 최대한 배를 집어넣으면서 여러 번 시도했지만 여전히 버튼은 채워지지 않았다. 땀이 날 만큼 갖은 수를 써봐도 아무 소용이 없었다. 차에서 나와 똑바로 서봤지만 역시 소용없었다. 순회를 시작하기 전만 해도 완벽하게 맞았던 청바지였는데, 몇 달간 정장 바지 아니면 카고바지—둘 다 청바지보다는 훨씬 관대한 옷들—를 입고 다녔더니 그새 청바지보다 치수가 늘어난 것이다. 지퍼를 올릴 수 있는 데까지 올리고 버튼을 풀어둔 채, 벨트를 매고 셔츠로 가린 뒤 무사하길 빌었다. 식구들과 한잔하며 경치를 즐기는 내내 차에서 겪은 분투에 관해서는 한마디도 꺼내지 않았다. 나중에 식구들과 작별 인사를 한 뒤, 그때까지 열려 있던 인근 월마트에 가서 구할 수 있는 가장 큰 청바지를 샀다. 고맙게도 월마트는 곤경에 빠진 특대 치수의 거구를 도와줄 준비가 되어 있었다.

과체중인 모든 사람이 살면서 경험하는 한계점 중의 하나가 이런 상황일 것이다. 외면하고 싶은 문제가 경종을 울리며 실체를 드러내는 순간 말이다. 그때 나는 로스앤젤레스로 돌아가자마자 살을 뺄 거라고 맹세했다. 그러고는 3주쯤 노력하다가 다시 헐렁한 바지를 입기 시작했던 것 같다. 이러니저러니 해도 너무 편한 걸 어쩌겠는가.

때로 우리는 알람이 울릴 때 정지 버튼을 너무 많이 누른다.

나는 향후 1년 안에 계속 날씬해질 거라고 기대하고 바라는 마음에 새 옷 구매를 꺼려왔다. 지금 가지고 있는 작은 옷들을 입으려면 체중을 더 줄여야겠지만, 절대로 전처럼 상태가 나빠지도록 방치하지는 않겠다고 마음먹고 큰 옷들을 기부했다. 내가 월마트에서 샀던 오래된 특대형 청바지를 어딘가에서 배의 돛으로 쓰기를 바란다.

체중을 감량하면서 경험하는 최악의 일은 내 옷이 전부 엉망으로 보인다는 점이다. 그런데 다시 생각해보면 그 옷들은 몸에 딱 맞았을 때도 늘 끔찍해 보였다.

참, 나를 위해 정장 한 벌을 사긴 했다. 또 하나, 아버지의 날이라며 내 딸이 엄마의 도움을 받아 멋진 선물을 준비해 나를 놀라게 했다. 그것은 내가 지금 입고 있는 것보다 한 치수 작은 셔츠였는데 다행히 몸에 잘 맞는다! 아직 내 옷장을 더 작은 치수로 완전히 바꿀 준비는 되어 있지 않지만, 이만큼 살이 빠졌다는 증거를 많이 모아두는 건 멋진 일이다. 남자도 가끔 옷장 정리를 해줘야 한다.

45킬로그램 감량의 최대 단점

가진 옷들 대부분이 너무 크다.

뚱뚱한 사람을
좋아하는 사람도 있지만

　나는 비교적 신진작가인지라 사람들이 온라인에 게시하는 서평을 유심히 살펴본다. 당연히 긍정적인 내용을 보면 기분이 참 좋다. 먼저 낸 다른 책들에 관한 서평은 꽤 긍정적인 것들이 많았다. 하지만 나는 타당한 비판도 반갑게 받아들인다. 부정적인 소감을 원할 사람은 없지만, 내 글이 모든 독자가 기다리는 책은 아닐 수도 있다고 생각한다. 내가 본 불평 중에는 코미디언 심리학자가 썼다는 책—누가 봐도 잘 알 정도로 표지에 적혀 있다—에 농담이 너무 많다느니 적다느니, 심리학 얘기가 너무 많다느니 적다느니 하는 반응들이 있었다.

최근 출간한 책에 대한 비판 중 나를 깜짝 놀라게 한 것이 있었다. 내가 뚱뚱한 사람들을 모욕하는 듯한 말을 한다는 것이었다. 참 이상한 반응이었다. 앞서 낸 책들에서 과체중을 언급한 것이라곤 나 자신을 묘사하거나 비하하는 농담뿐이었기 때문이다. 이런 종류의 농담은 체형을 막론하고 어느 코미디언이나 자주 쓰는 도구에 속하며, 과체중인 코미디언에게는 이런 농담이 실질적으로 업계 표준이다.

무슨 이유에서인지 뚱뚱함은 정치적인 주제가 되었다. 나 역시 체중 감량에 관한 책을 쓰면 뚱뚱함을 받아들이거나 몸을 긍정하는 커뮤니티의 혐오를 촉발할 거라는 점을 처음부터 알고 있었다. 하지만 나는 절대로 그럴 의도가 없으며, 내가 쓰는 어떤 내용도 자신과 타인에 관한 사람들의 기분을 나쁜 쪽으로 유도하지 않기를 진심으로 바란다. 이런 내용은 굳이 말로 꺼내지 않아도 될 사안이라고 생각한다. 하지만 요즘의 사회적 분위기를 고려하면 이렇게 명명백백하게 밝힐 수밖에 없다. 그 어떤 사람도 자신의 신체 사이즈나 체형으로 인해 불쾌해져서는 안 된다.

나는 뚱뚱한 아이로 자랐다. 어른들은 내게 '건장하다'고 말해주곤 했다. 나는 꼬마였을 때도 놀림을 당했고, 체중이 많이 나가는 탓에 십대라고 오해받으며 따돌림을 당했다. 이런 것들이 더러 내게 도움이 되어 유머감각과 뻔뻔스러움을 기를 수 있었지만 그래도 견디기 힘든 것은 마찬가지였다. 날씬하면서도 재미있는 남자들이 세상엔 많다. 하지만 뚱뚱한 남자들은 기가 막힌 농담을 할 줄 알아야 한다. 마치 뚱뚱한 소녀들이 좋은 성격을 가져야 하는 것처럼 말이다.[96] 성인이 되어서도 나는 악의적인 놀림을 당하고, 여성들에게 거절당했으며, 일자리에서 밀려났다. 좀 더 날씬했더라면 전혀 겪지 않았을 인생의 많은 장애물을 받아들이는 법을 배우든지 아니면 극복하든지 둘 중 하나였다. 그런데 달리 생각해보면 나는 뚱뚱한 것이 아니다. 그저 지구가 나를 다른 사람들보다 매력적으로 느끼는 것 뿐이다.[97]

나는 뚱뚱함에 반대하는 사람도 아니지만, 뚱뚱함을 받아들이는 커뮤니티에 속한 사람도 아니다. 자기 몸을 긍정해야 한다는 점에는 나도 동의한다. 모든 사람은 자기 몸을 편안하게 느껴야 하며, 외모로 인해 수치심이나 모욕감을 느껴서는 안 된다고 생각한다. 과체중이면서도 보기 좋은 사람들도 있다.[98] 하지만 나란 사람은 날씬할 때 훨씬 더 매력적인 것 같다.

외모만으로 판단 받는 것은 절대로 바라는 바가 아니지만, 외모 덕분에 적게나마 기회가 열린다면 감사할 일이다. 사실, 그런 일이 한 번 있었다…… 대학시절에…… 여름 캠프에서.

실제로 나는 대학에 다니던 어느 여름에 캘리포니아 북부에 있는 회사의 여행 가이드 일자리를 구했다. 여행 일정이 없거나 교육을 받을 때는 게르네빌Guerneville이라는 소도시 한가운데 위치한 캠프장에 머무는 것이 허락되었다. 게르네빌은 산타로사와 바다 중간쯤에 있는 러시안 리버Russian River를 따라 나 있는 미국삼나무 수풀 속에 아늑하게 자리한 아담한 도시였다. 덕분에 게르네빌에서는 전원 속에서 캠핑을 즐길 수 있었다. 거기 있는 동안 급여를 받고 있지는 않았다. 내게 돈만 있었어도 요세미티 국립공원에 관광객을 태워주는 일 대신 여름 내내 캠핑하며 지내는 것으로 만족했을 것이다.

게르네빌은 작은 도시였지만 수많은 관광객을 유치했다. 그곳에서 얼마간 지내다 보니 게이 남성들에게 유명한 관광 명소가 있다는 것을 알게 되었다. 특히 이것은 '베어스bears'라는 하나의 하위문화로 알려져 있었다. 이 용어가 낯선 분들을 위해 알려주자면, 베어스는 체구가 큰 남성들을 가리키는 말로, 몸에 털이 많이 난 사람들을 일컬을 때가 많다. 매년 여름 이곳에서 레이지 베어 위크Lazy Bear Week라는 행사가 열릴 때면 건장한 게이 남성 수천 명이 거리로 쏟아져 나온다. 그해 레이지 베어 위크가 열릴 때 나는 운 좋게도 근처에서 캠핑 중이었다. 그때는 아직 180킬로그램이라는 인생 최대 몸무게에 다다르지 않았지만—사실, 아직 140킬로그램에도 도달하지 못하던 때였을 것이다—시내 주변을 걷다 보면 나도 영락없이 그들 무리에 속한 사람처럼 보였다. 게이는 아니었고 그저 한 명의 관객으로서 그 주를 즐기고 있었는데, 세상에나 내가 관심을 좀 끈 모양이었다. 심지어 내가 잘생겼다며 술을 사주는 남자도 몇 명 있었다.

자신을 곰과 동일시하는 게이 남성들과 그들을 사랑하는 이들은 신체적 차이를 막론하고 모든 사람이 매력적으로 보일 수 있다는 것을 보여주는 좋은 사례다. 어떤 체형이든 매력적으로 봐주는 사람이 있기 마련이다. 특히 비만인에게 끌리는, 이른바 '통통한 사람을 좋아하는 취향chubby chaser'들은 '크고 아름다운 여성Big Beautiful Women(BBW)', 그리고 '크고 잘생긴 남성Big Handsome Men(BHM)'을 선호한다. 개인적으로는 이런 커뮤니티들이 그리 익숙지 않다. 하지만 한 인간이 다른 인간에게 매력을 느끼는 신체적 특징은 매우 다양하다는 것을 보여주는 증거들이 있다. 나는 오랫동안 연애하면서 좋은 행운을 누렸지만, 몸집이 커질수록 양질의 관계를 누릴 기회가 점점 줄어들었다. 아무래도 BHM 데이팅 사이트에 가입해야 했나보다.

뚱뚱한 것을 수용하고 관용하고 칭송하고 심지어 욕망하는지와 관계없이, 몸이 너무 뚱뚱하면 온갖 건강 문제가 생길 위험이 커진다. 이 문제가 어쩌다가 그렇게 정치색을 띠게 되었는지 모르겠다. 물론 다르게 생겼다는 이유로 사람들을 괴롭혀서는 안 된다. 당연히 나도 더 멋지게 보이고 싶지만, 결국 내가 체중을 감량해야겠다고 생각한 것은 전부 건강 때문이었다. 또한, 사라와 알리사와 함께 이 행성에서 최대한 오래 살고 싶다는 마음도 있었다. 이 글을 쓰는 지금도 나는 그 목표에 더 가까워지고 있고, 앞으로도 계속 이 길을 걸어갈 수 있었으면 한다.

올림픽 선수처럼 먹다니

올해 초에 순회 일정을 잠시 쉬고 가족과 함께 푸에르토리코로 여행을 가기로 했다. 여행을 많이 다니면서 쌓아둔 넉넉한 호텔 포인트를 활용해, 평소라면 일시불로 가지 못했을 리조트를 예약했다. 그곳은 폰세 시에 있는 섬의 남쪽에 자리 잡은 멋진 복합 휴양지였다.

도착해서 보니 호텔이 대대적인 행사를 준비한다는 것을 알 수 있었다. 야외 리조트 곳곳에 사람들이 가득했고, 모두가 몹시 들떠 행복한 시간을 보내는 듯했다. 곳곳에서 넘치는 에너지를 느낄 수 있었다. 우리가 그곳에 간다는 사실을 누군가 흘린 모양이었다. 사실 그렇지는 않았다. 설령 우리가 유명 인사였다고 해도 이 행사는 뭔가 운동과 관련된 것임을 잘 알 수 있는 분위기였다. 몇몇 스포츠용품 제조회사에서 물건들을 전시하고 있었기 때문이다. 나의 '브랜드'라고 할 수 없는 한 가지가 있다면 그것은 스포츠다. 주변을 둘러보니 운동복을 입은 코치들과 사람들이 관광버스 단위로 들어오고 있었다. 현장은 뚱뚱한 코미디언과 그의 가족과는 전혀 어울리지 않는 너무도 에너지 넘치는 분위기였다.

알고 보니, 근처에서 푸에르토리코 국제 운동 클래식the Puerto Rico International Athletics Classic이라는 행사가 열렸는데 참가하는 운동선수 전부가 우리 호텔에 머물고 있었던 것이었다. 공교롭게도 우리는 그들 대다수가 행사에 참여하는 바로 그날 호텔에 도착했다. 올림픽 5관왕 우승자이자 현존하는 가장 빠른 여성인 일레인 톰슨 헤라Elaine Thompson-Herah를 비롯한 올림픽 선수 몇 명이 우리 호텔에 묵고 있었다. 물론 나는 그다지 달리기를 좋아하지 않는 사람이라 그들 중 누구도 알아볼 수 없을 터였다. 근 30년 동안 달리기를 해본 적도 없고, 마지막으로 뛰었던 것도 아이스크림 트럭을 뒤좇아 갈 때였다. 내 딸은 다섯 살배기라 달리기를 좋아한다. 이에 나는 이리저리 부탁해서 현존하는 가장 빠른 여성에게 내 딸을 소개하는 행운을 얻었다! 짧은 만남이었지만 일레인은 매우 친절했고 너그럽게 알리사와 사진 촬영도 해주었다.

그 호텔은 훌륭한 조식 뷔페를 제공하고 있었다. 큰 행사를 치르고 이튿날 아침이 되자 기다리는 줄이 어마어마하게 길었다. 훌륭한 체격을 자랑하는 운동선수들, 평범해 보이는 일반인들과 이 뚱뚱한 코미디언까지 다양한 사람들로 가득했다. 많은 운동선수 뒤에 서 있던 나는 선수들 접시에 가득 쌓인 음식을 보고 깜짝 놀랐다. 나는 사라를 보고 이렇게 말했다. "저것 좀 봐. 내가 올림픽 선수들처럼 먹는 거였네!" 그들처럼 운동도 했더라면 정말 좋았을 텐데 말이다.

그날 행사에서도 일레인이 우승했다는 것을 나중에 알게 되었다. 물론 그랬겠지. 현존하는 가장 빠른 여성이니까.

몬트리올은
지금 나에게 최적의 장소

음식에 관한 한 몬트리올은 놀라운 도시다. 유명 요리사 앤
서니 보뎅Anthony Bourdain도 몬트리올을 극찬했으며 이곳에는 세
계적으로 유명한 요리사도 많다. 내 추측으로는 이 모든 것이
프랑스의 유산에서 시작된 듯하다. 프랑스 사람들은 훌륭한 음
식을 요리하니 말이다. 가는 곳마다 맛집들이 우리를 둘러싼
다. 프랑스 요리는 그다지 건강에 신경 쓰지는 않는다고 알려
져 있다. 영화 〈라스트 홀리데이Last Holiday〉의 한 대사처럼 인생
의 비결은 버터에 있다!

현대의 몬트리올은 온갖 것이 뒤섞인 용광로다. 프랑스식으로 말한다면 퐁뒤라고 할 수 있겠다. 이곳의 미식 문화는 단지 파리의 전통만 반영하는 것이 아니다. 그 외 많은 문화가 나름의 식재료와 특식을 뷔페(이 단어의 기원은 프랑스어에 있다는 것을 짚고 가야겠다)에 더했다. 영화배우 브레트 켈리Brett Kelly는 (몬트리올에서 촬영한) 〈나쁜 산타 2Bad Santa 2〉를 촬영하며 체중이 늘었다고 말했다. 훈제 고기 샌드위치를 너무 많이 먹은 탓이다. 그는 이렇게 말했다. "18~22킬로그램 정도가 불었습니다. 건강을 완전히 무시할 수 있는 도시가 있다면 아마 몬트리올이 아닐까 싶습니다."[99]

또한, 몬트리올 하면 베이글을 빼놓을 수 없을 만큼 베이글이 맛있다. 몬트리올의 베이글은 꿀의 맛을 살짝 더한 가볍고 폭신폭신한 느낌이다. 더 말할 것 없이 맛있다. 고향 친구들에게도 늘 말하지만, 생 비아토 베이글St-Viateur Bagel에 처음 갔을 때는 베이글 열두 개를 사서 가게 앞 벤치에 앉아 여섯 개를 먹어 치웠다. 그전까지는 앉은 자리에서 베이글 여섯 개를 한 번에 먹어본 적이 없었는데, 그 베이글은 내가 먹어본 어떤 베이글과도 달랐다. 이번 여름에는 베이글을 사러 달려 나가는 것을 아직 잘 참고 있다.

포르투갈식 치킨도 이 도시에서 널리 유명한 음식이다. 이 음식을 전문으로 하는 가장 훌륭한 식당 하나가 지금 내가 앉아 있는 곳에서 몇 블록 떨어진 지점에 있다. 이미 사람들로 북적거리는 곳이니 상호를 말하지는 않겠지만, 정말이지 말만 꺼내도 그 맛이 느껴질 정도다. 몬트리올에서 첫 여름을 보낼 때는 여기서 한 블록 아래에 있는 에어비엔비 숙소에서 묵었다. 그때는 미국에서 수입한 훈제용 히코리 나무를 트럭에서 내리는 것을 지켜보곤 했다. 창가에서 훈제 향이 나면 머리를 빼꼼히 내놓고 얼마나 줄이 긴지 살펴보기도 했다.

훌륭한 프랑스식 베이커리 블랑제리boulangeries는 말 그대로 어디서나 갓 구운 맛있는 빵과 페이스트리를 판매한다. 딸과 함께 신선한 바게트 몇 개를 들고 공원 벤치에 가서 산책하노라면 왠지 모르게 유럽 감성이 물씬 난다. 다행히 사라가 글루텐 프리 식이요법을 유지하고 있는 까닭에 베이커리에는 최대한 적게 가려고 노력한다. 우리가 데이트를 시작하고 마지막으로 파스타를 먹었던 것이 언제인지 기억도 나지 않는다. 이 밖에 아랍 음식, 중국식 만두, 스시, 브라질식 바비큐 등등 온갖 음식을 파는 식당들이 집 근처에 즐비하다. 패스트푸드에서 최고급 음식점까지 가장 미식가다운 식성을 가진 사람들마저 만족시킬 만큼 놀라운 음식들이 있다. 주머니 사정에 따라 즐길 것은 얼마든지 있다.

고급 정찬 식사와는 전혀 관계없지만 유명한 유튜브 채널 〈에픽 밀 타임Epic Meal Time〉도 바로 이곳에서 시작되었다.

아직 맥주 이야기를 꺼내지 않았다. 강변에 있는 상징적인 장소인 몰슨스 양조장Molsons Brewery부터 몬트리올 전역에 흩어진 수백 개의 작은 양조장까지, 이곳 사람들은 파티에 연료를 공급하는 방법을 잘 안다. 다행히 술은 한 번도 내 취향인 적이 없다.

분명 푸틴을 빼놓고 몬트리올 음식을 논할 수는 없다. 이 도시를 한 번이라도 방문한 사람이라면 이해하겠지만, 사실 이 음식은 지금 말하는 목록에서 1번을 차지했어야 했다. 앞서 말했듯이 푸틴은 감자튀김에 치즈 커드와 그레이비를 곁들인 것으로 이곳 몬트리올에서 발명한 간단한 음식이다. 치즈를 얹은 감자튀김이야 미국에서도 흔하고, 그레이비를 곁들인 감자튀김도 생소하지 않으며, 이 셋을 한데 섞기도 그리 어렵지는 않다. 하지만 많은 미국인이 이해하지 못하는 하나가 있다. 미국에서 감자튀김은 애피타이저나 곁들임 요리일지 모르지만 캐나다에서는 이것이 주요리라는 점이다. 몹시 대중적인 음식이기도 하다. 어떤 장르의 요리를 어떤 식으로 제공하든지 간에 모든 식당의 메뉴에는 푸틴이 있고, 그중 다수가 다양한 추가 토핑이나 대체 요리를 실은 푸틴 섹션을 따로 둔다.

다음으로 시럽 얘기를 해야겠다. 캐나다에서는 메이플 시럽이 얼마나 인기가 있는지 국기에까지 그려 넣어 홍보할 정도다. 토론토 하키팀도 이 이름을 따서 팀명을 지었다(토론토 메이플 리프스Toronto Maple Leafs―옮긴이). 나는 메이플 시럽을 사랑하는데, 체중을 좀 줄여보려고 노력하는 사람에게는 불행하게도 여기서는 어디에나 메이플 시럽이 있다. 겨울에는 물론이고 관광 명소에서는 1년 내내 메이플 태피maple taffy를 판다. 메이플 태피는 증류된 시럽을 눈 위에 부어 굳을 때까지 둔 다음 막대기에 돌돌 말아서 만든 음식이다. 막대에 달린 차가운 메이플 시럽이다! 맨 처음 이렇게 먹은 사람이 누군지는 몰라도 노벨상을 받아야 한다. 이것은 단순한 시럽에 그치지 않는다. 메이플 향은 음식에 특별한 풍미와 칼로리를 더해주고, 온갖 종류의 음식에 두루 잘 어울린다. 곳곳에 있는 전통 방식의 슈거 쉑sugar shack, 다른 말로 cabanes à sucre에서는 각양각색의 메이플 제품을 판다. 전국 곳곳에 있는 슈거 쉑은 허리―엉덩이 비율만큼이나 유혹적이다. 나는 메이플로 설탕을 섭취하는 것을 가장 좋아한다. 특히 메이플 시럽을 커피에 넣어 마시길 좋아한다.

설탕 얘기를 꺼내고 나니 몬트리올에서 나를 흥분시키는 것이 또 하나 떠오른다. 도를 넘어설 정도로 나를 흥분시키는 주인공은 바로 캐러멜 스프레드다. 캐러멜 스프레드는 젤리, 꿀, 마멀레이드처럼 토스트에 발라 먹는 흔한 음식이다. 내가 처음 캐러멜 스프레드의 존재를 알게 된 것은 어느 호텔에 묵은 다음 날 아침이었다. 그날 나는 무료로 나오는 조식을 챙겨 먹으려고 로비에 내려갔다. 캐러멜 스프레드가 담긴 그릇이 내 눈길을 끌었다. 이게 뭐지? 캐러멜을 토스트에 발라 먹도록 만들었다고? 말도 안 되지만 먹음직스럽게 놀랍다! 솔직히 말하겠다. 캐러멜 스프레드는 아이스크림에 들어가는 캐러멜 소스와 크게 다르지 않은 듯하다. 그러니 당연히 토스트에 발라 먹어도 맛이 기가 막히다. 다른 것도 아닌 캐러멜이니까! 품평할 생각은 없다. 난 그저 캐러멜 스프레드가 너무 좋다. 아마 이 음식은 프랑스에서 구할 수 있는 제품을 토대로 했을 것이다. 하지만 이곳에서 유명한 브랜드는 몬트리올 외곽에서 만들어진다.

캐나다는 말고기나 물개고기처럼 미국에는 없는 여러 음식의 식용을 허용한다. 여러분이 궁금해할 테니 말해주자면, 실제로 내가 만든 물개 버거는 아주 맛있었다. 지느러미 맛도 볼 수 있다! 사라도 좋아했지만 우리 딸에게 먹어보라고 설득하지는 못했다.

그러니 나도 인정한다. 어쩌면 나는 체중 감량에 관한 책을 쓰기에는 영 맞지 않을지도 모른다. 하지만 나를 둘러싼 온갖 유혹거리를 생각한다면 지금까지는 놀랍게도 잘 지내왔다. 지난 몇 달간 딸을 데리고 바게트를 사러 몇 번 갔고 메이플 제품도 몇 개 즐기긴 했다. 하지만 푸틴은 딱 두 번 먹었고, 그마저도 한 번은 미국 친구들에게 몬트리올의 먹거리가 주는 즐거움을 소개하는 자리였다.[100] 내가 좋아하는 포르투갈 치킨 가게는 아직 한 번도 안 갔고, 생 비아토 베이글 매장도 여러 번 지나쳤으나 한 번도 안으로 들어가지 않았다.

이번에 달라진 점 하나는 주방이 있다는 것이다. 지금 우리는 임대주택이나 호텔이 아니라 우리 돈으로 산 집에서 처음으로 머물고 있다. 여기서는 관광객이 아니다. 그러니 식료품을 사다가 팬트리에 저장하고 우리가 직접 요리해서 먹는다. 보통 사람들처럼 말이다. 전에 몬트리올에 올 때는 매번 관광객의 입장이었다. 여행의 묘미 중에는 새로운 음식을 탐색해보고 그 맛을 통해 하나의 문화를 알아가는 것도 있다. 여름 내내 집에서 지내다 보니 위에 나열한 음식들을 사실상 하나도 즐기지 못했다. 물론 마음껏 즐긴 적도 몇 번 있었다는 것을 인정해야 겠다(아마 적절한 횟수보다 많이). 하지만 주방을 갖추게 되자 상대적으로 건강하게 지내는 데 유익했다. 그것도 그렇지만 계속 살을 빼서 알리사에게 약속을 지키고 싶다는 나의 강한 욕구도 한몫했다.

몬트리올에 또 뭐가 있는지 아는가? 도시 전역의 편리한 자리마다 훌륭한 농산물 직판장이 있다. 내가 좋아하는 곳은 장 딸롱Jean Talon 시장이다. 이곳은 농장에서 바로 가져온 농산물과 그 외 현지 상인들이 가져온 제품들로 가득한 야외 시장이다. 보통의 식료품점도 전혀 나쁠 것 없지만 시장 구경은 하나의 이벤트다. 단순한 쇼핑이 아니라 기분을 전환하는 즐거운 활동이다. 시장에 가면 기분만 즐거워지는 것이 아니다. 언제나 건강한 식재료를 가득 안고 돌아와 냉장고를 채울 수 있다.

한편 이곳에는 채식 식당도 많다. 채식 식당들은 식이요법에 주의하는 손님들을 위한 음식들을 제공하며, 대개 채식 음식이나 저칼로리 음식들을 많이 갖추고 있다. 몬트리올에는 좋은 먹거리가 많지만 여기라고 건강하게 챙겨 먹기가 어려운 것은 아니다.

식생활은 그렇고, 운동은 어떨까?

차이나타운 입구에 서 있는 패방牌坊·paifang(화려하게 장식한 출입구)에 적힌 문구를 번역하면 '훌륭한 환경이 훌륭한 사람을 키운다'라는 뜻이다.[101] 나는 이 문구가 몬트리올 전체를 가리키는 훌륭한 슬로건이라고 생각한다. 물론 몬트리올은 해로운 것들도 조금씩 제공하는 듯하지만, 이런 부분에 주의하는 사람들은 건강한 생활방식을 유지하도록 도와주기도 한다.

사라와 내가 몬트리올과 사랑에 빠지게 된 계기 중 하나는 걸어 다니기가 매우 좋아서였다. 우리는 어디든 걸어 다닌다. 보통날에는 내 할 일을 하기만 해도 쉽게 운동량을 채울 수 있다.[102] 우리 집의 위치도 한몫한다. 우리 집에서 주요 페스티벌 지역까지는 도보로 15분, 시내까지는 20분, 오래된 항구가 있는 역사적인 지역까지는 30분, 라 퐁텐 공원Parc La Fontaine이나 마운트 로얄 입구까지는 20분이 걸린다. 이렇다 보니 평소에는 대개 동네를 어슬렁거리며 운동한다. 한꺼번에 물건을 많이 사다 비축하는 것이 아니라면 동네 식료품점, 여기서는 데파너르 dépanneur라고 부르는 곳까지 걸어가거나 그보다 더 큰 슈퍼마켓까지 걸어간다. 술집이나 극장, 코미디 공연장도 대부분 걸어갈 만한 거리에 있다. 알리사는 다섯 살배기의 다리를 가진 까닭에, 이마에 또 애벌레 같은 상처가 생길 만한 위험한 곳이 아니면 스쿠터를 타고 우리와 함께 돌아다닌다. 비록 우리가 있는 곳은 중심지구지만 외곽 동네들도 사업지구와 보행자 친화적인 지역들을 갖추고 있다.

몬트리올의 편리한 보행성은 기존 인프라가 갖춰진 덕분이며, 이 결과는 몬트리올이 수립한 도시 계획 덕분이었다. 하지만 앞서 말했듯이 이 도시는 건강한 생활방식을 촉진하고자 노력한다. 평소에는 교통량으로 혼잡한 거리들도 여름에는 도보 전용 지대로 지정되므로 걸어 다니며 둘러보기에 완벽한 장소가 된다. 이는 걷기라는 운동을 하도록 북돋을 뿐 아니라 운전할 의욕을 떨어뜨리기도 한다. 우리는 쇼핑할 것이 많을 때나 잠시 시내를 떠나야 할 때만 운전한다. 그 외에는 평소 순회공연에서 잠시 벗어나 휴식을 즐기도록 차를 계속 주차해 둔다.

자전거 이용도 권장되는 편이어서 모든 주요 도로에 자전거 도로가 지정되어 있다. 이번에 올 때는 자전거를 가져오지 않았다. 몬트리올에 자체 자전거 공유 시스템이 갖춰져 있기 때문이다(사실상 북아메리카에서 대규모로 갖춰진 첫 번째 시스템이다). 내가 보니 이 시스템은 매우 편리해 보였다. 아직 많이 타보지는 않았지만 차들도 자전거 타는 사람들에게 상당히 공손한 듯하다. 교통 이야기가 나와서 말인데…….

몬트리올은 여러 면에서 내게 유럽을 떠올리게 한다. 잘 발달한 중심지구를 갖춘 대다수 오래된 도시들은 보행성이 매우 좋다. 뉴욕시, 필라델피아, 뉴올리언스, 샌프란시스코 등 미국 내 여러 도시에서도 살아봤는데, 그 도시들도 중심지구의 보행성이 매우 뛰어나다는 점이 참 좋았다. 하지만 미국의 대다수 도시 및 대도시 지역에서는 시내에서 멀리 떨어진 곳으로 이동할수록 보행성이 떨어지는 경향이 있다. 미국의 많은 도시는 단 몇 블록을 가더라도 차량 이용을 권장한다. 유럽이 내가 마지막으로 방문한 3년 전 이후로 크게 변하지 않았다면 그곳은 그렇지 않다. 분명 유럽의 도심은 미국 도심보다 역사적으로 유리한 출발점을 가졌다. 하지만 일반 관찰자로서 내가 보기에 유럽 도시들은 차가 존재한 이후로 다르게 성장한 듯하다.

생각해보니 사라와 나는 유럽에서 드라이브 스루 식당을 거의 보지 못했다. 그런 식당이 없지는 않으나 미국만큼 보편화되어 있지는 않다. 심지어 스위스에서는 드라이브 스루 식당을 허용하지 않는다는 확신이 들었다. 제네바에 들어가 전국을 차로 돌아다니는 동안 그런 식당을 한 곳도 보지 못했기 때문이다. 며칠 후 취리히 근처에서 겨우 한 곳을 지나쳤을 뿐이다.

여기서 하나 덧붙이자면, 정말 이상한 관광 경험을 해보고 싶은 분들은 (운전석이 오른쪽에 있는) 영국 차를 타고 유럽 내 맥도날드 드라이브 스루 매장을 가되, 주문을 도와줄 사람을 조수석에 태우지 말고 가보라.

그동안 나는 유럽의 대중교통 이용 그리고 유럽인들의 자전거와 도보 이용을 낭만적으로 여기는 듯한 사람을 많이 만났다. 하지만 내가 그런 부류에 속하지는 않는다는 것을 믿어 달라. 많은 사람이 유럽에서 차를 운전한다. 몇몇 도시의 교통 상황은 어처구니가 없을 정도다. 런던 시내에서 운전하기란 어마어마한 골칫거리다. 파리의 개선문 주변을 빙빙 도는 것보다 더 긴장감 넘치는 놀이기구가 있다면 한번 찾아보시라. 유럽은 일부 미국인이 상상하는 차 없는 유토피아가 아니다. 유럽의 교통량도 만만치 않다. 하지만 미국 대다수 도시의 통행로에 비하면 유럽 통행로는 사람들이 몸을 움직여 돌아다닐 만한 도보가 더 큰 비중을 차지한다. 몬트리올처럼 말이다.

굳이
걸을 필요 있나요

걷기는 정말 내가 좋아하는 형태의 운동이다. 이것은 거의 모든 사람이 할 수 있는 쉬운 운동이다. 나는 한 살 정도일 때부터 걷기를 해왔으니 걷기의 전문가라고 자부한다. 지금까지 4대륙을 걸어봤다. 하지만 달리기는 아직 숙달하지 못했다. 아이러니하게도 셔플댄스의 한 종류인 러닝맨Running Man은 출 수 있다.

오로지 운동할 목적으로 걷는 것은 지루하게 느껴진다. 이런 의미에서 나는 러닝머신도 하지 못한다. 늘 걸어 다닐 수 있는 도시와 동네에 사는 편을 선호했던 것도 이런 이유에서다. 그저 내 일만 하고 있어도 운동은 잠시 잊고 내가 하던 일이나 목적에 집중할 수 있으니 말이다. 나는 임의로 정한 몇 걸음을 채우려는 목적으로만 산책하지 않는다. 걸어 다니면서 코미디 쇼도 알아보고, 거리 예술을 구경하며 사진도 찍는다. 달리 말해 어딘가 갈 곳이 있고, 무언가 하는 일이 있다. 이렇게 뇌가 즐거워하는 더 흥미로운 활동에 집중하면 운동에 신경 쓰지 않게 된다. 올드 몬트리올Old Montreal이나 르 플라토Le Plateau는 몇 시간이고 걸어 다닐 수 있다.

플로리다에 있을 때 내게 걷기를 배운 알리사는 이제 걷기의 대가다. 알리사는 뛰는 것도 좋아한다. 그런 알리사를 위해 언젠가 아빠가 함께 뛰어주겠다고 오래전에 약속했다. 이제 현존하는 가장 빠른 여성과도 만났으니 앞으로 내가 더 많은 부담을 느껴야 할지도 모르겠다.

물론 게을러질 때도 있다. 몬트리올 중심부인 여기에서 지내는데도 몇 블록 걸어가 먹거리를 구해 오는 것이 내키지 않을 때가 있다. 하지만 이런 나의 게으름에도 한계가 있다.

나는 Uber Eats, Grubhub, DoorDash, LazyMan, Fuzed2thecouch 같은 음식 배달 앱을 써본 적이 없다. 오해는 말라. 그렇다고 "심지어 나는 텔레비전도 없어"와 같은 말을 자신만만하게 내뱉는 사람들처럼 약간의 거짓된 우월성을 자랑하려는 것은 아니다. 나는 앱도 많이 쓰고, 음식도 많이 배달시켜 먹는다. 그 음식이 피자고 30분 안에 배달된다면 말이다. 배달 앱을 사용하지 않는 주된 이유는, 누군가 나 대신 타코벨까지 달려가 내가 주문한 빈 부리토와 레드 소스를 받아다 주는 데 일정 금액을 더 낼 정도로 그렇게까지 배가 고팠던(또는 흥분했던) 적이 없었기 때문이다. 패스트푸드는 그 자체로 칼로리가 높지만, 적어도 옛날에는 먹고 싶으면 실제로 사람들 앞에 나가서 약간의 에너지를 써야 했다. 그러다가 드라이브 스루 서비스가 생기자 차에서 내려 식당까지 걸어가는 동안 챙길 수 있는 운동이 싹 사라졌다. 이에 따라 게으른 사람들은 운전석의 안락함을 포기하지 않고도 음식을 주문해 먹을 수 있게 되었다. 배달 앱이 생기자 이제 소파에서 차까지 걸어갈 필요도 없어졌다. 입안 가득 감자튀김을 채워 넣고 싶을 때 필요한 마지막 운동마저 사라진 것이다. 현관에서 우리 입 사이의 거리마저 공략할 서비스가 있다면 이것도 제공하겠다는 시장이 생길 것이다.

이런 앱을 사용하는 모든 사람이 게으르다고 생각하지도 않고, 그런 게으름이 배달 앱을 사용하는 일차적인 동기라고도 생각하지 않는다. 나의 요점은 현대의 편의성이 커진 만큼 신체 활동에 참여할 필요성이 줄어든다는 것이다. 아마존이 등장한 지금, 많은 사람은 더 이상 쇼핑을 위해 마트까지 걸어가는 유익마저 얻지 못한다. 아주 가끔 마트나 대형 백화점에 있다 보면 향수에 젖을 때가 있다. "와, 그렇지. 옛날에는 다 이런 식으로 했었지!" 최근 몇 년 사이, 또 팬데믹 기간 내내 배달 서비스들이 분명 큰 도움이 되었고, 덕분에 이런 서비스가 널리 대중화되었다. 그래도 나는 최대한 내 두 발을 써서 마지막 몇 걸음을 걸으려고 노력한다.

독일인 코미디언
토마스 니콜라이에게 듣다

나는 여덟 살부터 열두 살까지 독일 프랑크푸르트에서 살았다. 그때 처음 고국을 떠나봤는데 그게 무슨 의미였는지는 전혀 몰랐던 것으로 기억한다.

그 후로 거의 40년이 지나도록 독일을 비롯해 유럽 어느 나라도 다시 가보지 않았다. 따라서 유럽의 생활방식에 대한 나의 인상이 그렇게 정확하지는 않을 수도 있다. 이에 또 다른 전문가와 상의해보기로 했다.

내 책 『느긋하게 웃으면서 짜증 내지 않고 살아가는 법』의 독일어판은 오디오북으로도 제작되었다. 이때 녹음을 맡아준 사람이 바로 잘 알려진 독일인 코미디언이자 성우 토마스 니콜라이다.[103] 건강이 관련된 유럽인들의 행동에 관해 그만큼 내게 좋은 통찰을 전해줄 사람은 없을 거라는 생각이 들었다.

브라이언: 60세를 앞둔 사람으로서 여전히 몸 관리를 꽤 잘하고 계신 것 같습니다. 체중 관리를 하시면서 애를 먹었던 적은 없으신가요?

토마스: 30세가 되기 전까지는 무엇을 먹든, 언제 먹든, 얼마만큼 먹든 상관없다고 생각했습니다. 그저 먹고 마시며 재밌

게 살았죠. 술집에도 가고 파티도 벌이고 술도 마셨습니다. 그래도 아무 문제가 없었거든요. 하지만 30대 중반이 되자 결국 변화가 나타나기 시작하더군요. 갑작스럽지는 않았지만 알아차릴 만한 변화였습니다.

늦어도 40세부터는 더 주의를 기울이며 살기 시작해야 하고, 전에 살던 방식을 유지할지 말지 정해야 합니다. 이렇게 계속 살아도 되나, 이렇게 계속 살고 싶은가, 계속 이렇게 살아도 될 만큼 여력이 있는가? 이런 삶을 지속하는 것이 내 몸에 유익한가?

저는 배우이자 코미디언으로 일하면서 몸과 목소리를 많이 씁니다. 제 몸이 제 집이자 도구인 셈이니 잘 돌봐야 합니다. 그러지 않으면 결국 망가져서 못 쓰게 될 테니까요.

브라이언: 몸매 관리는 어떻게 하십니까?

토마스: 우선 먹는 데 더 신경을 썼습니다. 분명 먹는 일은 너무도 재미있고, 좋은 음식은 비할 바 없는 행복을 안겨줍니다. 하지만 알고 보니 저는 이것저것 가리지 않고 먹을 때가 너무 많았더군요. 음식 맛이 좋으면 허겁지겁 빨리 먹기도 했죠. 아마 세계에서 가장 빨리 먹는 사람 5위 안에 들었을 겁니다. 이런 삶을 만회하려고 운동도 시도했지만, 솔직히 그때까지 저는 운동과 가장 거리가 먼 사람이었습니다. 운동은 당최 재미가 없더라고요. 솔직히 말하면 오늘날까지도 운동에는 흥미를

느끼지 못합니다. 잠깐 피트니스 센터에 다닌 적이 있는데 스트레스가 너무 심했습니다. 야심에 가득 차서 열심히 근육을 단련하는 남성들이 제 주변을 온통 둘러쌌거든요. 또 한 번 제가 패배자라는 느낌이 들었죠. 운동과는 거리도 멀고 창백한데다 근육은커녕 가느다란 살밖에 없었으니까요. 너무 창피했습니다. 결국 피트니스 센터 멤버십을 취소했죠.

다행히 얼마 후에 조깅을 시작했습니다. 조깅이야말로 저에게 꼭 맞는 운동입니다. 시간에 구애받지 않고 원하는 만큼 혼자서 할 수 있거든요. 제가 관리할 수 있는 상황이라면 한 번에 45분씩, 일주일에 세 번 달립니다. 여기에 귀에 꽂고 들을 좋은 음악이나 팟캐스트까지 있다면 그야말로 완벽합니다.

하지만 가장 중요한 것은 이겁니다. 사실 저는 식생활에 주의를 기울입니다. 몸에 더 좋은 음식을 먹고, 단것과 술을 줄이고, 충분히 자고, 스트레스를 줄이면 더 행복한 삶을 살 수 있죠. 간단히 말해, 더 많이 즐기고 몸에 너무 많은 것을 집어넣지 않으려고 합니다.

우리 몸은 끊임없이 우리에게 신호를 준다는 점에서 놀랍도록 위대한 유기체입니다. 운동이 과하면 바로 몸이 상하고, 배가 부르면 지금 몸이 꽉 찼다고 말해주니까요.

하지만 음식이 너무 맛있는지라 이 신호를 계속 무시하고 속으로 이렇게 생각하죠. 아니야, 멈추지 마. 아직 배고프니까.

볼로냐 스파게티를 가득 담은 접시를 또 하나 해치우자. 햄버거도 하나 더 먹고. 아이스크림도 여덟 스푼 떠먹고…… 가만, 바지가 늘어나네?

우리의 문제 하나는 단것을 간식으로 먹는다는 것입니다. TV 앞에 앉아 재미있는 넷플릭스 시리즈를 보면서 초콜릿, 감자칩, 팝콘을 입안에 계속 쑤셔 넣는 것을 상상해보세요. 어머, 벌써 두 봉지나 먹은 거야? 집에 뭐 달콤한 거나 짭짤한 게 남았는지 찾아봐야겠다. 필요하면 냉장고에서 치즈도 좀 꺼내 먹지 뭐. 그것도 진짜 맛있잖아. 어차피 드라마 두 편은 남았으니까. 진짜 재밌단 말이지. TV 보면서 간식을 안 먹을 수도 없잖아. 맞다, 맥주도 큰 걸로 하나 더 마실까?

이것은 나쁜 습관이지만 충분히 깨뜨릴 수 있습니다. 간식이 집에 있으니까 먹는 거거든요. 거실 찬장이 달고 짭짤한 과자들로 가득해 문도 제대로 닫을 수 없다면 모두가 이렇게 말할 겁니다. "저것 봐, 저렇게 두면 안 되지. 과자 좀 꺼내 와야겠다."

하지만 찬장 안에 든 게 거의 없다면 자연스럽게 먹을 일도 줄어듭니다. 집에 있는 것만 먹을 수 있으니까요.

금욕주의자처럼 살고 싶냐고요? 건강 전도사가 되어 끊임없이 남의 신경을 건드리고 주변 사람들에게 강의를 퍼붓고 싶냐고요? 누구도 그러길 원하지 않을 겁니다. 하지만 제 경험에 비추어 말씀드리건대, 이렇게 TV 앞에서 간식을 즐기는 것은 무분별한 것입니다. 무엇보다도 이는 실제로 필요하지도 않은 다량의 칼로리를 아무 생각 없이 섭취하는 행위입니다.

간식을 먹더라도 주의를 기울이면서 즐기는 것이 더 낫고 몸에도 더 좋습니다.

물론 집에 단것(그리고 짭짤한 과자)을 둘 수 있습니다. 마땅히 갖춰 놔야죠. 그렇다고 초콜릿바를 열 개씩 사다 놓고, 감자칩을 스무 봉지씩 채워 둘 필요는 없습니다. 적절한 균형을 찾는 것이 비결입니다.

금욕주의자의 삶이 제게 맞는 길은 아닌 것 같습니다. 그러기에 저는 즐거움을 몹시 추구하는 사람입니다. 저는 제 삶을 사랑합니다. 친구들과 함께 기념하며 먹고 마시는 것은 좋은 일이죠. 그것이 삶의 일부니까요.

제가 택한 방법은 조금 더 주의를 기울이며 사는 것입니다. 무턱대고 행동하지는 않습니다. 모든 것을 먹고 마시되 적절한 수준을 지키려고 합니다. 그러면 제가 설명할 수 있는 것보다 많은 성공을 거둡니다. 제가 봤을 때 가장 중요한 것은 알맞은 균형입니다.

또 하나 제가 유익하다고 여기는 것은 18:6 원칙을 따르는 이른바 구간별 단식interval fasting입니다. 18시간 동안 아무것도 먹지 않고, 뒤이은 6시간 동안 음식을 먹는 거죠. 많은 사람이 실천하기에는 녹록지 않은, 매우 독일 같은 방법임을 저도 인정합니다.

육체적으로 힘든 일에 종사하는 사람이라면 이러한 구간별 단식을 따를 수 없습니다. 육체적으로 힘든 일을 하려면 당연히 몸에 힘이 필요하니까요. 하지만 저는 프리랜서 코미디언이므로 무난히 이 방법을 실천할 수 있습니다. 그 결과, 거추장스러웠던 몸무게 몇 킬로그램을 벌써 뺄 수 있었습니다.

브라이언: 독일에서도 비만이 퍼지고 있다고 생각하시나요?

토마스: 저는 과학자도, 의사도, 심리학자도, 사회학자도 아닙니다. 그저 제 눈앞에 보이는 것을 묘사할 따름인데요. 제가 보기에는 독일에 뚱뚱한 사람이 많습니다. 독일 의사들도 비만이 유행이라고 말한다고 알고 있습니다. 과장된 말인 듯하지만 저는 전문가가 아니라서 잘 모르겠습니다.

하지만 제가 놀라는 점이 하나 있습니다. 다른 한편으로 이곳 독일에서는 '건강한 식생활'이라는 주제에 관해 수준 높은 교육이 이루어진다는 것입니다. 이를 실천하며 사는 사람들도 많지만 전혀 관심 없는 사람들도 있습니다.

브라이언: 저는 현재 몬트리올에서 삽니다. 푸틴을 권하는 사람, 메이플 시럽을 파는 사람이 주변에 가득하고, 프랑스식 구운 요리 냄새가 끊임없이 풍겨 오는 곳이죠. 독일 음식은 건강에 좋은 것들인가요?

토마스: 절대 그렇지 않습니다. 독일 음식은 고기, 지방, 다량의 크림, 감자로 이루어졌거든요. 때때로 채소도 먹긴 하죠(하지만 누가 자발적으로 채소 먹는 것을 좋아하겠습니까?). 게다가 독일 사람들은 많이 먹는 것도 좋아합니다.

여기에 맥주 큰 병 하나를 더한다면 독일인은 세상에서 가장 행복한 사람이 됩니다.

브라이언: 저도 어릴 때 독일에 살았는데요. 제가 기억하기로는—그리고 성인 관광객으로서 제가 받은 인상에 따르면—독일은 미국에 비해 신체 활동을 훨씬 더 강조하는 것 같습니다. 예를 들어 걷기가 돌아다니는 수단으로 훨씬 더 흔하게 이용되는 것 같더군요. 프랑크푸르트 전역에 자전거 트랙도 있었던 것으로 기억합니다. 지금도 몇 개의 방패가 새겨진 낡은 폭스마치Volksmarch 지팡이를 가지고 있습니다.[104] 저의 평가가 정확하다고 생각하시는지요?

토마스: 네, 실제로 많은 스포츠 경기가 독일에서 진행됩니다. 피트니스 스튜디오도 우후죽순 생겨나고, 청년이든 노인이든 가리지 않고 점점 더 많은 사람이 건강하고 튼튼해 보이고 싶어 하죠.

내 몸을 챙기고 계속 움직이는 것은 정상입니다. 여기에는 산책도 포함되죠. 독일 격언에 이런 말이 있습니다. "쉬는 사람은 녹슬게 된다."(Wer rastet, der rostet. -옮긴이)

이 문제에서 유럽과 미국 사이에 다른 점이 있나요? 이에 관해서는 아는 것이 별로 없어서요. 오래전에 미국을 잠시 여행했던 기억이 있습니다. 처음에는 날씬한 뉴욕 사람들을 보고 놀랐는데, 뒤이어 중서부로 갔더니 사람들이 너무 뚱뚱해서 깜짝 놀랐습니다.[105] 솔직히 말하면 그때까지 그런 사람들은 한번도 본 적이 없었습니다. 어떻게 그럴 수가 있는지, 인간의 몸과 뼈가 저런 체형을 감당할 수 있는지 의문스러웠습니다.

슈퍼마켓도 놀랍더군요. 믿을 수 없을 만큼 매장이 크고 끝도 없어 보였습니다. 대량 포장된 음식들은 마을 전체를 먹여 살릴 수 있을 만큼 컸습니다.

또 하나 이상했던 점이 있습니다. 패스트푸드 식당은 사람들로 가득했는데, 중국 식당이나 이탈리아 식당에서는 자리를 찾는 데 아무 문제가 없었습니다. 제 눈에는 거꾸로 뒤집힌 세상 같더군요.

댈러스에서 햄버거를 먹었던 기억이 나네요. 그 햄버거는 독일에서 파는 것보다 세 배는 컸는데 내용물은 온통 지방뿐인 듯했습니다. 그런 괴상한 것을 먹으려니 기분이 정말 나빴습니다.

브라이언: 독일에서 볼 수 있는 미국인들은 어떤가요? 독일 현지 사람이나 타지에서 온 관광객보다 미국 관광객이 건강과 관련된 행동을 더 많이 하나요?

토마스: 죄송합니다만 그 점에 관해서는 제가 드릴 말씀이

별로 없네요. 물론 미국인은 뚱뚱하고 시끄럽다는 인식이 있죠. 하지만 제가 만난 미국인 중에는 아주 똑똑하고 개방적인 사람들도 많았습니다.

베를린이야말로 핵심 도시입니다. 어떤 날에는 온 세계가 이 도시에 와 있는 듯하다는 인상을 받죠. 이것이 제게는 큰 위안이 됩니다.

우리 인간은 함께 성장할 기회가 있습니다. 저는 이것이 참 아름답다고 생각합니다. 지금 제가 먹고 있는 것들을 보고 있으면 우리가 벌써 먼 길을 왔다는 기분이 듭니다.

뚱보 아빠, 건강해지기로 약속하다

지난번 책은 2018년의 마지막 석 달간을 덴버에서 지내며 집필했다. 당시 사라는 덴버에 있는 클리닉에서 단기 계약직으로 치료사 일을 했었고, 나는 몇 달간 순회 일정을 쉬고 있었다. 우리는 우리의 필요에 맞는 가구를 두루 갖춘 임대주택을 찾았다. 그해 콜로라도의 겨울 날씨는 유독 추웠던 터라 그 집에 있던 벽난로도 요긴하게 잘 썼다.

한 가지 큰 단점은 TV 채널이 몇 군데 없다는 것이었다. 사라는 밖에 나가 일을 하고, 나는 딸을 돌보며 책을 쓰는 상황이었고, 그때 알리사는 한 살 반 정도였다. 그러니까 집에 있는 아빠가 뭐라도 좀 쓰려면 TV 만화 채널을 찾아줘야 한다는 뜻이었다. 다행히 알리사의 주의를 끄는 채널이 하나 있었다. 하지만 그 채널에서 방영하는 프로그램 중 전에 들어본 것은 전혀 없었다. 그중 하나가 돼지 가족의 이야기를 담은 단순한 영국 만화 〈페파 피그Peppa Pig〉였다. 만화의 주요 등장인물은 페파Peppa라는 이름의 작은 돼지 소녀, 페파의 남동생 조지George, 페파의 엄마 아빠인 마미 피그와 대디 피그였다. 엄마 아빠 이름을 그렇게 짓다니 너무 창의력이 부족해서 놀랐다. 작가 중에 내가 있어야 했다. 만화 내용은 단순했고, 등장인물에 관한 세부 사항도 최대한 적게 묘사되었다. 엄마 아빠 돼지의 외모는 인물의 특징을 선명히 드러내는 기본적인 것만 담고 있었다. 마미 피그는 속눈썹이 있었고, 대디 피그는 얼굴에 털이 나 있고 안경을 썼으며 크고 둥근 배를 자랑했다.

각각의 에피소드는 더없이 평범하고 지루한 일상을 담는 듯했다. 팬케이크를 만든다든가, 감자에 관한 TV 프로그램을 본다든가, 오리에게 밥을 준다든가 하는 일들 말이다. 처음에는 저게 뭐가 재밌나 싶었다. 하지만 다시 생각해보면 나는 이 프로그램이 몇 년간 겨냥해온 연령대 밖에 있는 사람이었다. 여하튼 페파 피그는 충분히 좋은 프로그램이었고, 다루는 이야기도 따뜻하고 가족 중심적이었다. 무엇보다 중요한 것은 내 딸이 완전히 빠져들었다는 것이다. 석 달 동안 알리사는 그들의 팬으로 살았다.

이 소소한 프로그램이 이후 몇 년간 우리 삶에 얼마나 큰 영향을 끼칠지는 전혀 예상하지 못했다.

이제부터 그 뒷이야기를 들려주려고 한다. 사라의 덴버 계약이 끝났을 때, 나는 출판사에 원고를 넘기고 콜로라도를 떠나 다시 순회공연을 시작했다. 이때가 2019년이었다. 우리는 그해 여름에 꼭 잉글랜드에 가보자는 마음이 가득했다. 마지막 공연을 마치자마자 사라와 알리사와 나는 댈러스에서 비행기에 올랐다. 런던으로 가서 한 달간 유럽 도로를 누빌 생각이었다.

세관을 통과한 거의 직후, 〈페파 피그〉가 영국 프로그램임을 상기시키는 것들이 잇따라 우리 앞에 나타났다. 페파 인형을 잔뜩 쌓아둔 기념품 상점(집에서는 아직 잘 못 보던 것들이었다)[106], 간단히 그려 놓은 돼지 그림들(눈이 달린 분홍색 호루라기와 다를 바 없어 보이는 그림)이 사방에 있었다. 우리가 묵었던 호텔은 내 친구이자 런던에서 활동하는 코미디언 줄리어스 하우Julius Howe가 '약간 우울하다stabby'[107]고 표현한 지역에 위치해 있었다. 그런 곳에서도 〈페파 피그〉가 TV 채널 여기저기에 나와 우리 딸을 즐겁게 해주었다.

런던을 탐색하며 며칠을 보낸 뒤, 사라와 나는 두 시간 거리의 햄프셔에 〈페파 피그〉 테마공원이 있다는 것을 알게 되었다. 우리는 알리사에게 비밀로 한 채, 이튿날 호텔에서 체크아웃하고 차에 올라타 페파 피그 월드로 향했다. 애초에 잉글랜드에서 이런 식으로 시간을 보낼 거라고는 상상하지 않았다. 하지만 이 여행은 알리사의 여행이기도 하니 알리사만의 특별한 경험도 필요하다고 생각했다.

그날 아침 알리사의 마음에는 페파가 있었을 것이다. 차 타고 가는 동안 두 살배기의 높고 낭랑한 목소리로 "나는 페파 피그야!"라고 말하는 것을 들었기 때문이다. 알리사는 사라를 가리키며 "마미 피그!"라고 하더니, 나를 가리키고는 "그리고 아빠는 대디 피그!"라고 했다.

나는 사라에게 이렇게 농담했다. "알리사가 나더러 뚱뚱하다고 한 거야? 만화 그대로네!"

알리사는 물 만난 고기처럼 신이 났다. 심지어 살아 있는 페파 피그를 직접 만날 기회도 잡았다. 공원에서 나올 때는 알리사를 위해 기념품도 몇 개 샀다.

사실 페파 피그 월드는 이보다 더 큰 공원인 폴톤스 파크Paultons Park의 일부인 테마파크지만 분명 이곳이 주요 명소였다. 우리는 공원 전체를 어린아이들에게 맞게 꾸며 놓은 것을 보고 흐뭇했다. 잔디가 깔린 공간도 많았고 모든 것이 깨끗했다. 우리보다 준비성이 투철한 가족들은 도시락도 챙겨와 소풍 기분을 만끽하고 있었다. 이런 것을 허용해주는 테마파크는 이 제껏 보지 못한 것 같다.

페파 피그 쪽을 다 둘러본 후, 폴톤스 파크의 다른 곳들도 둘러보다가 정말 멋진 롤러코스터를 발견했는데 알리사가 그것을 타고 싶어 했다. 특히 알리사는 그 놀이기구를 나랑 같이 타고 싶다며 몹시 들떠 있었다. 나도 훌륭한 롤러코스터라면 마다하지 않았고, 사라도 기꺼이 기다리겠다며 근처 벤치를 찾았다. 알리사와 나란히 서서 기다리는데 줄이 그리 긴 것 같지는 않았다. 20분 정도 지나자 우리 차례가 되었다. 놀이기구에 올라타고 보니 대디 피그의 배가 너무 많이 나온 바람에 안전띠를 멜 수가 없었다.

나는 어떻게든 배를 집어넣으려고 용을 쓰면서 사방으로 뱃살을 분산해봤지만 소용이 없었다. 다른 사람들이 기다리는데 나 때문에 출발이 지연되어 조금 당황스러웠다. 결국 내가 내리겠다고 하자 우리 딸은 몹시 실망한 표정이었다. 알리사를 혼자 타게 할 수는 없다는 직원의 말에 알리사는 울음을 터뜨렸다. 바로 그때 근처에 앉아 있던 사라가 눈에 보이기에 얼른 와서 자리 좀 바꿔달라고 사정했다. 사라는 즉시 일어나 선을 넘어오더니 나와 얼른 자리를 바꿔서 알리사 옆에 탑승했다.

그나마 엄마 아빠 중 한 사람과는 놀이기구를 탈 수 있었다.

잉글랜드에 갔을 때 이미 체중 감량을 하고 있었지만, 여전히 뚱뚱하다는 것이 내 삶 곳곳에서 크나큰 영향을 끼치고 있었다. 전에도 놀이기구에 타지 못한 적은 있었다. 하지만 내 몸집이 내 딸과 무언가를 함께 즐기는 데 방해가 되고, 더 나아가 아이의 경험을 거의 가로막을 뻔한 적은 이번이 처음이었다. 살 빼는 일이 아무리 어렵더라도 이 길에서 이탈하지 말아야겠다고 다시 한 번 다짐한 순간이었다.

더 건강해지겠다고 딸에게 약속했을 때, 나는 비만이 건강에 미치는 영향을 염두에 두고 있었다. 하지만 몸이 뚱뚱해지면 많은 기회와 활동도 놓치게 된다. 더 건강해진다는 것은 아이가 자라는 동안 내가 함께 있어주는 것뿐만 아니라 내가 할 수 있는 일도 더 많아지고 아이와 공유할 거리도 많아진다는 것을 의미한다. 지금 다섯 살배기 아이의 생각에는 내가 날씬해지면 지금처럼 좋아 보이지는 않을 것 같은가 보다. 그래서인지 알리사는 나더러 살을 더 빼지 말라고 한다.

공원에서 나온 우리는 사우샘프턴에 있는 호텔에 짐을 풀고 근처 케밥 집으로 저녁을 먹으러 나갔다. 식당 밖에 놓인 샌드위치 보드 표지판에 이렇게 적혀 있었다. "뚱뚱한 사람들은 납치당하기 더 힘듭니다. 마음 놓고 드세요!"

이 모든 일에 적어도 하나는 장점이 있는 모양이다.

다음 날 우리는 자리에서 일어나 차를 타고 스톤헨지와 옥스퍼드에 방문한 뒤 영국 해협으로 가서 페리를 타고 다른 유럽 나라들로 향했다. 칼레부터 아미엥, 파리(페파 피그가 갔던 도시!), 리옹까지 프랑스를 두루 구경한 뒤, 쿠쉐벨에 살고 있는 몇몇 친구를 만나러 알프스로 들어갔다.[108] 그다음 스위스를 거쳐 독일 동부(프랑크푸르트에 처음으로 다시 가보기도 했다)까지 올라갔다가 네덜란드와 벨기에를 둘러본 뒤, 모든 일정을 마치고 다시 런던으로 돌아왔다.

알리사는 미국으로 돌아온 후 몇 달간 사람들이 이름을 물어볼 때마다 "페파"라고 대답했다.

내가 과체중이라는 사실을 알리사가 처음으로 이해했을 때 몇 살이었는지는 기억나지 않는다. 하지만 어느 날 함께 걷던 중, 알리사가 체중 문제가 있는 누군가를 가리키며 이렇게 말했던 기억은 난다. "아빠, 저것 좀 봐. 저 사람도 아빠 같은 사람이야." 알리사의 그 말이 무슨 뜻인지 이해하는 데 잠시 시간이 걸렸지만, 이렇게 알리사는 사람 체형이 다양하다는 것을 조금씩 이해하고 있었다. 알리사는 나를 사랑한다. 지금까지 내 체중을 문제 삼지도 않았고, 내 체중이 이제껏 우리 삶에 어떤 영향을 미치는지도 신경 쓰지 않았다. 알리사가 그런 것을 문제 삼을 일이 전혀 없기를 바란다.

체중 감량에
성공한 사람들을 만나다

이번 주에 몬트리올에서는 팬데믹 이후 처음으로 연례 '저스트 포 래프스 코미디 페스티벌Just for Laughs Comedy Festival'이 다시 열린다. 나는 어차피 올해 축제에 참가하지 못할 테니, 체중을 대폭 감량한 코미디언들에게 연락해보는 것이 흥미롭겠다는 생각이 들었다. 앞서 말했듯이 이 세상에 과체중인 코미디언들은 절대 부족하지 않다. 하지만 그들 중 많은 수가 자기 삶에 뭔가 긍정적인 변화를 만들어냈다. 한편 나는 체중이 약간 늘어난 상태로 몬트리올에 왔다. 그러니 다른 사람들과 체중 감량에 관해 이야기하고 그들 이야기를 듣는 것만으로도 큰 동기 부여가 될 듯하다.

23킬로그램을 감량한 마크 쉬프

뉴욕은 예나 지금이나 활발한 공연 예술의 장이며, 코미디 역시 일종의 예술이다(가끔 그렇지 않아 보일 때도 있지만). 뉴욕에서 자란 마크는 열두 살 때 스탠드업 공연을 마음에 품었고, 이를 알게 된 그의 부모님은 그를 데리고 로드니 데인저필드 Rodney Dangerfield를 보러 갔다. 그는 "저거예요. 제가 뭘 하면서 살아야 할지 알겠어요"라고 말하고는 그 뒤로 한 번도 뒤돌아보지 않았다. 마크는 기회가 닿는 모든 곳에서 공연을 시작했다. 80년대부터 코미디 클럽들이 하나둘 문을 열자 그는 하룻밤에 5회 공연을 뛰면서 헤드라인을 장식하기 시작했다. 그 클럽들은 워낙 새로운 형태였기에 이렇다 할 경쟁이 없었다. 코미디 업계에서는 환경의 중요성이 매우 큰 듯하다.

마크를 직접 만나본 적은 없지만, 다행히 겹치는 친구가 있어 그가 우리를 이어주었다. 마크 역시 자기 커리어에 관한 책[109]을 써본 적이 있는지라 기꺼이 인터뷰에 응해주었다.

브라이언: 코미디와 방송 계통에서 어마어마한 경력을 쌓으셨고, 제가 듣기로는 체중도 상당히 많이 감량하셨다죠?

마크: 23킬로그램이나 감량했죠! 그만큼 빼기까지 1년 걸렸고 10년째 유지하고 있습니다.

브라이언: 자랄 때 늘 몸무게가 많이 나갔나요?

마크: 아니오. 저는 추수감사절 풍선 같았습니다. 가끔 크게 부풀었다가 또 빠지곤 했죠.

위대한 양키스팀의 야구 선수였던 미키 맨틀Mickey Mantle을 만났을 때 찍은 제 사진을 얼마 전에 발견했습니다. 30여 년 전의 저는 빼빼 말라 있더군요, 그러다가도 어마어마하게 부풀어 오르곤 했습니다.

브라이언 당신과 같이 40킬로그램 넘게 감량하신 분 중 일부는 우리가 그렇게까지 대단하지는 않다고 생각하실 겁니다. 하지만 23킬로그램도 상당한 무게입니다. 그걸 뺀 상태를 유지한다는 건 정말 힘든 일입니다.

브라이언: 그렇죠. 정말 혹독하죠. 저는 45킬로그램을 감량했는데요. 이렇게까지 감량하는 내내 4~9킬로그램이 계속 출렁거렸을 겁니다. 아직 더 노력해야죠. 그러니까 당신도 한동안은 오르락내리락하셨는데 어느 순간 책임감을 느끼고 체중을 감량해서 유지해야겠다고 결심하신 거네요. 이렇게 삶을 바꿔야겠다는 마음이 든 계기가 있었나요?

마크: 저는 나쁜 습관을 서서히 포기하면서 나아진 경우입니다. 알코올 중독이라 오랫동안 술을 마셨는데요. 1984년 11월 18일에 음주를 딱 끊었습니다. 그게 첫걸음이었죠. 술을 끊은 거요. 저는 필름이 끊길 정도로 술을 먹던 사람입니다. 예를 들어 우리가 2주간 순회공연을 간다고 해보죠. 여행 중에 어느 클럽에 들어간다면, 저는 아마 당신을 동네에서나 다시 만날 겁니다. 당신과 함께 여행 갔던 것도 까맣게 잊어버리고 말이죠.

그랬던 음주를 끊었더니 몸이 좀 불기 시작하더군요. 중독 성향이 있는 사람은 하나를 끊으면 다른 무언가가 치고 들어오잖아요. 제가 그랬습니다.

저는 가끔만 운동하던 사람이었습니다. 어느 날, 지금보다 23킬로그램 더 쪄서 뚱뚱하던 몸으로 그 유명한 제리 사인필드와 함께 걷고 있었습니다. 한 노인이 보행기에 의지해 걸어가더군요. 그 순간을 절대로 잊지 못할 겁니다. 사인필드가 제게 이렇게 말했습니다. "저기 저 남자 보여? 네가 원치 않으면 절대 저렇게 될 일은 없을 거야."

바로 다음 날부터 운동을 시작하며 저를 다잡았습니다.

32년 전에 베지테리언이 되었지만 그렇다고 살이 빠지지는 않았습니다. 베지테리언으로 살면서도 피자와 감자튀김을 먹고 콜라를 마실 수 있으니까요. 결국 저는 비건이 되어 지금까지 유지하고 있습니다. 반드시 살을 빼서 날씬한 상태를 유지할 필요는 없습니다. 하지만 저는 그것이 더 건강한 대안이라고 생각합니다.

제가 실천하는 특별한 요령이 하나 있습니다. 저 혼자서는 절대로 해낼 수 없습니다. 저란 사람은 당최 통제가 안 되거든요. 그래서 다른 두 사람과 그룹을 만들었습니다. 이렇게 해서 날마다 서로 체크하는 거죠. 뉴욕에 있는 친구 버니에게 전화해서 이렇게 말합니다. "나 오늘 운동 다 했어." 우리는 일주일에 7일 운동하려고 열심히 노력합니다. 이렇게 해두면 6일은 지키게 되거든요. 버니에게 매일 전화하고, 다른 한 명에게도 전화해서 "나 운동 끝냈어"라고 말합니다. 그리고 더 이상 제가 먹지 않는 음식 목록을 공유하죠. "피자, 파스타, 빵, 얼린 요거트, 감자칩, 소스, 디저트, 튀긴 음식, 감초, 과식, 설탕, 대체 설탕, 팝콘, 기름" 이것이 오늘자 목록입니다. 이런 것들은 다시는 먹고 싶지 않습니다. 전부 저를 망치는 음식들이니까요. 감자칩은 한번 먹기 시작하면 멈출 수가 없잖아요. 도넛도 일단 입에 대면 멈추지를 못하죠. 탄산음료도 한번 마시기 시작하면 끊을 수가 없습니다. 팬케이크도 마찬가지고요. 이 모든 것은 눈앞에 있으면 도무지 멈출 수가 없습니다.

그래서 그들에게 목록을 공유합니다. 그다음이 어려운 부분인데요. 만약 자제력을 잃고 뭔가가 먹고 싶어질 때는 그 음식을 먹기 전에 그들에게 전화해야 합니다. 이것을 늘 훌륭히 지키지는 못합니다. 수천 번 미끄러지는 과정을 통해 위험한 상황에서 스스로 빠져나오는 법을 배웠습니다. 저 자신을 비난하거나 꾸짖지는 않습니다. 자책지도 않고요. 전반적으로는 90점대의 높은 타율을 유지하니까요. 대다수 사람보다는 훨씬 나은 거죠.

브라이언: 굉장하네요. 제가 자주 말하는 점들을 많이 짚어주셨는데요. 계속 노력하도록 자신을 다잡는 데 친구들에 대한 책임감이 정말 도움이 되었나요?

마크: 당연하죠! 함께 확인하는 사람 중에 코미디언 스티브 미틀맨Steve Mittleman도 있습니다. 날마다 서로 확인하고 도와주죠. 내 계획은 이렇다, 오늘은 이런저런 것을 할 예정이다, 그런 이야기를 합니다. 향후 30년간 피자를 끊겠다고는 말할 수 없지만, 오늘은 피자를 먹지 않겠다고 말할 수는 있습니다.

브라이언: 훌륭한 태도네요. 한 번에 한 걸음씩, 그렇죠?

마크: 맞습니다. 이것이 제가 술도 멀리하고 담배도 멀리하는 방법입니다. 바로 제가 더러운 것들을 피하는 방법이죠.

브라이언: 당신의 친구 제리 사인필드는 날씬하다고 잘 알려져 있죠. 당신이 체중 감량을 시작하는 데에 그가 도움이 되었다고 아는데요. 체중을 감량하는 내내 그가 도움을 주었나요?

마크: 네. 그는 제가 쓴 새 책의 서문도 써주었습니다. 제가 속한 그 소그룹에 관해서도 써보라고 제안했죠.

아시다시피 어떤 사람들은 천성이 날씬해서 아무것도 할 필요가 없습니다. 우리 모두 그런 사람들을 싫어하죠. 사인필드는 운동광입니다. 어마어마한 무게를 들면서 일주일에 6일, 7일 운동하죠. 식성도 꽤 좋습니다.

제 속에는 언제나 밖으로 뛰쳐나오고 싶어 안달이 난 작고 뚱뚱한 남자가 있습니다. 그는 지금도 팔팔하게 살아 있고, 가능한 한 모든 음식을 주문하려고 기다리고 있습니다.

이동생활에 관해 한 가지 말씀드릴 것이 있습니다. 저는 쉽지 않은 이동생활을 음식과 함께 훌륭히 숙달했습니다. 술이나 약물은 안 해도 되지만 음식은 꼭 먹어야 하잖아요. 저는 다년간 이동생활을 하면서 저만의 요리를 했습니다. 냄비와 프라이팬, 작은 오븐을 가지고 다니면서 룸에서 요리하곤 했죠. 룸에 미니바가 있으면 아래층에 전화해 이리저리 둘러댔습니다. 종교적인 이유가 있다고 말하면 용인해줄 수밖에 없거든요. 그러면 온갖 음식을 냉장고에 꽉꽉 채워 놓죠. 자연식품 매장에 가서 건강에 좋은 음식을 사 옵니다. 때로는 그냥 통조림 음식을 먹거나 통조림에 든 채소를 먹기도 하죠. 맛이 어떤지, 물리지는 않는지 하는 것들은 신경 쓰지 않습니다. 제게 필요한 건 몸에 좋은 바람직한 음식이니까요. 이를 위해 룸에 앉아 혼자 먹어야 한다면 그것도 개의치 않습니다.

브라이언: 금주 경험이 살을 **빼거나** 식생활을 다스리는 데

도움이 되던가요?

마크: 끊는다는 건 없습니다. 그저 훌륭한 야구선수처럼 1루를 지키려고 노력할 뿐이죠. 상대가 외야로 나가 이리저리 뛰어다니지 않도록 말입니다.

상대가 저보다 강합니다. 음식이 더 강해서 저를 짓밟고 올라서죠. 그래서 저는 한 번에 하루씩만 상대를 저지하려고 노력합니다. 제가 할 수 있는 건 그게 전부입니다. 제가 음식을 혼내줬다고 거짓으로 꾸밀 수는 없습니다. 금주는 제가 넘어서야 할 첫 상대였습니다. 하지만 많은 사람은 음주 문제가 없죠. 정말 중요한 건 이겁니다. 이 모든 중독은 육체적, 정신적, 영적 부분에 작용하는 3중의 질병이라는 것.

저는 17년간 치료를 받았습니다. 그렇게 했는데도 음주를 멀리하는 데 아무 소용이 없었습니다. 그저 어느 날 의식적으로 깨어나야 했던 거죠. 그걸로 충분했습니다. 수년간 치료사에게 온갖 이야기를 털어놓아도 아무 소용이 없었는데 말입니다.

제 안에는 일종의 공허함이 있습니다. 어떤 대상에 중독되는 많은 사람이 그렇듯이요. 그것은 도무지 채워지지 않는 끝 모를 구덩이입니다. 이를 극복하려면 뭔가 더 강한 것을 찾아야만 했어요. 제게는 영적인 것에 연결되는 것이 해답이 되었습니다. 지금은 명상을 합니다. 초월명상을 하고 있죠. 이것을 알려준 것도 사인필드입니다. 실제로 저를 위해 초월명상 수업료도 내줬습니다. 이 밖에 제가 하는 것은 운동과 신앙생활입니다. 이 세 가지가 제게 하루를 살아갈 힘을 줍니다.

구약성서를 보면 유대인들이 광야 생활을 할 때, 하느님이 하루에 한 번씩 하늘에서 만나를 내려주었다는 부분이 나옵니다. 3주일치를 한꺼번에 주지 않았죠. 대신 날마다 그들에게 일정량의 음식을 떨어뜨려준 겁니다. 저 역시 그런 방식으로 지냅니다. 그것만으로도 오늘 하루를 살아갈 충분한 힘을 얻죠. 내일 제가 상대할 일은…… 내일 제가 살아 있지 않을 수도 있잖아요. 누가 알겠습니까? 그러니 내일 일은 걱정할 필요가 없습니다.

브라이언: 저에게 계기가 되었던 순간은 딸의 탄생이 임박했을 때였습니다. 이것이 제게 경종을 울렸죠. 저는 다른 아빠들보다 나이가 많습니다. 첫 아이를 마흔다섯에 얻었으니까요. 그때 제 인생을 내다보니 십대가 된 아이 모습을 볼 때까지 못 살 수도 있겠다는 생각이 들더군요. 아이가 대학 가는 모습을 볼 수 있을지 의문입니다만 운이 좋다면 십대가 된 모습은 보게 될 겁니다.

그렇게 살을 빼니까 삶에 어떤 변화가 생기던가요?

마크: 전에는 무대 위에 올라가기가 부끄러웠습니다. 이렇게나 몸이 뚱뚱하고 셔츠는 삐져나와 있으니까요. 매번 잘 여미려고 애써봐도 다시 튀어나오곤 했습니다. 넥타이를 맬 때는

옷깃에 단추를 채울 수도 없었습니다. 어차피 계속 터져버리니까요. 땀도 많이 흘렸습니다.

지금은 날씬한 모습으로 무대에 올라갑니다. 2천 달러짜리 수제 정장도 몇 벌 마련했죠. 지금은 여지없는 억만장자처럼 보입니다. 믿을 수가 없을 정도죠. 머리도 단정하게 빗고 면도도 합니다. 이렇게 하니까 정말 이게 온전한 저의 상태라는 느낌이 듭니다.

수년간 몸이 아팠습니다. 고혈압에 콜레스테롤 수치도 높았죠. 열여덟 살에 고혈압 진단을 받았을 정도니까요. 일러도 너무 일렀죠. 뚱뚱하던 시절에는 제가 언제라도 갑자기 뇌졸중으로 쓰러져 급사하지 않을까 늘 두려웠습니다. 이렇게 살을 뺀 뒤로 더는 그런 걱정을 하지 않습니다. 죽음에 대한 집착에서 놓여난 거죠. 이건 정말 중요한 일입니다.

제가 한 일에 감사한 마음입니다. 제가 누리는 것들도 감사히 여기고요. 저 역시 늦깎이 아빠거든요. 아들 셋이 있습니다. 첫 아이를 마흔 살에 얻고 나서 자라나는 아이들과 놀아주지 못했습니다.

소파에 붙어 있다시피 하는 아빠는 되기 싫더군요. "공 차고 놀아! 아, 내가 일어나야 한다고? 그럼 하지 마!" 아시잖습니까. 브라이언 씨도 그랬던 것처럼요.

브라이언: 체중 감량이 당신의 코미디에도 영향을 끼쳤나

요?

마크: 저는 뚱뚱한 것을 소재로 삼는 농담은 절대로 하지 않았습니다. 달라진 것이 있다면 그저 무대 위에서 움직임이 더 좋아졌다는 겁니다. 외모도 더 보기 좋아졌죠. 여기저기 다니려면 몸 상태가 좋은 편이 낫습니다. 나이가 들수록 비행기를 탈 때 뭉그적거리게 되고, 허리가 아파서 짐을 들 수 없으니까요. 몸 상태가 안 좋은 사람에게 이동생활은 적합하지 않습니다.

다시 살찌고 싶은 마음은 전혀 없습니다. 어떤 끝이 기다리는지 잘 아니까요. 절대로 좋은 그림은 아닐 겁니다.

가족들이 저를 일일이 돌봐줘야 하는 상황을 만드느니 차라리 죽고 싶습니다. 언젠가는 무슨 일이 벌어지겠죠. 제가 자신을 돌보는 데 최선을 다한다면 그럴 일이 없겠지만, 평생 끔찍하게도 말을 듣지 않는 그런 남자로 가족들 곁에 살았다면, 가족들이 의자에 앉은 제게 기저귀를 채워야겠죠…… 제 잘못으로 그렇게 된다면 최선을 다해 자신을 돌봤을 때보다 훨씬 기분이 나쁠 겁니다. 그런 나쁜 일은 없어야겠지만요. 무슨 뜻인지 아시겠죠?

브라이언: 버스에 치이는 것과 뷔페에 치이는 것 사이에는 차이가 있는 법이죠.

마크: 아주 적절한 표현입니다.

저는 이렇게 건강한 몸을 선물로 받았습니다. 운이 좋았던 거죠. 태어날 때 그런 선물을 받지 않는 사람도 많으니까요. 이 몸을 반납해야 할 때가 오면 최상의 상태로 반납하고 싶습니다. 저보다 높은 권능을 가지신 인도자께 감사드리면서 이렇게 말하고 싶습니다. "보십시오. 당신께서 제게 주신 이 사원을 가지고 최선을 다했습니다."

브라이언: 훌륭하시네요. 마크. 당신께 정말 감사하다는 말씀을 드리고 싶습니다. 끝으로 독자들과 나누고 싶은 말씀이 있나요?

마크: 한 번에 하루씩만 집중하세요. 그러면 이루지 못할 일이 하나도 없습니다. 경험자로서 드리는 말씀입니다. 저는 매우 많은 끔찍한 것들을 하루 24시간이라는 기간에 집중하면서 끊어냈습니다. 지금 한참 고군분투하고 계시는 분이 있다면, 변화를 이루기 위해 내일까지 기다릴 필요가 없습니다. 바로 이 순간 여러분의 날을 시작하시면 됩니다. 이것이 제가 배운 원리입니다. 많은 사람이 이렇게들 말하죠. "내일 시작할 거야." 아니요. 지금 이 순간 시작하십시오. 그것이 제가 드릴 수 있는 유일한 조언입니다.

23킬로그램을 감량하고
37년간 유지한 스티브 미틀맨

배우 스티브 마틴Steve Martin이 출연한 영화 〈록산느Roxanne〉가 개봉했을 때 나는 아직 고등학생이었다. 〈록산느〉는 재미있고 훈훈한 영화이자 기억에 남는 영화였다. 그즈음 나는 부모님의 허락 아래 언제든 온갖 심야 TV 프로그램을 보기 시작했다. 그리고 〈록산느〉에 출연했던 몇몇 조연 배우가 〈더 투나잇 쇼 스타링 자니 카슨Tonight Show Starring Johnny Carson〉 〈언 이브닝 엣 디 임프로브〉 등의 프로그램에서 선보이는 스탠드업 코미디를 눈여겨보기 시작했다. 그때까지 스티브 미틀맨의 이름은 몰랐지만 그가 그런 무대에 나오면 약간의 흥분을 느끼곤 했다.

공교롭게도 스티브 미틀맨 역시 몬트리올 출신이다. 내가 몬트리올 출신은 아니지만 지금 여기서 책을 쓰고 있으니⋯⋯ 아, 아무렴 어떤가. 내 말의 의도를 여러분은 알리라 믿는다. 어쨌든 그와의 인터뷰로 들어가보자.

브라이언: 저는 지금 책을 쓰면서 다른 사람들에게서 영감을 얻으려고 하는 중입니다. 체중 감량에 성공한 코미디언들과 이야기 나누려는 것도 이 때문이죠.

스티브: 제 생각에 코미디언들은 철학자 기질이 좀 있는 것

같습니다. 코미디언은 온갖 것을 궁리하는 사람이라고 생각하거든요. 이런 점에서 체중 감량은 좋은 소재죠.

브라이언: 체중을 얼마나 감량하셨죠?

스티브: 18~23킬로그램 정도라고 할 수 있겠네요. 가장 뚱뚱할 때는 체중을 재지 않았지만 아마 100킬로그램에서 104킬로그램 사이였을 겁니다. 지금은 꾸준히 82킬로그램 정도 나갑니다.

브라이언: 체중을 감량하도록 이끈 것은 무엇이었나요?

스티브: 건강, 마음의 평화, 장수, 더 나은 삶…….

브라이언: 그렇게까지 감량하는 데 얼마나 걸리셨나요?

스티브: 글쎄요. 험난한 길이었습니다. 코로나19가 터졌을 때 80킬로그램대 후반이었습니다. 외식을 끊자 식당 음식에 들어가는 설탕, 기름, 소금을 먹지 않게 되면서 자연히 살이 빠진 거죠. 집에는 설탕, 기름, 소금이 없거든요. 지난 37년간 100킬로그램 가까이 간 적은 손에 꼽습니다.

브라이언: 그때는 어떻게 살을 빼셨나요? 꽤 오래전이라고 알고 있는데요.

스티브: 주로 과일과 채소 섭취량을 늘리고 가공음식은 줄였습니다. 이건 기본적인 상식이잖아요. 아시다시피 상식은 변하는 법이 없죠. 모든 사람에게 해당하는 이야기를 하는 겁니다. 내가 먹는 것과 먹지 않는 것이 곧 나를 말하죠. 어떻게 살을

뺐냐고요? '내게 가장 좋은 것'은 더 먹고, '내게 가장 나쁜 것' 은 덜 먹었습니다.

브라이언: 상식에 관한 부분을 말씀해주셔서 반갑네요. 저는 일찍부터 사람들이 살 빼는 방법을 다 알고 있다고 말해왔거든 요. 덜 먹고 더 운동해야 한다는 사실 말이죠. 그건 우리가 다 알고 있잖아요.

체중 감량을 통해 삶이 어떻게 나아졌나요?

스티브: 자유가 생겼습니다. 저의 아버지는 뇌졸중은 물론 이고 심장 발작도 네 번이나 겪으셨습니다. 네 번째 심장 발작 을 겪으시곤 돌아가셨죠. 어머니는 유방암을 앓으셨는데 그게 뼈암으로 변해서 결국 돌아가셨습니다. 저 자신을 잘 돌볼수록 음식 매개 질병을 걱정할 일이 줄어듭니다. 비만은 음식 때문 에 생기는 질병이니까요.

마음의 평화도 얻었습니다. 저기 저 의자 보이시죠? 저기 앉 아 명상을 합니다. 배에 살이 찌면 허리에 원숭이를 한 마리 안 고 있는 느낌입니다. 오, 이 문장은 적어놔야겠네요.

브라이언: 제 책에도 꼭 싣겠습니다.

스티브: 좋습니다. 제가 한 말이라고 꼭 적어주세요.

브라이언: 최근 코로나19로 인해 외식 기회가 제한되면서 살이 빠졌다고 말씀하셨습니다. 모든 코미디언에게 공통으로 묻는 것인데요. 이동생활을 할 때는 어떤 방법으로 건강한 생

활습관을 유지하시나요?

스티브(로드니 데인저필드를 흉내 내며): 이봐, 그건 쉽지가 않아, 조니.

운동을 하죠. 코미디 클럽 공연이 잡히는 거의 모든 도시에서요. 비록 하룻밤만 공연한다 해도 호텔 체육관을 이용했습니다. 이것이 제게 도움이 되었고 중심을 딱 잡게 해주었습니다. 하지만 이것이 실제로 체중 감량으로 이어진 요소는 아니라고 봅니다. 오히려 운동은 '나는 나를 사랑해. 나는 지금 애정을 가지고 이걸 하는 거야. 먹을 때도 애정을 담아 선택을 내릴 거야'라는 태도를 지니게 해주는 관문이라고 생각합니다.

식생활과 관련해 젊은 세대인 여러분에게 조금이나마 일러줄 말이 있습니다. 바로 음식이 전체의 99퍼센트를 차지한다는 겁니다. 내 입에 들어가는 것이 곧 나 자신입니다. 우리가 올림픽 선수는 아니잖아요. 제 이 말은 자기 일에 관한 여러분의 현재 신념에 어긋날 수도 있습니다. 저는 그저 제가 하는 일에 관한 저의 신념을 알려드리는 것뿐입니다. 하지만 음식이 전체의 99퍼센트를 차지한다는 말은 진실입니다. 운동은 케이크 위에 덧뿌리는 설탕가루처럼 극히 작은 부분입니다.

브라이언: 음— 케이크.

스티브: 이동생활 중에는 어떻게 하느냐고요? 자연식품 매장에서 수십 가지를 사다가 먹고 샐러드도 먹었습니다. 이동생

활 중에는 대체로 더 건강한 음식으로 챙겨 먹으려고 노력합니다. 안타깝게도 행사 날이어서 뷔페가 마련되면 최고의 음식만을 신중하게 골라야 합니다. 몸에 해로운 음식들이 널렸을 때는 그러기가 쉽지 않습니다.

집에 있으면 적절한 환경이 갖춰져 있어서 훨씬 수월하죠. 비행기를 탈 때는 딸기나 샐러드와 같은 것들을 많이 챙겨 갑니다. 집 밖에 나와 있을 때는 집에서 먹던 것과 최대한 비슷한 음식을 찾는 것이 최선입니다. 그렇게 하는 게 맞습니다.

저는 팜 스프링스 근처에 사는데요. 최근에 사흘간 LA에 있었습니다. 몇 끼를 밖에서 먹는 동안 최대한 주의를 기울였지만, 집에서 먹는 것을 많이 싸 가기도 했습니다. 제 여자친구와 저는 먹는 것이 같아서 현미, 조리한 케일, 잘게 썬 샐러드를 가져갔습니다.

성공은 실마리를 남기죠. '상식', '성공은 실마리를 남긴다'와 같은 이런 상투적인 문구에는 진실이 담겨 있습니다. 전에 효과가 있었던 것을 그대로 반복하세요.

저는 채소, 과일, 유기농 식품의 섭취량을 높이고 몸에 해로운 것들을 줄였더니 성공을 거두게 되었습니다. 이렇게 직접 실천해보고 성공했던 사례를 관찰하며 교훈을 얻는 겁니다. 그리고 이렇게 말하는 거죠. "효과가 있는 방법을 반복하겠어."

식이요법이나 식단에 관해 사람들은 늘 이렇게 말합니다.

"아, 그거 끊었었는데 다시 손댔어." 이것이 중독의 교훈이죠. 기름지거나 달거나 짭짤한 음식을 먹을 때 도파민이 솟구친 적이 있다면 이런 마음의 외침이 들릴 겁니다. "그때로 다시 돌아가고 싶어."

팬데믹 이후로 23킬로그램을 감량한 AC 발리안테

이번 여름에 몬트리올에서 AC 발리안테를 만났다. 그는 여러 해 동안 퀘벡에서 코미디 공연을 해왔으며, 그곳에서 자기만의 주간 프로그램도 운영하고 있다. 곧 맥길대학교에서 박사학위 과정에 들어갈 테니 박사학위를 소지한 또 한 명의 코미디언이 될 것이다. 나와 만날 당시에도 여전히 체중 감량을 위해 노력하고 있었지만, 이미 23킬로그램을 감량해 벌써 1년 넘게 이를 유지하던 중이었다.

브라이언: 어떻게 체중을 감량하셨나요?

AC: 상투적으로 들릴 수도 있지만, 결국 관건은 들여보내는 칼로리와 내보내는 칼로리입니다. 너무 많이 먹지 않는 것이 정말 중요합니다. 결국 거기까지 가더군요. 열역학 법칙을 존중하는 것 말입니다. 웨이트 트레이닝도 합니다. 간단한 웨이트 운동으로 이두근, 삼두근, 등, 어깨 및 다리 운동, 벤치 프레스 같은 것들을 하죠. 유산소 운동에 집중하지는 않습니다. 제 취향은 정말 아니더라고요.

체중 문제로 힘들어한 지는 꽤 됐습니다. 팬데믹이 시작할 무렵부터 삶을 바꿔야겠다고 마음먹었죠. 한동안 집에 갇혀 지내다 보니 제 삶과 선택에 관해 생각하게 되었고, 뭔가 행동에 나서야겠다는 결심이 섰습니다. 2020년 3월쯤 제 인생 최고 몸무게인 143킬로그램 정도까지 나갔거든요.

바로 그 무렵에 어머니께서 암 진단을 받으셨습니다. 이를 계기로 건강과 관련해 제가 내리던 모든 결정을 진지하게 들여다보기 시작했습니다. 저의 어머니도 그때까지 사시면서 몸에 나쁜 선택들을 내리셨었죠. 오랫동안 당뇨 때문에 드시던 약이 신장에 무리가 되어 신장 기능이 마비되었습니다. 이에 대응해 복용하시던 약이 암 발병으로 이어졌을 수도 있고 아닐 수도 있습니다. 어머니와 같은 길을 가고 싶지는 않다는 깨달음이 들었습니다. 아무것도 안 하는 것보다 늦게라도 하는 것이 낫다고 판단한 거죠.

브라이언: 체중 감량이 삶에 어떤 영향을 끼쳤나요?

AC: 피부가 좋아지기 시작했고요. 전처럼 일어날 때 피곤하지 않았습니다. 전보다 훨씬 에너지도 넘쳤고요. 일상생활을 하면서 기분이 더 좋아지기 시작했습니다. 옷이 더 잘 맞기 시작하니까 참 좋더군요. 사실 저는 옷 사러 가는 걸 언제나 싫어했고, 옷이 안 맞아 바꾸러 가는 것도 항상 싫어했거든요. 그런데 제 옷들을 가지고 반대 상황이 펼쳐지니까 정말 기분이 꽤 좋더군요. 지금은 5년 전에 입던 것보다 치수가 작아져서 참 좋습니다.

술 끊고 14킬로그램을 감량한 조넬 라로슈

조넬은 원래 북부 온타리오의 소도시 출신이지만 그녀를 만난 건 이곳 몬트리올에서였다. 프리랜서 저술가이자 코미디언 지망생인 그녀의 이야기를 들어보았다.

브라이언: 어떻게 체중을 감량하셨나요?

조넬: 제 체중 감량의 여정은 2020년 1월에 시작되었습니다. 그때 술을 끊었죠. 그러자 곧장 살이 빠지더군요. 지난 2년간 평일에는 달리기도 하고, 체육관에서 열심히 땀 흘리고, 건강식 위주로 먹으면서 살을 빼려고 노력했어요. 문제는 주말만 되면 금요일부터 일요일까지 마셨다는 거예요. 영양가 없이 열

량만 높은 식품으로 수천 칼로리를 섭취하고 있다는 것도 까맣게 모른 채 말이죠. 체중계에서 내려올 때마다 이 방식에 뭔가 문제가 있는 게 틀림없다는 생각이 들었어요.

브라이언: 무엇이 변화의 계기가 되었나요?

조넬: 저는 감정의 롤러코스터를 타고 있었어요. 해결되지 않은 정신건강 문제들이 수면 아래 도사리고 있었던 거죠. 저는 강박장애와 사회 불안증이라는 진단을 받았어요. 사람들과 뭔가를 하려고 계획할 때마다 확 술이 당기곤 했어요. 불안을 가라앉히고 싶어서요.

브라이언: 지금 이것도 일종의 사회 활동인데요. 이 인터뷰 전에도 술을 드셨나요?

조넬: 아니오, 마시지 않았어요. 그동안 술을 끊었거든요. 2020년 1월에 금주한 이후로 지금까지 (술자리를) 끊었어요.

브라이언: 늘 손을 뻗었던 그것…… 이 없어진 지금은 어떻게 불안에 대처하나요?

조넬: 저의 버팀목이요? 운동, 명상, 재미있는 책 읽기요. 코미디도 그중 하나겠네요. 코미디가 저의 새로운 중독 대상인 것 같아요. 글을 쓰는 것 말이지요. 마음의 안정을 찾으려면 뭔가를 창작하고 있어야 해요. 사교 활동이 있을 때마다 겨드랑이를 여러 번 씻는 버릇도 생겼어요. 새로운 대처 기제인 셈이죠. 저는 만사에 느린 사람이지만 술에 취하는 것보다는 그게

낫다고 봐요.

브라이언: 그렇게 했더니 어떤 효과가 있던가요?

조넬: 감량한 상태를 잘 유지해왔으니 이제 올바르게 행동해야겠죠. 쉽지는 않아요. 어떤 날은 그냥 아무거나 입안에 넣고 싶어요. 좀 더 구체적으로 말하자면, 카베르네 소비뇽 와인 한 병에다가 녹인 치즈를 두툼하게 얹은 탄수화물 안주도 한 쪽 곁들여 먹었으면 좋겠어요. 살을 빼는 것도 어렵지만 뺀 상태를 유지하는 것도 만만치 않게 어려워요.

브라이언: 체중을 감량한 뒤로 삶이 어떻게 나아졌나요?

조넬: 자신감이 훨씬 커졌어요. 저는 한 번도 과체중이었던 적이 없었던 터라 살이 찌니까 불안감이 들더라고요. 저에겐 생소한 일이었고, 제가 아닌 것 같았어요.

자신이 더 낫게 느껴지기 시작하면서 그 덕분에 한 걸음 앞으로 내디디고 성장할 수 있어요. 그렇게 시도한 것이 작문 수업에 들어간 거였어요. 전에는 한 번도 용기 내보지 못했던 일이었어요. 또, 치료받으러 간 자리에서 저만의 자기 파괴적인 생각과 행동을 낱낱이 이해하게 되었죠. 행복해지려면 무엇이 필요한지 알게 됐어요. 지금은 한 사람으로서 제가 서 있길 원하는 곳에 조금 더 가까워졌어요. 사람들, 즉 코미디언처럼 저와 마음이 맞는 사람들과도 만나고 있죠. 저는 코미디언, 창작자들과 더 잘 어울리려고 해요. 이 모든 것이 제가 정신적으로

나 육체적으로 건강한 상태를 유지하는 데 중요한 요소예요.

클리닉의 도움으로
39킬로그램을 감량한 트레빈 베르두스코

트레빈 베르두스코를 콜로라도에서 공식적으로 만난 기억은 없다. 두랑고에서 지난번 책을 집필하는 동안 즉석 공연 무대에 오가면서 그를 마주치기 시작했다. 악수한 적도 없고 공식적으로 소개받은 적도 없지만 우리는 스며들 듯 아는 사이가 되었다. 그가 그렇게 몸집이 크다고 생각한 적은 없지만 눈에 띌 만큼 체구가 크긴 했다. 2년 후에 두랑고에 다시 가보니 그는 몰라보게 날씬해져 있었다. 외모도 훨씬 멋있어지고 훨씬 행복해 보였다.

브라이언: 처음 코미디를 시작했을 때 과체중이었나요?

트레빈: 그랬죠. 저는 삶의 대부분을 과체중으로 살았습니다. 대학 때는 체중을 감량하던 주변 분위기에 휩쓸려 어느 정도 체중을 관리할 수 있었습니다. 하지만 나이가 들면서 20대 초반에 접어드는 대다수 남자처럼 정신건강 문제가 표면에 나타났죠. 저의 문제는 우울증이었습니다. 여기에다 일정도 너무

빡빡했고, 컴퓨터 과학까지 공부하려 했으니 말이에요. 결국 지독한 악순환이 일어나더군요. 기분이 몹시 나빠질 때면 기분을 좀 띄워보려고 마구잡이로 먹었고, 그리고 나면 기분이 더 나빠지는 겁니다. ······ 그러면 더 많이 먹는 식이었죠.

브라이언: 그런데 어떻게 살을 빼신 건가요?

트레빈: 제가 사는 지역에 있던 체중 감량 클리닉의 도움을 받아 시작했습니다. 그분들은 지금껏 몰랐던 갖가지 사실을 깨닫고, 제가 음식과 맺은 관계를 재평가하는 데 큰 도움을 주었습니다. 체중을 떨어뜨리는 데 크게 이바지했다고 할 만한 주요 사항 세 가지가 있습니다. 우선, 탄수화물 그리고 몇몇 채소를 포함한 고당분 식품을 완전히 끊었습니다. 두 번째로 음식 일지를 썼습니다. 덕분에 제가 언제 무엇을 얼마나 먹고 있는지 추적하고, 디지털 기기가 아니라 손 글씨로 일지를 남길 수 있었습니다. 제가 먹은 것을 손으로 썼더니 한눈에 이해가 되어 모든 것을 추적하는 데 유익하더군요. 세 번째로 활동량을 늘렸습니다. 당시 저는 우울증이 매우 심한 상태였습니다. 한 달 반 동안 일자리를 구하지 못하고 있었거든요. 이에 곧바로 다시 팔을 걷어붙이고 식당 서빙 일부터 뛰어들었습니다. 어느 순간 제가 세 가지 일이나 하고 있더라고요. 일주일에 최소 30시간은 서서 일했습니다. 걸어 다니면서 무거운 상자를 나르는 등의 일을 했죠.

브라이언: 몇몇 채소도 끊으셨다고 말씀하셨는데요. 식이요법에 도움이 되지 않은 채소는 어떤 것들이었나요?

트레빈: 중요한 것은, 당분 함량이 아주 높은 채소들이 있다는 겁니다. 그중 하나가 피망이었습니다. 파프리카도 그렇죠. 당근도 당 함량이 정말 높습니다. 그래서 맛있는 거죠. 제가 무척이나 좋아하는 당근이 실은 사탕이나 다름없습니다. 그 안에 당이 어마어마하게 들었거든요. 이런 것들은 체중을 감량하는 시기에 전혀 도움이 되지 않습니다.

브라이언: 살을 그렇게 많이 뺐더니 삶이 어떻게 달라지던가요?

트레빈: 식이요법이 사람의 호르몬 균형에 실제로 어떤 영향을 끼치고, 이것이 정신건강과 스트레스 관리 능력에는 어떤 영향을 끼치는지에 주목하지 않는 사람이 많은 것 같습니다. 제 인생 최대 몸무게였을 때 저는 탄수화물과 고당분 음식을 많이 먹었습니다. 정서적으로는 완전히 망가져 있었죠. 지극히 사소한 일만 일어나도 혼란의 도가니 속으로 빠져들곤 했으니까요. 그럴 때는 크게 당황했습니다. 스트레스 관리를 썩 잘하지 못한 거죠. 이 시간이 지나고 체중 감량의 여정에 올라 한두 달쯤 흘렀을 때, 그런 것들이 전처럼 제게 영향을 주지 않는다는 것을 깨닫게 되었습니다. 머릿속을 훨씬 냉철하게 유지할 수 있었죠. 그리고 일상에서 부딪히는 고된 일들을 훨씬 더

효율적으로 헤쳐 나갈 수 있었습니다. 전보다 더 훌륭하게 계획을 세우고 전략을 짤 수 있었습니다. 이것이 바로 체중 감량과 관련해서 제가 별로 들어보지 못한 자잘한 점 중 하나였습니다. 물론 더 명확한 사실들도 있죠. 더 많은 관심을 받으면서 자신감이 높아진다든가, 늘 입어보고 싶었던 옷을 입을 수 있게 된다든가 하는 것들 말이죠. 하지만 이런 것들은 삶을 개선하고 바꾸는 데 도움이 되는 외적인 것들입니다. 이보다 더 흥미롭고 제가 더 많이 끌어낼 수 있던 부분은 내적인 것들이었습니다.

중요한 것은 스트레스를 더 잘 다스리고 새로운 대처 기제를 개발할 수 있게 된다는 겁니다. 이런 대처 기제들은 음식에서 위로를 찾던 제 오래된 기본값으로 돌아가지 않고도 스트레스에 대처하는 훨씬 건강한 방법입니다.

브라이언: 정말 훌륭하네요. 어떤 종류의 대처 기제들을 활용하고 계시나요?

트레빈: 일상생활 속에서 순간순간 마음챙김을 실천할 방법을 찾으려고 노력했던 것이 중요했습니다. 당신처럼 저도 매우 바쁘게 지내거든요. 일주일에 네 가지 일을 하고 있으니까요. 전부 시간제 일들이지만, 그렇다고 그림 그리기나 모형 만들기에 심취할 만큼 넉넉한 자유 시간이 생기지는 않습니다. 그저 하루를 보내면서 스트레스를 푸는 데 유익한 소소한 것들을

최대한 찾아내려 합니다. 이를테면 교대 업무 사이사이에 잠시 짬을 내어 맛있는 커피를 즐기며 앉아 있다거나, 책을 좀 읽는다거나, 제 코미디 작업 노트에 습작을 한다거나 하는 거죠. 심지어 서빙 일로 힘든 저녁을 보낼 때는 초콜릿바를 찾는 대신, 뒷문으로 나가 쓰레기통을 발로 한 대 갈기면서 "젠장!" 하고 크게 소리를 질러 버립니다. 이런 방식으로 대처하고 있습니다.

브라이언: 쓰레기통을 한번 힘껏 쳐주는 것이 초콜릿바를 먹는 것만큼 만족스러울 거라고는 전혀 짐작하지 못했네요.

트레빈: 오, 절 믿어보세요. 훨씬 만족스럽습니다.

간헐적 단식으로 45킬로그램을 감량한 마크 에반스

마크 에반스를 처음 만난 것은 플로리다의 코코아 비치에 있는 코미디 클럽에서였다. 몇 년째 강연 일을 해오던 나는 그날 근처 호텔에서 세미나를 진행했다. 클럽 매니저를 찾아가서 당일 게스트 공연을 해도 되냐고 물어보았다. 매니저는 그날 주 공연자인 마크에게 물어보라고 했다. 이에 그를 찾아가 나를 소개했다. 마크는 그날 저녁 공연에서 내게 한 순서를 마련해 줄 정도로 너그러운 사람이었다. 덕분에 이듬해에는 그곳에서 정식 출연자로 공연하게 되었고, 그다음에는 주요 공연자 자리까지 얻게 되었다. 당시 마크는 약 20년간 코미디언으로 일한 상태였다.

각자 순회공연을 하는 동안 자주 마주치지는 못했어도 우리는 꾸준히 연락을 주고받았다. 소셜미디어 덕분에 그와 그의 아내가 놀랄 만한 체중 감량을 해냈다는 사실을 알게 되었다.

브라이언: 뚱뚱한 몸에 관한 당신의 이야기를 간단히 들려주실 수 있을까요?

마크: 저는 운동선수로 자랐습니다. 처음 문제가 생긴 건 스무 살 때였을 겁니다. 아직 준프로급 축구선수로 활동하던 때였는데요. 맥주를 마실 수 있는 나이가 된 거죠. 네, 그게 문제였습니다. 지나치게 많이 먹은 적은 한 번도 없었습니다. 제대로 먹지 않았을 뿐이죠. 축구할 때는 맥도날드에 가서 먹어도 전혀 상관이 없었습니다. 어차피 운동하면 다 빠져나갈 테니까요. 하지만 뛰는 경기가 줄고 나이가 드는데도 같은 식습관을 그대로 유지한 겁니다. 나가떨어질 정도로 과음하시는 않았으나 맥주는 도움이 되지 않았습니다. 그렇게 몸무게가 서서히 올라가더군요. 10년, 15년, 20년이 지나고 보니, '이게 다 어디서 생긴 거야?'가 된 거죠. 무슨 말인지 이해하시죠? 어느 날 갑자기 불거진 문제가 아니었습니다. 자랄 때는 날씬했는데 활

동을 그만두고 식습관을 조절하지 않은 것이 실수였죠.

브라이언: 이동 중일 때는 먹는 것을 어떻게 관리하시나요? 순회공연이 체중 증가의 원인이었다고 생각하시나요?

마크: 오, 당연하죠. 이동 중일 때는 제대로 챙겨 먹기가 정말 힘들잖아요. 패스트푸드를 피한다는 게 거의 불가능하죠. 하루 동안 공연 앞뒤로 여섯 시간, 일곱 시간, 여덟 시간을 이동하다 보면 몸에 좋은 음식을 찾아다닐 시간이 없습니다.

브라이언: 그러면 어떻게 이렇게까지 체중을 감량할 수 있었나요?

마크: 아내가 먼저 간헐적 단식을 시작했고 2주 뒤에 저도 동참했습니다. 뭐, 달리 뾰족한 수가 없더라고요. 영화 〈펄프 픽션〉에서 배우 새뮤얼 잭슨이 했던 대사를 기억하시나요? 이렇게 말하죠. "내 여자친구가 채식주의자야. 뭐 나도 그렇게 됐다는 뜻이지." 저도 그랬습니다. 막상 해보니 제가 시도한 방법 중에서 가장 쉽더라고요. 하루 중 딱 네 시간, 대개 오후 네 시에서 여덟 시까지만 식사를 하는 겁니다. 간헐적 단식의 묘미는 원하는 대로 아무거나 먹어도 효과를 거둔다는 점이었습니다. 그 네 시간 이외의 시간에도 블랙커피, 물, 무가당 차는 마실 수 있었습니다. 이동 중일 때는 맥도날드에 잠시 내려서 1달러짜리 무가당 차를 마시고, 네 시간 창이 열릴 때까지 아무것도 먹지 않았습니다.

이것이 수월했던 건 그 생활에 적응하는 데 그리 오래 걸리지 않았기 때문이었습니다. 어차피 그전에도 하루에 한 끼 이상 먹은 적은 드물었거든요. 따라서 이 부분은 조정하기가 어렵지 않았습니다. 원하는 대로 아무거나 먹어도 체중이 빠진다는 것을 알게 되면, 한 시가 되었을 때도 '좋아. 네 시가 되면 나만의 창이 열릴 테지. 하지만 꼭 피자를 먹을 거야'라고 생각할 수 있었습니다. 목표가 생기자 기다릴 가치가 있더군요. 세 시간을 기다려야 하는데 케토 음식 같은 것을 먹어야 했다면 마땅한 자극이 되지 않을 테니까요.

브라이언: 45킬로그램을 빼기까지 얼마나 걸렸나요?

마크: 9개월 걸렸습니다. 금세 지나가던데요. 간헐적 단식에 관해서라면 밤새워 말할 수도 있습니다. 이걸 굶는 다이어트라고 생각하는 사람이 많지만 제 생각은 다릅니다. 아침식사를 브렉퍼스트breakfast라고 부르는 것은 간밤의 금식fast를 마침내 끊기break 때문이잖아요. 저는 그 단식을 좀 더 길게 하는 것뿐입니다. 물론 뺄 살이 많으면 더 빨리 빠지죠. 군더더기가 어지간히 빠진 다음부터는 시간이 조금 더 걸립니다. 하지만 다이어트는 그런 법이니까요.

브라이언: 몸이 뚱뚱할 때는 그 점이 좋죠. 한 끼만 건너뛰어도 살이 빠지니까요.

마크: 아까 말했듯이 어느 때는 치실만 해도 2킬로그램이 훅

빠질 정도였습니다.

브라이언: 맥주를 마시던 것은 어떻게 되었나요?

마크: 술을 마신다고 말은 하지만 사실상 더는 술을 거의 마시지 않습니다. 공연을 하러 가서 한잔해야겠다고 생각이라도 하는 유일한 때가 있어요. 공연이 호텔 안에 있는 클럽에서 열리는데, 공연 후에 제가 머무는 룸으로 올라가는 것 말고 딱히 할 일이 없을 때는 한잔할 수도 있죠. 하지만 이 나이쯤 되자 이튿날 아침에 기분 좋게 일어나고 싶은 마음이 더 커지더라고요. 젊은 코미디언들은 제가 밖에 나가서 파티를 즐기길 바라죠. 그럼 저는 이렇게 말합니다. "아니야. 누군가는 너희를 감옥에서 빼내야지." 하지만 당신도 아시다시피 지금 우리가 있는 곳은 플로리다잖아요. 수영장 주변에 앉아서 맥주 한두 병마시는 것도 재미있습니다. 이때의 묘미는 제가 두세 병만 마셔도 얼근히 취한다는 데 있죠.

브라이언: 저도 술을 끊었습니다. 사람들에게 안 마신다고말하지는 않지만 사실상 전혀 마시지 않습니다.

마크: 지금 제가 딱 그렇습니다.

충동적 행동을 극복하고
20킬로그램을 감량한 키어런 앳킨스

나는 수년째 페이스북에서 코미디 창작 그룹을 운영해왔다. 처음에는 샌프란시스코의 몇몇 코미디언이 정기적으로 만나 각자 구상 중인 농담에 서로 피드백을 주는 정도였다. 샌프란시스코를 떠나 순회공연을 다니기 시작하면서 이 모임은 온라인 활동으로 탈바꿈했고, 이후 마크 저커버그의 하드 드라이브에 존재하는 최대 규모의 코미디 그룹으로 성장했다. 어느 시점이 되자 이 모임이 창작자 개인에게 도움을 주기에는 지나치게 몸집이 커졌다는 느낌이 들었다. 올라오는 게시물의 양만큼 피드백이 따라가지 못했으니 말이다. 이런 상황에서 키어런 앳킨스를 비롯한 런던 출신의 몇몇 코미디언이 미국 코미디계를 제국화하려는 음모를 품고 그룹에 합류했다.

팬데믹이 터지기 전 여름, 나는 사라와 알리사를 데리고 한 달간 유럽에 갔다. 우리 여행은 런던에서 시작해 런던에서 끝났는데, 위에서 말한 영국인 코미디언들이 나를 위해 사우스뱅크의 한 술집에 코미디 공연을 예약해주었다. 거기서 키어런, 줄리어스 등 여러 코미디언을 실제로 만났다. 우리는 멋진 공연을 펼친 뒤 바에서 즐거운 밤을 보냈다. 그런 다음 지하철을 타고 '우울한stabby' 동네에 있는 우리 호텔로 돌아왔다.

안타깝게도, 비만 역시 미국 특유의 현상이지만 미국에서만 비만이 만연한 것은 아니다. 영국에 도착하기 전, 나는 저커버그를 억만장자로 만든 플랫폼 덕분에 그 영국 녀석 중 몇몇이 과체중이라는 것을 알고 있었다. 하지만 그들과 나란히 서 보니 미국인의 비만과 영국인의 비만 사이에는 큰 차이가 있다는 것을 알게 되었다. 다행히 그때 이후로 키어런과 나는 둘 다 각자의 나라를 위해 날씬해지고 있다.

브라이언: 체중 감량으로 고생하는 사람으로서 당신의 이력을 좀 말씀해주시죠.

키어런: 저는 서른여덟 살이고요. 아홉 살, 열 살 무렵부터 살이 찌기 시작했습니다. 물론 1980년대 후반, 1990년대 초반 영국에서는 주변에 뚱뚱한 사람이 별로 없었어요.

십대 중반에 접어들면서 깨달은 게 있었어요. 그 나이에는 여자들도 만나고 싶고 하니까 초콜릿 복근도 만들어야 하고, 키도 180센티미터는 넘어야 하고, 그 물건도 커야 하잖아요. 초콜릿 복근을 만든다거나 180센티미터 장신이 되는 것 빼고는 대체로 다 할 수 있겠더군요. 이런 문제를 고민하다 보니 미친 듯이 운동하고 굶어서 살을 빼야겠다 싶었죠. 이런 말이 늘 있잖아요. "더 많이 움직이고, 덜 먹어라." 사실, 먹는 것을 줄여서 살을 빼면 일주일 정도 유지하다가 다시 평소대로 먹게 되더라고요. 그런 생활이 20년 정도 이어졌습니다. 재미있는 점은 제가 이를 깨닫지 못했다는 겁니다. '뭐, 이게 나고 내 유전자인데 어쩌겠어. 원래 이런 거야'라고 생각했죠. 흥미롭게도 당시 저는 스포츠 종목 하나를 꽤 잘했는데요. 그 종목에서는 살찌는 것을 흠으로 여기지 않았습니다. 역도를 했거든요.

브라이언: 뚱뚱해도 상관없는 운동을 했다고 하시기에 스모 같은 종목이려니 생각했습니다.

키어런: 미국에서는 이제 먹는 것도 하나의 스포츠라던데요.

브라이언: 네. 미국에서는 먹기 대회가 큰 관심거리입니다. 어처구니가 없죠. 아이러니하게도 그 대회의 승자는 뚱뚱한 사람들이 아니랍니다. 다시 이야기로 돌아가서, 살을 빼야겠다고 결심하게 된 계기는 무엇이었나요?

키어런: 시간이 지나면서 문제가 있다는 것을 깨닫게 되잖아요. 뚱뚱하다고 이성에게 무시당하기도 하고, 모임에서 재밌는 사람이라는 평을 듣기도 하고요. 생각해보면 재미있습니다. 그렇게 웃긴 사람이 되어야만 사람들 눈에 띈다는 게 말이죠.

브라이언: 뚱뚱한데 재미도 없는 남자들은 불쌍하네요.

키어런: 저는 20년 넘게 노력해왔고 이 여정은 지금도 계속되고 있습니다. 때로는 그렇게까지 제 식생활을 통제하지 않아도 된다는 것을 깨달았습니다. 어떤 것에 중독된 것도 아니었으니까요. 그런 건 없었습니다. 폭식도 하지 않았어요. 저의 문

제는 충동적으로 먹는다는 데 있었습니다. 코로나19로 봉쇄 조치가 시행되는 동안 그런 일이 일어났죠. 그 이후로 주의력결핍 과잉행동장애ADHD를 좀 알아봤는데, 글쎄 검사 항목 하나하나가 제 얘기더라고요. 저의 충동적인 성격이 먹는 것을 통해서 나타난다는 것을 그때 알게 되었습니다. 코미디언으로 살 동안 ADHD의 특성이 매우 도움이 되었다는 걸 실감했습니다. 특히 비행기를 타고 가는 동안 순식간에 아이디어를 떠올려야 할 때는 더더욱 그렇죠. 때로 코미디언들은 10분 분량의 아이디어만 가지고서 공연을 45분간 진행할 수도 있으니까요.

저는 충동적인 식사가 더 충동적인 식사로 이어진다는 것을 발견했습니다. 이에 제가 먹는 것을 빠짐없이 기록하기 시작했고, 높은 보상감을 안겨준다고 생각하는 음식들을 피했습니다. 몇 가지 탄수화물 식품과 치즈 같은 것들 말이죠.

브라이언: ADHD를 언급하신 부분이 흥미롭네요. 저도 정확히 그런 이유로 살이 쪘거든요. 충동 조절이 부족한 탓에 이미 충분히 먹었다는 것을 잊어버린 거죠. 체중을 얼마나 감량하셨나요?

키어런: 지금까지 총 20킬로그램을 감량했고, 앞으로 18킬로그램을 더 빼야 합니다. 참 까다로운 상황이에요. 저의 모든 정체성과 자기 인식이 뚱뚱한 저를 기반으로 형성됐거든요. 그래서 몹시 당혹스럽습니다. 다른 한편으로 저의 무의식은 이

부분을 놓아주기 싫은 모양입니다. 뚱뚱하다는 것이 저의 오랜 정체성이었으니까요.

브라이언: 저도 그렇습니다. 저는 45킬로그램을 감량하고 나서 4~5킬로그램이 계속 늘었다 줄었다 해왔습니다. 쉽지 않더군요. 저의 뇌는 잠재적으로 저를 날씬한 사람이 아니라 뚱뚱한 사람으로 생각하니까요.

키어런: 저는 20년 넘게 체중 감량을 위해 노력해왔는데요. 그때마다 계기가 된 사건이 있었습니다. 연인과 헤어졌다거나, 원하던 면접을 보지 못했다거나, 휴가 때 멋져 보이고 싶다거나 하는 것들 말이죠. 생각해보면 이런 욕구 대부분은 수치심을 동기로 삼습니다. 살을 빼기 위한 동기로는 자신에게 친절하지 못한 거죠. 이렇게 노력해서 사람들에게 보여주겠어! 하는 거잖아요. 그러니 뻔하죠. 결국 효과를 거두지는 못합니다.

브라이언: 내게 동기를 부여하는 부정적인 감정은 그리 오래가지 않죠. 하나를 극복하기 시작했다고 끝나는 게 아니니까요. 저 밖에 나가면 다른 일자리와 다른 여성들이 또 있잖아요. 그러니 오래가지 못하는 거죠. 그러면 어떻게 20킬로그램을 감량하신 건가요?

키어런: 지금쯤 되니 제 행동을 인지적으로 매우 확고하게 이해하게 되었어요. 제가 무슨 일을 하고 있는지 깨달았거든요. 메타인지가 생긴 겁니다. 어떤 욕구나 충동이 생기면 어떻

게 대처할지 결정할 수 있는 공간이 필요했습니다. 여기에는 마음챙김이라는 요소가 포함되어 있는데요. 저는 명상을 통해 그런 세세한 결정을 내릴 인지적 공간을 충분히 얻었습니다. 냉장고로 갈까 말까? 슈퍼마켓에 있을 때는 닭가슴살을 살까, 초콜릿바를 살까? 이런 것들은 쉬운 결정이죠. 이렇게 인지적 공간이 생겼고, 마음챙김 명상이 상당한 도움을 주었습니다. 또한, 저의 행동을 이해하고 패턴을 익히자 그것을 다룰 줄 알게 되더군요. 스스로 잘 추스를 수만 있다면 이따금 궤도를 이탈하고 자신을 친절히 대해도 괜찮다는 것도 알게 되었습니다. 이것이 지금까지의 저의 경험입니다.

브라이언: 체중 감량이 삶에 어떤 영향을 끼쳤나요?

키어런: 아주 긍정적인 영향을 끼쳤죠! 전보다 일이 더 잘되는 것 같아요. ADHD 성향임에도 일을 완수할 정신적 에너지가 훨씬 많아졌거든요. 이 부분은 나중에 다루겠습니다. 연애도 지금 훨씬 더 잘하고요. 제가 하던 운동인 역도에서도 실제로 전보다 강해졌습니다. 지방을 감량하고 이를 근육으로 바꾸는 재구성 효과가 나타났거든요. 덕분에 아마 2년 뒤에는 꽤 진지한 수준에서 경기에 나갈 듯합니다. 정말 잘된 일이죠.

브라이언: 지금은 무게를 얼마나 드시나요?

키어런: 벤치 프레스는 140킬로그램, 스쾃은 220킬로그램, 데드리프트는 250킬로그램을 듭니다. 스쾃의 경우, 이상적으

로는 제 몸무게의 세 배에 해당하는 무게를 들고 싶습니다. 그것이 황금 비율이거든요.

킥복싱으로 36킬로그램을 감량한 제니퍼 앤더슨

이 책을 쓰기 전까지 제니퍼 앤더슨을 실제로 만난 적은 한 번도 없다. 하지만 코미디언들은 소셜 네트워킹에 열중하는 경향이 있어 어느 시점엔가 그녀와 연결되었다. 우리 둘 다 자신을 서로의 팬이라고 여겼을 것이다. 나는 오랫동안 온라인에서 그녀를 응원해온 팬이었다. 그녀의 유머감각은 나를 매우 즐겁게 한다. 제니퍼가 체중을 대폭 감량하고 지상파 TV 프로그램에서 자기 경험담을 공개했다는 소식을 들었다. 이에 그녀에게 연락해 이 책에 담을 내용을 물어봐야겠다고 생각했다.

브라이언: 체중을 감량하신 이야기를 좀 들을 수 있을까요?

제니퍼: 어느 시기를 말씀드리면 좋을까요? 처음에는 45킬로그램을 뺐던 것 같은데 그 이후로 심한 우울증을 앓으면서 36킬로그램이 다시 쪘거든요. 그러다가 대학에 다니면서 23킬로그램 정도를 뺐다가 그대로 다시 쪘고, TV 프로그램에 나간

뒤로 36킬로그램을 또 뺐습니다.

브라이언: 어느 TV 프로그램이었나요?

제니퍼: 〈디스 타임 넥스트 이어This Time Next Year〉였습니다. 이 프로그램의 목적은 1년 안에 무엇이든 혼자 힘으로 해내도록 사람들에게 영감을 주는 것이었습니다. 예를 들어 9월 12일에 시작했다면 이듬해 9월 12일에 자기 목표에 도달하는 거죠.

브라이언: 어떻게 체중을 감량하셨나요?

제니퍼: 몇 날 며칠을 울다 잠들고 거울 속의 저를 보며 몸을 바꿀 수 있었으면 좋겠다고 생각하다가 킥복싱을 매일 했어요. 그러다가 아침에 두 시간 정도 줌바를 했죠. 그 후로 팔레오 식이요법Paleo Diet(가공식품과 곡물 및 유제품 등을 제한하며 선사시대 식단으로 돌아가는 방법-옮긴이)으로 싹 바꿨어요. 마지막 9킬로그램을 빼지 못한 이유가 있어요. 스카이다이빙을 하라는데 제가 안 한다고 했거든요. "이 거대한 새에게 스카이다이빙은 무리예요. 저를 비행기 밖으로 밀어내지는 못할 거예요. 저는 세서미 스트리트에 가지 않을 거라서요. 고맙지만 사양할게요"라고 했죠.

브라이언: 킥복싱은 무대를 염두에 두고 시작하신 건가요?

제니퍼: 스물다섯 살 때부터 킥복싱을 해왔어요. 공연은 서른여섯 살에 시작했고요. 제가 사랑하던 킥복싱으로 다시 돌아간 셈이죠. 그러다가 줌바를 발견했어요. 유산소 운동이 많이

되거든요. 줌바도 정말 좋았어요. 강사 생활을 시작할 정도로 말이죠.

브라이언: 킥복싱을 처음 해본 건 아니었네요.

제니퍼: 맞아요. 저는 오랫동안 사람들을 때려눕혀왔죠. 딱 제 취향이더라고요.

브라이언: 그건 다른 책에서 다뤄야겠군요. 식단 관리는 어떻게 하셨나요?

제니퍼: 제가 했던 건 탄수화물을 끊고 일종의 자연식을 따르는 팔레오 식이요법이었어요. 통곡물, 채소, 배양육(세포 배양으로 만든 고기-옮긴이)을 더 많이 먹는 거죠. 인-앤-아웃 버거In-N-Out Burger(미국의 유명한 햄버거 체인 브랜드-옮긴이) 같은 건 안 먹었어요. 타코벨이요? 안 되죠. 맛있는 음식이요? 안 돼요. 차라리 밖에 나가서 나무를 먹고 말죠.

브라이언: 제가 그렇게 살 수 있을지 모르겠네요.

제니퍼: 그나저나 멕시칸 피자는 왜 단종시켰을까요? (코로나19 이후, 타코벨은 메뉴 간소화의 일환으로 '멕시칸 피자Mexican Pizza'라는 메뉴를 단종시켰다. 그러나 소비자들의 적극적인 요청으로 결국 2022년에 재출시했다.-옮긴이)

브라이언: 타코벨을 말씀하신 것이 재미있네요. 제 책에서 타코벨 얘기가 집중적으로 나오는 부분이 있거든요.

제니퍼: 역대 최고의 정크푸드잖아요.

브라이언: 그렇게 체중을 감량했더니 삶에 어떤 영향이 나타났나요?

제니퍼: 당뇨가 사라졌어요. 저는 당뇨 전 단계여서 충분히 다스릴 수 있었죠. 콜레스테롤 수치도 잘 관리하게 됐어요. 테마공원에도 다시 가고 비행기를 타고 다닐 수도 있게 됐어요. 5~6년간 비행기를 못 탔었거든요. 스카이다이빙 때 제가 날아간 곳이 라스베이거스였어요. 거기서 저더러 베이거스로 뛰어내리라고 했던 거죠. 하지만 저는 보험이 안 되어 있으니 못 하겠다고 했죠. 어쨌든 라스베이거스까지 비행기로 가야 했어요. 5년 만에 타보는 첫 비행기였죠. 덕분에 자신감이 매우 높아지더군요. 정말 좋았어요.

브라이언: 그 밖에 체중 감량으로 삶에 나타난 영향이 있다면요?

제니퍼: 공연을 다시 할 수 있게 됐어요. 저는 워낙 몸을 많이 쓰기 때문에 큰 공연은 좋아하지 않았어요. 그래서 스탠드업 코미디로 돌아갈 수 있었죠. 저만의 농담을 만드는 데 자신 있었던 터라 무대 위에서 훨훨 나는 기분이었어요. 거구의 몸으로 무대 위에 올라갈 때면 내가 크리스 팔리Chris Farley(1964~1997, 미국에서 배우, 코미디언, 성우, 각본가로 활동하던 연예인으로 몹시 뚱뚱한 체구를 가지고 있었다.-옮긴이) 같다는 느낌이 들었거든요. 그런 식으로는 하고 싶지 않았어요.

브라이언: 당신의 체중이 스탠드업·코미디 공연에 방해가 되었다는 것은 미처 몰랐네요. 뚱뚱한 것을 농담거리로 삼지는 않았나요?

제니퍼: 저는 늘 큰 키를 주제로 농담했어요. 그게 비만에 관한 농담보다 더 중요하다고 생각했거든요.

브라이언: TV 출연 덕분에 길거리에서 사람들이 알아보고 그러나요?

제니퍼: 간간이 알아보시는 분들이 있어요. 어딜 가나 서브웨이에서는 저를 알아보시고 이렇게 말씀하시더라고요. "세상에, 제니퍼 앤더슨 아니세요?" 네, 네, 저 맞아요.

브라이언: 그런 상황이 되면 뭔가 건강에 좋은 것을 주문해야 한다는 의무감을 느끼나요?

제니퍼: 네. 이런 식이죠. "채소가 들어간 걸로 할게요. 치즈가 더 들어간 미트볼은 빼주셔도 돼요. 오이가 더 들어간 통밀은 정말 좋아요. 그걸로 할게요. 감사합니다. 이름 모를 낯선 분."

브라이언: 체중 감량 덕분에 무대에 다시 섰고, 자신감도 생기고, 훨씬 건강해진 기분을 얻으셨군요. 킥복싱은 지금도 하시나요?

제니퍼: 물론이죠. 여전히 분풀이할 곳은 필요하니까요.

치통 때문에 45킬로그램 넘게 감량한 에릭 에스코바

2014년에 나는 여전히 웨스트 할리우드에 살았지만 대다수 시간은 여기저기 다니며 길 위에서 보냈다. 그러는 동안 한 코미디언이 아이다호 보이시에서 첫 번째 코미디 페스티벌을 기획하고 있다는 소식을 입소문으로 들었다. 나도 지원했는데 운 좋게도 참가 승인을 받았다. 첫해였던 것을 고려하면 축제는 매우 성공적이었고, 지금까지도 내가 가장 좋아하는 축제로 남아 있다. 이듬해에 두 번째 축제를 위한 신청 기간이 다가왔을 때, 나도 기쁘게 경쟁에 참여했다. 이때도 다시 한 번 운 좋게 참가자로 선정되었다. 명단이 발표된 직후 나는 에릭 에스코바라는 이름의 젊은 코미디언에게 연락을 받았다. 그전까지 한 번도 만나본 적은 없지만, 우리 둘 다 로스앤젤레스 지역에 살고 있었고 아이다호로 가려고 계획하던 중이었다. 우리는 함께 이동해 비용을 분담하고, 가는 동안 서로의 인맥을 활용해 여행 중 작은 순회공연을 해보기로 했다. 올라가는 길에서는 레노에서 공연을 예약했고, 내려오는 길에서는 사크라멘토에서 공연을 잡았다. 그러는 동안 우리는 스무 살이라는 나이 차이에도 불구하고 꽤 좋은 친구 사이가 되었다. 그 뒤로 순회공연을 다니는 동안 몇 번 마주치기도 했다.

브라이언: 과체중으로 살아온 당신의 이력을 좀 말씀해주세요.

에릭: 고등학교 때부터 덩치가 컸어요. 어마어마하게 크지는 않았지만 몸집이 꽤 큰 편이었죠. 어렸을 때 주로 집에서 홀로 지내던 게 큰 이유였던 것 같아요. 학교 갔다 돌아오면 미친 듯이 간식을 먹었거든요. 간식이 제게는 대처 기제였던 거죠. 심각한 트라우마가 있던 것은 아니었지만 지루할 때 뭘 먹으면 기분이 좋아지더라고요.

부모님은 맞벌이 부부였던 터라 매일 퇴근하고 돌아와 요리까지 하실 여력이 없으셨어요. 그래서 우리는 외식을 많이 했어요. 패스트푸드를 많이 먹으며 자랐죠. 외식을 숱하게 하다 보니 매번 먹을 기회가 일종의 축제였어요. 왜 샐러드를 먹어? 버거 먹어! 베이컨 치즈버거 좋네! 원하는 거 다 시켜! 상황이 이렇게 되자 저는 무슨 일을 하든지 거기서 최대치를 뽑아내고 싶다는 사고방식이 생겼어요. 음식을 먹을 때는 가장 양이 많은 것을 원했죠. 가장 멋지고, 가장 큰 것을 얻고 싶어 했어요.

이런 태도가 꽤 오랫동안 제게 달라붙어 있었어요. 어디로 여행을 갈 때면, '내가 언제 또 아이다호에 와보겠어, 언제 또 샌프란시스코에 와보겠어, 그러니 여기서 먹을 수 있는 건 다 먹어 보자'라는 식이었어요. 이렇듯 식생활과 관련된 이상한 사고방식이 굳어졌죠. 눈앞의 음식을 최대한 많이 먹었던 것은 그걸 또 먹지 못할 수도 있다는 생각 때문이었어요. 주어진 상황을 최대한 이용해야 한다는 식이었죠.

브라이언: 몸무게가 가장 많이 나갈 때는 어느 정도였고, 그 이후로 얼마나 감량하셨나요?

에릭: 살이 찌든 빠지든 저는 수시로 체중을 재는 사람이 아니었어요. 체중계도 없었고요. 하지만 가장 많이 나갔을 때는 아마 136킬로그램 정도였다는 느낌이 들어요. 140~143킬로그램을 웃도는 정도였을 거예요. 지금은 82~84킬로그램 정도예요. 그 언저리를 맴돌고 있어요.

브라이언: 놀라운 결과인 데다 큰 성취네요. 무엇이 체중을 감량하도록 자극했나요?

에릭: 2019년 12월이었던 걸로 기억해요. 그때 치통을 앓았거든요. 치아 문제를 겪어보신 분들은 아시겠지만 정말 짜증나는 일이에요. 치통을 앓느니 차라리 허리가 부러지거나 코가 부러지는 편을 택하겠어요. 치통은 온종일 가라앉질 않거든요. 어떻게 이겨낼 도리가 없었어요. 정말 짜증이 나서 참다못해 치과에 갔어요.

이렇게 말했죠. "어금니에 문제가 생겼어요. 고통이 가시질 않아요. 생각도 못 하겠고, 어디에 집중할 수도 없고, 잠도 못 자겠어요." 그러자 치과에서는, "충분히 치료하실 수 있어요. 다만 환자분의 기본적인 건강 정보가 필요해요." 알고 보니 제

혈압 수치가 너무 높았어요. 병원에서 그러더군요. "혈압을 적정 수준으로 만들지 않으면 아무것도 못 합니다." 그래서 제가 그랬죠. "이거 진짜 짜증 나네요."

저는 코미디언이잖아요. 그때 당시에 들어둔 보험이 없었어요. 병원 진료도 3년 만에 처음이었죠. '이거 진짜 어떻게 고치지?' 생각하다가 결국 무료 진료소에 갔더니 혈압약을 좀 주더라고요. "이 약을 얼마나 먹어야 좋아질까요?"라고 묻자 "아, 이 약은 계속 드시는 거예요. 혈압을 적정 수준으로 유지하시려면 앞으로 평생 매일 약을 드셔야 해요. 약을 끊으시면 사망할 수도 있어요"라고 말하더군요.

그 순간 뒤통수를 크게 얻어맞은 것 같았어요.

브라이언: 어떻게 체중을 감량하셨어요?

에릭: 저탄수화물 위주의 식단을 지키고, 전보다 물을 훨씬 많이 마시고, 운동량을 좀 늘리는 등의 노력을 하고 있었는데요. 실은 팬데믹이 체중 감량을 시작하도록 유도했다는 느낌이 들어요. 이동을 중단하고 집에 머무르면서 저녁 여덟~아홉 시 이후로는 아무것도 먹지 않았어요. 그전에는 밤 열 시에 늘 먹었거든요.

이동생활을 중단하자 밤늦게 먹는 일도 없어졌고, 밥도 스스로 해 먹었어요. 그리고 한 장소에 계속 있다 보니 물을 더 많이 마실 수 있었는데 이것이 큰 효과를 안겨줬어요. 지난 30년간의 삶을 돌아보면 물을 별로 마시지 않았거든요. 그것도 체중 감량을 위한 하나의 방법이라는 사실을 까맣게 몰랐던 것 같아 요. 지금은 하루에 대략 3.8리터의 물을 마시려고 노력해요.

브라이언: 다시 이동생활을 하고 계시잖아요. 어떻게 관리를 하시나요?

에릭: 몸무게가 140킬로그램에 달하던 시절에는 아침에 자 리에서 일어날 때마다 "될 대로 돼라"라는 식이었어요. 그런 기 분이 들기 마련이죠. 살을 빼고 난 지금은 전처럼 굼뜨거나 멍 하지 않고 더 힘이 넘치는 기분으로 일어납니다. 전날 저녁에 끔찍하게 먹고 마셨을 경우, 이를테면 맥주 열 병에 베이컨 치 즈버거와 피자 한 조각을 먹었다고 해보죠. 그러면 이튿날 아 침에 일어난 뒤로 2~3일간 그 여파가 느껴져요. 하지만 전날 저녁에 착하게도 맥주 한 병과 샐러드만 먹었다면 이튿날 상쾌 하고 좋은 기분으로 일어납니다. 그게 큰 동기부여가 되죠.

이동하며 다닐 때는 집에 있지 않잖아요. 소파에서도 자고, 친구네 지하실에서도 자고 말이죠. 열두 시간씩 운전도 하고 요. 공연장에 가서 일을 해보겠다고 이 온갖 수고를 견디는데 요. 이것도 모자라 기분까지 나빠지지 않도록, 뭐라도 할 수 있 는 것이 있다면 참 좋은 거죠.

이동 중에 저탄수화물 식단을 유지하기란 그리 어렵지 않습 니다. 정말이지 억지로라도 이렇게 생활방식을 바꿔야 해요.

여기저기 다니면서 밥 먹을 때마다 '내가 언제 뉴잉글랜드에 또 와보겠어. 그러니 랍스터 롤을 열네 개는 먹어야지'라고 생각할 수는 없는 노릇입니다.

저는 먹는 것을 사랑하고 음식도 너무 좋아합니다. 하지만 지금은 랍스터만 먹거나, 아침식사로 토스트 없이 베이컨과 달걀만 먹어도 괜찮습니다. 맥도날드에 가면 소시지 머핀을 주문하되 머핀은 빼고 먹습니다. 달걀, 치즈, 소시지만 먹어도 훌륭해요. 그것만 해도 굉장하죠.

몇 주를 이렇게 지내다 보면 그런 생각 자체가 없어집니다. 새로운 방식에 올라타는 거죠. 물론 어려운 일입니다. 처음 몇 주는 몹시 힘들 거예요. 하지만 그 시기만 지나고 나면 하루가 다르게 수월해집니다.

브라이언: 체중을 감량했더니 삶에 어떤 영향이 나타났나요?

에릭: 그거 아세요? 이게 좀 싫은 부분이 있습니다. 진짜 싫어요. 저는 수년간 싱글이었어요. 140킬로그램에 육박할 때는 저 같은 사람은 연애 상대가 될 수 없다고 느끼게 돼요. 무슨 말인지 이해하시나요? 바에서 여성에게 접근하면 상대는 당신을 스토커처럼 생각하죠. 지난 1년간 저는 훌륭하고 아름답고 놀라운 연인을 만나왔습니다. 이제 막 약혼한 사이예요. 저는 그녀를 아주 많이 사랑합니다. 하지만 4~5개월 정도 날씬한

싱글로 지내면서 기분이 정말 좋았어요. 여성분들이 제게 말도 걸고 다가오기도 했거든요. 공연이 끝나고 나면 여성분들이 저를 찾아오곤 했습니다. 데이트 신청도 받았지요. 그러면 "저는 예전 그대로예요. 전과 같이 별나고 바보 같은 사람이에요"라고 말하곤 했죠. 뚱뚱한 사람은 사회적 낙인을 받다 보니 별안간 살을 빼고 나타나면 다들 "이봐, 어떻게 된 거야?"라는 반응을 보이죠. 그런 일을 겪을 때면 정말 이상한 기분이 듭니다. 그게 좀 싫어요. 모두가 아름다운 사람인데 말이에요. 제 말 이해하시죠?

걸어 다니며 50킬로그램을 감량한 데이브 델루카

코미디언 데이브 델루카와는 15년 가까이 알고 지냈다. 사실 이 글을 쓰는 지금 기준에서 보면, 그는 사라와 내 동생 존 외에 나의 책 세 권에서 빠짐없이 이름이 언급된 유일한 사람이다. 지금쯤 그가 이 사실을 그의 이력서에 써 넣지 않을까 추정해본다.[110]

데이브는 내가 코미디 업계에 입문한 초기에 샌프란시스코에서 만났다. 당시 나는 한동안 내 클럽에서 공연을 열고 있었는데, 그가 찾아와서는 뉴욕에서 캘리포니아로 방금 돌아왔다며 자신을 소개했다. 그는 재미도 있었지만, 더 중요한 건 좋은 사람이라는 점이었다. 우리는 잘 어울렸고, 내 코미디 클럽이 문을 닫을 때까지 몇 년간 많은 일을 함께 했다. 그러다가 둘 다 같은 시기에 로스앤젤레스로 이사 가야겠다고 마음먹었고, 이렇게 그는 대학시절 이후로 내 첫 룸메이트가 되었다.

둘 다 먹는 것을 무척이나 좋아했지만 데이브는 혹독하게 운동하는 사람이었다. 그는 엄청난 신체 활동으로 칼로리의 균형을 잡았다. 나도 따라 하려고 노력했으나 잘되지 않았다. 그는 항상 훌륭한 몸 상태를 유지했다. 심지어 그는 〈브루클린 나인-나인Brooklyn Nine-Nine〉이라는 TV 프로그램에 출연 요청을 받기도 했다. 일주일간 몸이 아팠던 출연자와 의상 치수가 같아서다. 이 책을 위해 그를 인터뷰해야겠다는 생각이 얼른 떠오르지 않았던 것은 이런 이유 때문이었을 것이다.

브라이언: 우리가 알고 지낸 지도 참 오래됐네요. 저는 늘 당신이 날씬하고 원기 왕성하다고 알고 있었습니다. 하지만 무대에서는…….

데이브: 아름답죠.

브라이언: 그렇게까지 말할 생각은 아니었습니다.

데이브: 같이 살 때 당신이 저를 살펴보는 걸 봤는걸요…….

(그는 이 말을 할 때 씨익 웃으며 내게 윙크했다.)

브라이언: 당신은 살을 뺐다가 다시 뚱뚱해진 것에 관해 무대에서 늘 얘기했죠. 뚱뚱하게 살았던 당신의 이야기를 좀 들려줄 수 있을까요?

데이브: 어렸을 때 저는 정말 원기 왕성했습니다. 운동도 이것저것 많이 하고 덤프트럭처럼 먹었죠. 수영선수로도 활동했고 테니스 대회에도 나갔습니다. 그리고 열여덟 살 때까지는 말 그대로 게걸스럽게 먹고도—피자 큰 것 두 판을 혼자 먹고도—전혀 살이 찌지 않았습니다. 꽤 오랫동안 마르고 강인한 체형이었죠.

열다섯 살 때 다리에 문제가 생기면서 응급실에 드나들기 시작했습니다. 왼쪽 대퇴사두근 안쪽에 양성 종양이 있었다는 것을 알아내기까지 3~4년 정도가 걸렸습니다. 대학 4학년에 접어들 때쯤 마침내 종양을 떼어내는 수술을 했고, 그 후로 두 달간 부목을 대고 다리를 쭉 편 채로 지냈습니다. 이후 1년간 재활과 물리치료를 하면서 예전의 힘을 회복하려고 노력했습니다. 테니스도 안 치고, 축구도 그만두고, 아무것도 하지 않았습니다. 스물한 살이 되면서 술을 마실 수 있게 됐고, 그것도 모자라 여생을 함께할 거로 생각했던 사람과 쓰라린 이별을 하던 중이었습니다. 모든 상황이 너무 우울했는데, 지금 돌아보면 그 일이 그렇게 풀리지 않은 것이 다행이라고 생각합니다. 지나간 인연은 최대한 잊어야 하지 않겠어요? (이번에는 혼자 웃었다.)

아무튼 저는 수업을 자주 빼먹었고, 어쩌다 수업에 들어갈 때면 귀갓길에 잠깐 멈춰 피자를 사 들고, 맥도날드나 타코벨 같은 정크푸드를 사 와서 자리에 앉아 케이블 방송을 보곤 했습니다. 그냥 그렇게 앉아서 아무것도 안 하고 먹고 마시는 게 일상이었습니다. 건강에는 나쁜 습관이었죠. 이 생활이 대학을 나와서까지 이어졌습니다. 더는 선수 생활을 할 수 없을 거라는 사실을 알았기에 테니스나 다른 운동은 시도조차 하지 않았습니다. 뭔가를 해보겠다는 마음이 없었던 거죠.

브라이언: 그렇다면 인생 최고 몸무게에서 얼마만큼이나 감량하신 건가요?

데이브: 가장 많이 나갈 때가 132킬로그램이었습니다. 살을 빼야겠다고 결심한 뒤로 83킬로그램까지 내려갔는데 이 수치는 대학 가기 전 이후로 가장 낮은 것이었습니다. 지금은 95~98킬로그램을 오르내립니다. 약간 뚱뚱하다는 느낌이 들긴 하지만 사실 제 나이에는 적절한 몸무게죠. 이제 거의 마흔다섯 살이 되어가거든요. 제가 아주 멋져 보인다는 것은 압니다! 비록 이 인터뷰는 영상통화로 진행해서 결국 책에 실릴 테지만, 당신을 위해 샤워도 했습니다. 어쨌든 제 나이를 고려할 때 지금 제 몸무게가 이상적이라고 할 수 있습니다. 조금 더 날

씬해지고 탄력이 붙었으면 좋겠다 싶죠. 하지만 최근 1년 동안에는 코로나19다 뭐다 해서 쉽지가 않았습니다.

브라이언: 최근 몇 년 사이에 체중이 좀 늘어난 사람이 많다고 알고 있는데요. 전반적으로 볼 때, 감량한 체중을 얼마나 오랫동안 유지했나요?

데이브: 이제 15년 되었네요.

브라이언: 그렇게 감량한 비결이 있다면요?

데이브: 칼로리 계산이죠. 저는 서서히 시작했습니다. 식단을 바꿨고, 1년간 금주했죠. 단것을 사지도 않았고요. 뭐 가끔 사긴 했죠. 하지만 예를 들어 아이스크림 같은 것을 산다 하면 530그램 정도만 먹었습니다. 그것만 해도 그날 하루 칼로리를 다 섭취한 셈이거든요.

브라이언: 저도 그런 시절이 있었습니다. 지금도 칼로리를 계산하고 있죠. 아이스크림 한 그릇이면, 뭐, 오늘 제가 먹는 것은 그게 전부네요.

데이브: 그러니까요! 저는 아주 엄격하게 쟀습니다. 끼니마다 철저하게 계산해서 먹었죠. 채소를 왕창 포함했어요. 거의 매 끼니에 채소와 칠리를 먹었고, 한낮에 스낵이 필요하면 단백질 바를 먹었어요. 꾸준히 하루 1,500칼로리 미만을 섭취했습니다. 몸에 좋은 방법은 아니지만 확실히 효과는 있죠.

그다음 걷기를 시작했습니다. 뉴욕시에 살면서 출퇴근할 때

나 점심 먹으러 갈 때 많이 걸었습니다. 걸어서 출퇴근하는 것 외에 1시간 정도 걸으면서 오디오북을 들었죠. 그러다가 서서히 다른 운동을 시작했고 테니스도 다시 시작했습니다. 테니스야말로 제가 온종일 할 수 있는 운동이었죠. 너무 재미있어서 허기도 전혀 느끼지 않을 정도니까요. 주말에는 하루에 여섯 시간씩 테니스를 쳐도 가뿐했습니다.

로스앤젤레스로 이사하고 나서는 달리기를 시작했습니다. 지금은 하루에 8킬로미터 정도 뜁니다. 7~9킬로미터를 뛸 때도 있죠. 사실 저는 달리기가 정말 싫습니다! 한 번도 뛰는 사람이 되기를 원치 않았고 지금도 제가 달리기하는 사람이라고 생각하지도 않습니다. 그래도 합니다. 달리기가 좋아서가 아니라 성생활을 하고 싶기 때문이죠.

브라이언: 살을 뺐더니 삶에 어떤 변화가 나타나던가요?

데이브: 어마어마한 차이가 생기더군요. 체중 감량을 소재로 한 농담이 꽤 있는데요. 제 농담 중에 이런 것도 있습니다. "내가 살을 뺀 이유는 성생활을 하기 위해서야. 나는 부자가 아니잖아. 가난한 데다 뚱뚱하기까지 한 남자와 자고 싶은 사람은 없다고." 사실이 그렇습니다. 제 생각에 체중 감량이 가져다주는 가장 큰 장점은 자신감이 부쩍 높아진다는 겁니다.

저는 올해 마흔다섯 살인데도 여전히 꽤 멋진 외모를 자랑합니다! (그는 여기서 다시 한 번 씩 웃으며 내게 윙크하고 낄낄거렸다.) 아무튼 살을 뺐더니 즉시 반응이 나타났습니다. 뉴욕에서 돌아와 베이 에어리어의 한 바에 갔는데요. 거기 경비원은 원래 저랑 알던 사이였거든요. 그에게 제가 뚱뚱했던 시절의 사진이 든 신분증을 건넸습니다. 사진을 본 그는 저를 막아서면서 이렇게 말하더군요. "나 이 사람 아는데요. 당신이랑 다르잖아요. 지금 이게 무슨 수작입니까? 당신이 이 사람 동생이라도 되는 거요?"

저도 맞춰줬죠. "이봐, 나야"라고 말하는 대신, 그게 저의 신분증이라고 말해주었습니다. 몇 분 후 그는 사진 속 남자가 저라는 사실을 깨닫고 충격에 휩싸였습니다. 더 젊어 보인다는 사람들 이야기를 들으니 기분이 좋더라고요. 몸이 무거울 때는 외모도 더 나이 들어 보이고, 기분마저 그랬다는 것을 깨달았습니다. 살을 빼면 뺄수록 더 젊어지는 기분이더군요.

전반적으로 하루하루의 삶이 나아졌습니다. 몸이 무거울 때는 계단 오르기도 벅찼거든요. 지금은 그런 방해 거리가 줄었고, 제가 원하는 것들을 즐길 수 있게 됐습니다. 하루를 끝마칠 무렵 녹초가 되었다면, 그건 제가 가만히 소파에 앉아 많이 먹었기 때문이 아니라 많은 활동을 했기 때문입니다.

브라이언: 우리가 같이 살 때를 생각해보면, 당신은 하루 중 대부분의 시간을 현관에서 줄넘기하는 데 보낸 것 같습니다. 처음에는 그렇게 시작하신 건가요?

데이브: 줄넘기는 뉴욕에서부터 했습니다. 테니스 때문에 한 거죠. 줄넘기를 하면 발놀림이 좋아지거든요. 테니스 기량을 생각해서 그보다 더 어릴 때부터 줄넘기를 시작했습니다. 테니스를 그만두면서 자연히 줄넘기도 더는 하지 않았습니다만, 사실 줄넘기는 훌륭한 유산소 운동입니다. 전신운동인 데다가 제 경우에는 무릎에 무리가 덜 가서 좋았죠. 사실 최근 한동안 줄넘기를 하지 않았습니다. 6개월 전쯤부터 집이 공사에 들어갔거든요. 줄넘기 대신 수영을 하고 있습니다. 보통 한 번 할 때 약 100~150바퀴(3~5킬로미터)를 돕니다. 하지만 다시 줄넘기로 돌아가고 싶어요. 줄넘기는 헤드폰을 끼고도 할 수 있으니까요. 체중 감량을 위한 최고의 운동은 아니지만 체력 관리에는 매우 유익한 운동입니다.

브라이언: 언젠가 당신이 웨스트 할리우드 아파트 밖에서 줄넘기하다가 자존감이 한껏 치솟았던 일이 생각나네요.

데이브: 맞아요. 그때 당신이 직접 엿들은 말이 있었죠! 어느 날 제가 줄넘기를 하고 있었는데요. 한번 가만히 생각해보세요. 당신이 길거리를 걸어가는데 누군가 차고에서 몇 시간째 줄넘기를 하는 겁니다. 말 그대로 몇 시간을요! 그 옆을 지나 상점에 갔다가 다시 돌아왔는데도 제가 계속 거기 있겠죠. 그날 어느 멋진 남자분이 지나갔던 겁니다. 그전에도 숱하게 봤던 분이죠. 그가 개를 산책시키며 가다가 이쪽을 보고는 줄넘

기하는 제게 이렇게 말하곤 했습니다. "거기서 뭐 하고 계시는 거죠?" 어느 날 제가 줄넘기를 마무리하고 아파트 안으로 다시 들어가려는데, 그가 제게 와서는 이렇게 말했습니다. "당신한테 이 말을 꼭 해줘야겠습니다. 당신은 지구상에서 가장 매력적이고 잘생긴 남자입니다." 그러더니 허둥지둥 가버렸습니다. 아마 당황했던 모양입니다.

저는 집으로 들어와 위층으로 올라갔습니다. 샤워하고 옷을 갈아입으려는데 브라이언 당신이 거기 서 있던 거죠. 그래서 제가 말했습니다. "방금 무슨 일이 있었는지 믿지 못할 거야!" 당신은 저를 보고 이렇게 말했습니다. "당신이 지구상에서 가장 매력적이고 잘생긴 남자라는 거?" 우리는 한바탕 웃었죠. 솔직히 말하면 그 말을 듣고 얼마나 기뻤는지 모릅니다. 제 노력이 성과를 낸다는 말이니까요. 그 일로 한동안 기분이 참 좋았습니다. 저 자신이 뿌듯하게 느껴지더군요. 정말 여기에는 어떤 단점도 없습니다.

갖은 방법으로
32킬로그램을 감량한 ANT

데이브 렐루카와 나는 웨스트 할리우드에서도 코미디언들

이 모여 살기에 완벽한 위치에 살았다.[111] 하얀 오브 블루스에서는 다양한 코미디언들을 섭외할 수 있었고, 우리 자신도 아파트에서 걸어 다닐 만한 거리에서 정기적으로 공연할 기회를 얻을 수 있었다. 데이브가 섭외한 공연자 중 그가 뉴욕에서 알고 지내던 코미디언이 있었는데 그는 ANT라는 예명으로 활동했다. 이곳에서 협업하기 전, 나는 〈라스트 코믹 스탠딩Last Comic Standing〉이라는 TV 프로그램과 몇몇 심야 토크쇼에서 그를 본 적이 있었다. 그런 그가 우리 무대에 올라와 멋진 공연을 펼쳐준 것이 몹시 고마웠다. 그는 다부진 몸의 소유자였고, 내가 알기로 VH-1라는 케이블 방송사에서 〈셀러브리티 피트 클럽Celebrity Fit Club〉이라는 쇼도 진행했었다. 그래서 이 책에 관해 그와 이야기해보라는 제안을 받았을 때 살짝 놀랐다.

브라이언: 마지막으로 우리가 협업했을 때를 떠올려보면 당신이 그다지 체중이 많이 나갔던 것 같지는 않습니다. 그 이야기를 좀 해주실 수 있을까요?

ANT: 정신건강 문제로 고생하는 수많은 사람처럼 저도 평생 체중 문제로 씨름했습니다. 달리 말하면 그렇게 먹도록 만든 근본 문제들을 몰랐던 거죠. 저는 제가 뚱뚱한 줄도 몰랐습니다. 어느 날, 열 살배기 조카가 저더러 "ANT 삼촌, 삼촌은 꼭 허리띠를 맨 토마토 같아!"라고 말하는 것을 들었죠. 이런!

아이들은 거짓말이란 걸 모르잖아요. 그때 처음으로 제 몸무게를 진지하게 생각해보게 되었습니다.

수많은 코미디언의 이야기를 들으시겠죠. 식단 관리와 운동으로 살을 뺐다고요. 네, 다들 그렇게 해서 뺐겠지만…… 저는 아닙니다. 저는 늘 더 쉽고 편한 방법으로 눈을 돌렸습니다. 매번 더 쉽고 편한 방법은 수술이었죠. 지방 흡입 수술을 일곱 번 했습니다.

브라이언: 우와!

ANT: 맨 처음에는 음식 배달 서비스를 이용해 존 다이어트Zone diet를 해봤습니다. 그런데 음식들이 싱거워도 너무 싱거웠습니다. 회사에 전화했더니 이렇게 말하더군요. "아, 그러면 입맛에 맞게 양념해서 드세요." 그래서 피자, 부리토, 찰루파chalupa(멕시코 중남부의 특선 요리-옮긴이) 같은 것들을 곁들여 먹기 시작했습니다. 그렇게 먹으면서 왜 살이 안 빠지나 궁금해했죠.

그러던 중 지방 흡입을 알게 되었습니다. 요즘은 대개 조각 같은 몸을 만들려고 지방 흡입을 하는데요. 저는 몸무게를 줄일 생각으로 지방 흡입을 했습니다. LA에서 많은 유명인에게 수술을 해준다는 의사를 찾아갔더니 이제껏 들어본 것 중 가장 터무니없는 질문을 던지더군요. "ANT 씨, 제가 지방을 얼마나 걸어내길 원하십니까?" 저는 전부 걸어내달라고 했습니다.

제 마음은 이런 겁니다. 만일 제가 린제이 로한과 같은 방에 걸어 들어간다면, "ANT 옆에 있는 더 뚱뚱한 여자는 누구야?"라는 소리를 듣고 싶은 거죠.

지방 흡입은 일곱 번 해봤습니다. 병원에서는 주변의 지방 세포들이 다시 자라난다는 말을 안 해줍니다. 허리 쪽에 지방 세포 한 뭉텅이가 자라나기 시작했죠. 스스로 행동을 바꾸지 않는 한 행동의 변화는 일어나지 않거든요. 저도 마찬가지입니다. 저라고 특별하고 남다를 건 없죠. 전 그저 식단 관리와 운동이 싫었습니다. 체육관에도 가기 싫었고요. 자존감이 낮아 기분도 몹시 껄끄러운데 체육관은 그야말로 감정을 갉아먹는 마지막 장소거든요. 제게는 훌륭하고 안전한 곳이 아니었습니다.

지방 흡입 수술 뒤에는 쿨스컬프팅CoolSculpting(냉각 지방분해 기술로 비만을 치료하는 시술-옮긴이)을 했습니다. 이건 딱 1분간 효과가 있었습니다.

쿨스컬프팅을 받고 나서 〈더 닥터스The Doctors〉라는 TV 프로그램에 나갔습니다. 이 프로그램에서는 출연자에게 트레이너도 구해주고, 체육관까지 차로 데려나주고, 무료로 개인 체육관 회원권도 끊어주고, 셰프가 준비한 맛있는 끼니도 제공해주죠. 프로그램에 출연하는 동안 살이 빠졌습니다.

하지만 스스로 행동을 바꾸지 않는 한 행동의 변화는 일어나지 않습니다. 결국, 빠졌던 살이 그대로 다시 올라왔고, 오히려 살이 좀 더 쪘습니다.

다음으로 위 수술을 받았습니다. 살을 빼야겠다는 절박한 마음에 위 절제 수술을 한 거죠. 덕분에 상당량의 체중을 뺐지만, 역시나 행동이 변하지 않으면 빠진 살은 그대로 돌아옵니다. 그렇게 위장이 늘어났습니다.

브라이언: 위 우회 수술을 거뜬히 넘어선 사람들이 아주 많다고 알고 있습니다.

ANT: 제가 그런 축에 속하죠.

그러다가 위고비Wegovy라는 신약에 관한 글을 읽었습니다. 이 약을 써서 자기 몸무게의 최대 18퍼센트까지 감량한 사람들이 있다는 겁니다.[112] 이 약을 먹으면서 식단 관리나 운동 없이 몸무게를 99킬로그램에서 68킬로그램까지 떨어뜨렸습니다. 지금은 음식에 관한 생각을 바꾸는 방법을 가르쳐주는 지지 모임에도 참가합니다. 저는 배고파서 먹는 게 아니라 기분 때문에 먹는 것이거든요.

브라이언: 앞서 말했듯이 저는 당신이 뚱뚱하다는 것을 전혀 몰랐습니다. 하지만 이렇게 들어 보니 평생 요요를 겪으셨네요.

ANT: 제가 진짜 뚱뚱할 때는 공적인 자리에서 저를 전혀 볼 수가 없죠.

아시다시피 저는 체중을 감량하려고 결정 메탐페타민을 썼습니다. 그렇게 순식간에 상당량의 체중을 감량하고 나면, 몸에 있는 지방을 모조리 없애버리고 싶은 강렬한 욕구가 들기 마련입니다. 그런 이유만으로 메탐페타민을 쓴 것은 아니지만, 몸무게가 큰 이유이긴 했습니다. 우리 사회는 개인에게 너무 심한 압박을 가합니다. 대중의 시선을 받는 사람에겐 더하죠. 심지어 코미디언에게도 특정한 외모를 갖추라는 압박이 엄청 납니다.

브라이언: 제가 코미디를 처음 시작했을 때, 코미디언은 체구와 상관없이 코미디를 할 수 있다는 사실이 참 마음에 들었습니다. 엄밀히 말하면 그게 사실이죠. 하지만 경력을 쌓고 싶다거나 성공하고 싶다면 특정한 외모를 갖춰야 합니다.

ANT: 그 말씀이 대체로 맞다고 생각하는데요. 하는 일에 따라 다르다고 봅니다. 아시다시피 랄피 메이Ralphie May와 저는 정말 좋은 친구였잖아요. 신께서 그의 영혼에 안식을 주시길 빕니다. 랄피가 오디션에 나갈 때면 제가 오디션에서 선보일 내용을 챙겨주곤 했습니다. 한번은 랄피가 뚱뚱한 남자 배역을 선발하는 오디션장에 갔는데요. '너무 뚱뚱해서 그 뚱뚱한 남자 역할을 할 수 없다'라는 피드백을 받고 오디션에서 떨어졌습니다.

브라이언: 랄피 메이를 언급해주셔서 반갑네요. 저도 방금 그를 생각하고 있었거든요. 그는 종종 이렇게 말하곤 했죠. 코미디계에서 뚱뚱한 사람으로 남아 있을 거라면 다른 사람보다

열 배는 더 웃겨서 그 차이를 메꿔야 한다고요. 물론 랄피도 무척이나 재미있는 사람이었습니다. 그렇게 특출난 연기자들도 있지만 사실 그런 사람들은 예외적이죠.

공적인 경력에 도움이 되었다는 것 외에, 전보다 살이 빠져서 유익한 점은 무엇인가요?

ANT: 체중을 감량한 덕분에 제 모든 문제가 해결되었다고 거짓말하고 싶지만, 사실 아무 문제도 해결되지 않았습니다. 전보다 더 적은 치수를 입고, 공공 수영장에서 티셔츠를 입는 대신 이제는 해변에서도 셔츠를 훌렁훌렁 벗게 되긴 했습니다. 하지만 자기 생각을 바꾸지 않으면 똑같은 악마들에게 시달리기 마련입니다. 마른 몸이 된다고 달라지는 것은 전혀 없죠. 지금도 거울을 보면 전과 똑같은 제가 있습니다.

브라이언: 그런 내면의 문제들을 해결하기 위해 어떤 일을 하시나요?

ANT: 아직 회복 중입니다. 섭식 프로그램에 참여하고 있거든요. 이 프로그램에서는 제 생각이 곧 제 친구가 아니라고 가르칩니다. 늘 저 자신을 극복하길 원하게 되죠. 지금 제 몸무게가 68킬로그램인데 제 머릿속에서는 아직도 날씬하지 않다고 말합니다. 대체 언제쯤 날씬해질까요? 그러니 그런 내면의 소리에 귀 기울이지 않아도 됩니다. 지금은 제 상태에 만족한다고 말할 수 있습니다. 과체중이지만 만족하는 거죠. 지금 제가 체중을 감량하는 이유는 전과 다릅니다. 전에는 연예계 활동 때문에 살을 뺐거든요. VH-1, MTV 같은 방송사에서 특정한 외모를 원하니까요. 〈셀러브리티 피트 클럽〉을 진행할 때는 이 문제로 회의도 열었습니다. 진행자가 연예인 참가자들보다 뚱뚱할 수는 없다는 거죠.

지금 저는 제 외모를 더 편안하게 받아들이는 것 같습니다. 뚱뚱하든 마르든 말이죠.

약물에 관해 간단히 짚어두는 말

ANT는 위고비라는 처방 약을 먹으면서 상당량의 체중을 감량했고, 내가 아는 다른 몇몇 친구도 같은 약을 써서 살을 뺐거나 빼고 있다.

내가 처음으로 136킬로그램에 도달했을 때 찾아간 클리닉에서는 펜터민Phentermine을 처방해주었다. 펜터민은 식욕 억제제로서 미국에서는 1960년대부터 시판되었고, 90년대에 잠깐 인기가 급상승했던 것으로 보인다. 공교롭게도 내가 갓 태어난 코끼리만 한 무게에 도달했던 시기가 바로 이때였다. 약효는 놀라웠다. 그 약이 식욕을 훌륭히 조절하도록 도와준 덕분에 1

일 섭취 칼로리를 600 미만으로 유지할 수 있었으니 말이다. 이렇게까지 제한하라고 클리닉에서 권한 것은 아니었지만 나는 사정이 급했다.

약 6개월이 지나자 36킬로그램이 쏙 빠져서 성인이 된 이후로 최저 몸무게를 찍게 되었다. 하지만 이듬해에 빠졌던 살이 대부분 돌아왔다. 그러고는 조금 더 살이 붙었다. 나중에는 훨씬 더 체중이 불었다. 그 뒤로 이야기가 어떻게 전개되는지는 여러분이 잘 알리라 생각한다. 분명 약효는 놀라웠다. 다만 내 행동에 지속적인 변화를 이룬 것이 전혀 없었다는 것이 문제였다. 약을 끊자마자 예전 습관이 치고 들어왔고, 결국 나는 살을 찌우는 예전 경향에 다시 빠져들고 말았다.

살 빼는 방법은 가지가지다. 식욕 억제제를 먹을 수도 있고, 그보다 더 대대적인 치료를 받을 수도 있다. 하지만 ANT가 말했듯이, "행동이 변화하지 않으면 전부 돌아온다." ANT가 약을 복용한 것이 체중 감량을 촉진한 것은 분명하다. 하지만 그의 지속적인 성공은 그가 참여한 지지 모임, 그리고 자신의 사고와 행동을 바꾸려 했던 그의 적극적인 노력 덕분이었다.

45킬로그램을 감량한
치킨가게 경영자 오스틴 스미스

처음에 내슈빌 핫 치킨을 어떻게 알게 되었는지는 기억나지 않는다. 다만 그것이 그리 널리 퍼지기 전이었다는 것만은 안다. 당시 테네시에는 이 맛있게 고통스러운 음식을 파는 가게가 몇 군데밖에 없었다. 모르는 분들을 위해 말하자면, 핫 치킨은 복수의 음식으로 시작했다. 전해지는 바에 따르면, 귀부인들의 마음을 사로잡았던 쏜튼 프린스Thornton Prince라는 유명한 남자가 있었다. 어느 날 밤, 불륜으로 의심되는 저녁을 보내고 집에 돌아왔더니 후추를 잔뜩 뿌린 프라이드치킨 한 접시가 놓여 있었다. 그런데 그는 뜻밖에도 그 음식을 너무 좋아해서 아내를 깜짝 놀라게 했고, 이 요리법을 주변에 알려주기 시작했다. 몇 년 후 그의 조카딸이 내슈빌에 '프린스의 핫 치킨 오두막집Prince's Hot Chicken Shack'이라는 식당을 열었다. 이 이야기가 참 흥미롭다고 생각한 나는 다음번에 내슈빌에 갔을 때 프린스 식당에 가볼 수밖에 없었다. 다른 많은 사람처럼 나도 첫 한입에 곧바로 반해버렸다. 그리고 이동 중에 내슈빌에서 내로라하는 식당을 마주치면 빠짐없이 들러서 무조건 맛을 보기로 마음먹었다. 지금은 모든 식당이 내슈빌 핫 치킨을 약간 변형시킨 요리를 메뉴판에 내놓는 듯하다. 심지어 내가 사는 몬트리올에

서도 몇 블록만 나가면 핫 치킨 전문점이 있을 정도다. 그곳도 꼭 한번 가봐야 한다.[113]

앞서 말했듯이 나는 몇 년간 이동생활을 하면서 흥미로운 것을 찾아다닌 적이 있었다. 때로는 블러디 메리처럼 매우 특별한 것을 좇았다. 이런 성향이 사라와 나를 파티 파울Party Fowl이라는 멋진 이름의 새로운 핫 치킨 가게로 처음 이끌었다.

운 좋게도 파티 파울의 주인인 오스틴 스미스Austin Smith가 그 자리에 있었기에 즉석에서 인터뷰를 부탁해야겠다는 생각이 들었다. 그는 매우 친절한 데다 이야기하기를 매우 좋아했다.

그 후로 수년간 파티 파울은 매우 번창했고, 오스틴은 플로리다 지점을 포함해 곳곳에 분점을 열었다. 최근 사라와 나는 내슈빌을 지나가는 길에 다시 한 번 즉흥 동영상을 찍을 수 있을까 싶어서 그를 찾아갔다. 이번에도 그는 매우 친절한 태도로 우리에게 시간을 내주었다. 치킨에 관한 재미있는 대화를 나누다 보니 오스틴이 처음 만났던 그 사람이 아니라는 것을 알게 되었다.

브라이언: 요식업계에 종사하며 눈부신 성공을 누리고 계시는데요. 메뉴판에 적힌 모든 음식이 맛있지만, 사실 몸에 좋은 음식을 내놓으시는 건 아니잖아요. 프라이드치킨과 알코올이 들어간 슬러시가 살을 빼려고 노력하는 사람들을 위한 식단에

들어가지는 않으니까요. 그런데 마지막으로 뵌 이후로 살이 많이 빠지신 것 같습니다. 내슈빌에서 가장 맛있고 칼로리가 높은 음식들에 둘러싸여 있는데도 말이죠. 어떻게 관리하신 건가요?

오스틴: 그 이야기라면 자랑스럽게 할 수 있습니다. 약 1년 전만 해도 제 몸무게가 166킬로그램이었습니다. 계단만 걸어 올라가려 해도 숨이 찼죠. 제가 소프트볼을 하는데요. 3년 연속으로 베이스를 돌다가 종아리 근육이 찢어졌습니다. 너무 무거운 몸을 이겨내지 못한 거죠. 몸이 망가질 대로 망가지고 나니, 솔직히 우리 아이들이 자라는 모습을 지켜볼 만큼 충분히 살지 못하면 어쩌나 걱정이 들었습니다. 여기에 파티 파울도 차려놨고, 제가 책임져야 할 대가족도 생겼는데 말입니다.

팬데믹이 몰아닥친 탓에 유례없이 한가해졌습니다. 장사가 너무 안됐죠. 그래서 지금 당장 시작해야겠다 싶었습니다. 트레이너를 구해 모든 것을 바꾸겠다고 말이죠. 이렇게 시작해서 8개월간 술을 끊었고, 다량 영양소[114]의 섭취량을 추적하기 시작했습니다. 일주일에 4일은 한 시간 동안 무게 들어올리기를 하고 뒤이어 고강도 훈련을 한 뒤 40분간 유산소 운동을 했습니다. 운동의 성과가 눈에 들어오기 시작하고, 전보다 짧은 시간 안에 모든 세트를 완료하며 리듬을 타기 시작했을 때, 이 정도면 무난하다며 운동을 하루 더 하고 싶다고 코치에게 말했습니다. 그다음에는 매일 유산소 운동을 한 시간씩 하기 시작했죠.

제 첫 번째 목표는 30킬로그램을 감량해 10년 만에 처음으로 136킬로그램 아래로 내려가는 것이었습니다. 12월 31일보다 하루 전날 재보니 1.3킬로그램만 빼면 목표한 체중에 도달하겠더군요. 그래서 아무것도 먹지 않았고, 12월 31일 저녁 일곱 시에 체중계 위에 올라갔죠. 이때 기억은 절대 잊지 못할 겁니다. 세상에, 제 몸무게가 135.5킬로그램이더군요. 저는 눈물을 터뜨리고 소리도 질렀습니다. 그리고 제가 좋아하는 중국식당에 전화해 중국음식도 주문했고, 어머니께서 저를 생각해서 치워두신 크리스마스 쿠키도 먹었습니다. 적포도주도 좀 마시고, 버번위스키도 좀 마셨죠. 이것저것 다 먹겠다는 식이었습니다.

이렇게 목표를 달성한 뒤, 먹고 싶은 것을 다 먹고 사진을 찍어서 소셜미디어에 올렸습니다. 다음날 다시 제 궤도로 돌아왔습니다. 트레이너에게 말하길, 이렇게 체계를 갖춰 노력한 덕분에 결과를 얻었다면서 다음 목표를 향해 나아갈 준비가 되었다고 했습니다. 다음 목표는 첫 1년 안에 45킬로그램을 감량하는 것이었습니다. 그리고 7월 13일에 저는 44킬로그램 고지를 넘어섰습니다. 하지만 제 트레이너는 근육량도 11킬로그램이나 생겼으니 전체적으로 좋은 결과를 얻은 셈이라고 말해주었습니다.

다음 목표는 제가 마흔 살이 되는 3월 10일에 체지방률을 20 퍼센트 미만으로 떨어뜨리는 것이었습니다. 대학 때보다 나은 수치였습니다. 당연히 체중 감량 이야기가 즐거울 수밖에 없죠. 엄청난 성공을 거뒀으니까요. 매일 아침 눈만 뜨면 저절로 그 자리에 가 있는 것이 아닙니다. 자신을 끌고 가서 거기 있게 만들어야 합니다.

브라이언: 아시다시피 저도 체중 감량의 여정을 거치면서 45킬로그램 정도를 감량했습니다. 하지만 프라이드치킨 식당을 경영하고 있지는 않거든요.

오스틴: 바도 딸린 식당 말이죠!

브라이언: 어떻게 관리하면 그런 상황에서도 아무 지장 없이 자신의 목표를 위해 노력할 수 있나요?

오스틴: 우리 매장에서 파는 '엉덩이에 맥주를 꽂은 훈제치킨'은 정말 맛이 기가 막힙니다. 그런데 이 음식에 대한 신성 모독이겠지만, 저는 닭 껍질을 벗겨냅니다. 껍질에 지방이 너무 많거든요. 하지만 이 음식을 매우 즐겨 먹습니다. 또한, 브릭 타투 치킨도 머죠. 이 음식은 껍질 안에 샐비어 잎과 염소 치즈(염소 치즈가 대다수 치즈보다 지방 함량이 낮습니다)를 넣은 것으로 아주 맛이 좋습니다. 이 요리에 볶은 시금치와 감자, 피망, 양파 등을 곁들여 먹죠. 타코 구이도 먹습니다. 옥수수 토르티야 두 장에 구운 치킨 텐더를 넣어 먹는 요리죠. 이렇게 저

만의 방식을 구사해 나름의 풍미를 즐기며 제가 좋아하는 것을 먹습니다. 그러면서도 목표 수치에 도달할 적절한 방법을 찾는 거죠.

난처한 점이 하나 있습니다. 우리 가게를 찾아오는 행상인마다 제게 버번위스키도 따라주고, 맥주도 따라준다는 겁니다. 그러면서 이렇게 말하죠. "저기요, 한번 맛볼래요?" 그러면 저는 "네…… 아니오" 하죠. 이보다 더 끔찍한 일은 없습니다. 저는 권주를 좋아하고, 살짝살짝 음료 맛을 보는 것도 너무 좋아하거든요. 하지만 그런 것들을 지켜보기만 해야 합니다. 제 간이 술을 해독하느라 바빠지면 음식물을 처리하지 않으니까요. 그러면 모든 것이 살로 갑니다. 정말 짜증 나는 일이죠.

이건 일종의 전투였습니다. 하지만 그 과정에서 저 자신과 제 몸에 관해 많은 것을 배우고 여러 변화를 목격했습니다. 저는 가장 사소한 일이 그날의 변화를 만들어내고, 이것이 사고방식을 바꾼다는 것을 압니다. 지금도 저는 파티 파울의 음식을 늘 먹습니다. 시시때때로 핫 치킨 한 조각을 슬쩍 먹죠. 구운 치킨을 핫 치킨 소스에 찍어 먹기도 합니다.

브라이언: 요전 날 저녁에 파티 파울의 구운 치킨 요리를 실제로 먹어봤습니다. 정말 맛있더군요.

살 빼는 사람이
당신만 있는 것은 아니다

체중 감량을 위한 분투는 현실이며 내가 날마다 씨름하는 상대다. 삶의 순간순간마다 내 과도한 체중을 이대로 유지할지, 아니면 한 단계 떨어뜨리려고 시도할지 선택할 기회에 직면한다. 음식을 향해 손을 뻗을 때마다 이미 높아질 대로 높아진 내 WHR와 지나치게 높은 BMI를 유지할 만큼의 칼로리를 섭취할지, 아니면 약간 모자란 듯 섭취해 내 몸이 비상시를 대비해 비축해둔 연료를 사용할지를 결정한다. 나는 순간순간 몸을 움직여 칼로리를 태울지, 아니면 소파에 가만히 앉아 있어 칼로리를 덜 태울지 선택한다. 때로는 의식적으로 이런 결심을 내리지만, 대다수 경우에 이 결심들은 내 뇌의 무의식적인 영역에서 일어난다. 의식적으로는 더 건강하게 살고 싶지만, 내 뇌가 실제로 좋아하는 것은 소파에 앉아 있다가 이따금 일어나 주전부리를 찾는 것인가 보다. 내 뇌는 정말 바보다.

한창 고군분투할 때는 내가 혼자가 아니라는 사실에 위로받는다. 이것이 내가 이 책을 쓰는 진짜 이유일 것이다. 이 글을 읽는 여러분은 내가 지금까지 겪은 일들에 공감하거나, 자신의 몇몇 행동을 반성하거나, 나 혼자만 그렇지는 않다는 사실에 위로받을지도 모른다. 체중 감량은 어려운 것이다. 다들 방법은 알 수도 있지만 진짜 전투는 그것을 실천하는 데서 벌어진다. 지금보다 과거에 더 뚱뚱했던 사람들 몇몇과 그들의 분투에 관해 이야기 나누는 것은 매우 유익했다. 덕분에 계속 노력하는 데 필요한 영감과 동기를 받아서도 좋았지만, 나와 같은 문제를 상대하고 있는 많은 사람의 이야기를 듣는 것 자체가 매우 좋은 일이었다. 몇 년째 소식이 뜸했거나 멀리 떨어져 있던 옛 친구들과 근황을 주고받는 것도 좋았다. 나는 인터뷰를 마치고 나올 때마다 한결 태도가 긍정적으로 변했고, 나의 궁극적인 목표를 다시 한 번 새길 수 있었다. 사라가 이를 증명해줄 수 있다. 앞으로 코미디 축제 때 더 자주 행사 바깥에 빠져 있어야겠다. 알고 보니 이렇게 하는 것이 훨씬 더 시간을 유용하게 보내는 방법이었다. 다른 사람들과 이야기를 나눈다는 것은 정말 좋은 일이다.

체중 조절 클럽Weight Watchers, 과식자 자조 모임Overeaters Anonymous 등의 집단 치료 및 프로그램, 그 외 목적 달성을 위한 지지 모임도 이런 점을 토대로 삼는다. 나는 젊은 시절에 운동 친구들을 두곤 했다. 우리는 정기적으로 체육관에 함께 다니고 서로의 여정을 지지하면서 격려와 책임감을 제공했다. 혼자 운동해본 적도 많았지만, 그때의 습관은 이 문장의 길이만큼만 지속했다. 이동생활을 하다 보면 머무는 호텔마다 체육관이 있다. 그중에는 빈틈없이 운동 도구를 잘 갖춰 놓은 곳들도 있었다. 하지만 내가 실제로 그곳에 가서 운동하려고 노력한 경우는 손에 꼽을 것이다. 이렇게 인정하는 사람은 내가 처음일 테지만, 나는 절제력이 부족하다. 지금 내가 하는 이야기만 놓고 봐도 그렇다. 나는 러닝머신 위를 달리면서 가만히 내 생각에 귀 기울이기보다 다른 사람들과 함께 있는 편을 선호한다. 나와 같은 외향인들은 사람들과 함께일 때 운동을 더 즐긴다. 섭식과 식단 관리에서도 마찬가지다. 나는 다른 사람들과 함께 먹는 것을 사랑한다. 나는 사교적인 상황에서 잘 먹는 사람이지만 식단 관리는 혼자 한다. 어떻게든 다른 사람들과 어울려 서로 응원하고, 집중력을 유지하도록 도와주면서 나의 섭취량을 관리한다면 아주 좋을 것이다. 먹지 않겠다는 목적으로 사람들이 모이는 일은 없다. 하지만 이 목적을 달성하기 위해 지지 모임이라는 이름으로 모이는 사람들도 있다.

다른 사람들의 존재는 놀랍도록 유익하다. 나는 소셜미디어를 활용해 비슷한 목표를 가진 사람들과 소통하면서 서로 확인하고 책임감을 심어주는 사람을 많이 알고 있다. 나와 인터뷰했던 마크 쉬프는 스티브 미틀맨 등 정기적으로 서로 확인하는 그룹이 있다. ANT 역시 지지 모임에 참가했다. 트레빈 베르두스코는 사람들과 자원이 가득한 클리닉에 찾아갔다. 마크 에반스는 아내와 함께 간헐적 단식을 시작했다. 제니퍼 앤더슨은 지상파 TV 프로그램의 시청자들이 보는 앞에서 자신의 체중 감량을 추적했다. 핫 치킨 업계의 거물인 오스틴 스미스는 매우 훌륭한 개인 트레이너를 고용했다.

나는 한 번도 체중 감량 그룹에 동참하지 않았지만 내게는 사라와 알리사가 있다. 사라는 훌륭하고 지지적인 파트너로서 나와 종종 식단 관리를 함께하고, 나와 함께 음식을 즐기기도 한다. 알리사는 내가 활동성을 유지하는 데 도움이 된다. 알리사의 존재 자체가 내가 더 건강해지고 싶은 이유를 끊임없이 상기시킨다. 하지만 알리사는 아직 아이다. 아빠가 너무 뚱뚱하다고 해서 아이까지 아이스크림을 못 먹는 일은 없었으면 한다. 우리가 함께 외출했을 때 누군가 먹고 싶은 충동이 들면 자제력이라는 마차에서 떨어지기 십상이다. 그놈의 안전띠는 왜 그리 허술한지 모르겠다. 애초에 그런 마차를 누가 설계했단 말인가?

인터뷰했던 사람들과의 모든 대화가 매우 즐거웠고, 그들의 이야기 하나하나가 내게 통찰을 안겨주었다.

마크 쉬프, 조넬 라로슈와는 달리 나는 그렇게 술을 즐기는 사람은 아니었다. 여행하는 동안 블러디 메리를 많이 마신 것은 사실이지만 한 번도 술에 대한 애정이 생기지는 않았다. 대학원에 다니며 뉴올리언스에 살기 전까지는 술맛이 뭔지도 몰랐다. 대학원 1학년 초반 어느 날 밤, 우리 무리는 프랑스 거리 French Quarter 교외의 술집으로 술을 마시러 나갔다. 새 친구 중

한 명은 위스콘신 출신—음주라면 꽤 잘 아는 주[115]—이었다. 그는 내가 탄산수를 홀짝거리는 것을 보더니 어째서 더 센 것을 마시지 않느냐고 물었다. 나는 대학 파티에 가면 눈앞에 놓인 것을 아무거나 먹어보곤 했는데 맥주를 비롯한 주류는 도무지 내 구미에 당기지 않았다. 나는 술보다는 커피를 더 좋아하는 사람이라고 답하자 그는 이렇게 말했다. "네게 딱 맞는 맥주를 소개해주지." 그러더니 날 위해 스타우트를 주문해주었다. 와, 그가 얼마나 정확했던지. 스타우트를 한 모금 마신 순간부터 나는 이 새로운 경험에 흥분을 감추지 못하고 그 잔을 금세 비워버렸다. 그 뒤로 몇 잔을 더 주문했다. 지금 생각해봐도 그날 밤 뉴올리언스에서처럼 좋은 맥주를 마셔본 적은 없다. 대학 때 자주 열리던 대규모의 맥주 파티에서 먹던 것보다 훨씬질 좋은 맥주 맛을 내게 알려준 친구 제이슨에게 공을 돌린다. 결국, 나는 맥주 그리고 다른 주류의 맛을 좋아했다고 말할 수있다. 실제로 나는 맥주를 사랑한다. 다양한 스타일과 풍미를 익히게 되면서 내 미각은 주류 칼로리라는 새로운 세계에 눈을 떴다. 하지만 절대로 심각한 음주가가 되지는 않았다. 취하는 것은 싫다는 게 큰 이유였다. 나는 술도 마시지 않았고, 약물도 하지 않았다. 나의 일관된 악덕은 음식뿐이었다. 이것이 내 인생의 너무 큰 부분을 차지하면서 음식은 내게 즐거움을 안겨주는 거의 모든 것이었다.

내가 인터뷰했던 사람 중 몇몇은 매우 활동적인 사람들이었다. 그들은 갖가지 이유로 신체 활동이 상당히 줄었음에도 올림픽 선수와 같은 식생활을 유지했다. 마크 에반스와 내 전 룸메이트 데이브 델루카는 더없이 활동적인 사람들이었으나 환경이 변하면서 체중이 늘었다. 그들 모두 자기 행동을 절제해 45킬로그램 가까이 감량할 수 있었다. 두 사람 다 행동을 절제하고 건강한 생활 습관을 지키는 데 익숙한 운동선수들이었다. 그들에게 필요한 것은 식습관 개선뿐이었다. 그리고 줄넘기…… 데이브는 줄넘기를 참 많이 했다.

내가 살면서 후회하는 것 하나는 한 번도 스포츠에 빠져본 적이 없다는 것이다. 어렸을 때 부모님께서 티볼T-ball과 같은 운동을 해보라며 지원해주기도 하셨는데 도무지 나는 그런 데 관심이 생기지 않았다. 나중에야 내 친구 키어런 앳킨스처럼 내게도 ADHD 성향이 있다는 것을 알게 되었는데, 아마 그것이 하나의 이유가 아니었나 싶다. 다른 아이가 날린 공이 내 쪽으로 와주길 바라며 외야에 서 있는 것은 내 주의력을 붙잡아두기에는 너무 심심한 자극이었다. 정작 공이 내 앞으로 날아올 때면 내 마음은 이미 다른 데 가 있었다. 나는 한 번도 스포츠를 즐길 만큼 운동을 잘하지 못했다. 원기 왕성하지 못하다는 것은 내가 달리기를 지독하게도 싫어한다는 의미이기도 했다. 그러다 보니 스트라이크 아웃을 당하더라도 전혀 개의치 않았다. 축구나 농구처럼 훨씬 자극이 크고 빠르게 진행되는 종목들도 전혀 내 주의력을 붙잡아 두지는 못했다. 즐기지 못하니 서툴 수밖에 없었고, 이는 곧 팀 스포츠에서 내가 약점이 되는 결과로 이어졌다. 나는 사람들을 실망시키는 것이 싫었고 결국 스포츠에는 점점 무관심해졌다.

나는 운동선수도 아니면서 안타깝게도 여전히 운동선수처럼 먹었다.

고등학교 1학년 때, 몇몇 친구들이 레슬링부에 가입하면서 나를 설득해 함께 가입하게 했다. 레슬링은 격렬하고 강도 높은 신체 활동이라는 점이 마음에 들었다. 돌이켜 생각해보니, 일대일로 맞붙어 겨루는 레슬링의 즉각성 덕분에 내가 주의력을 유지했다는 생각이 든다. 레슬링은 싸움과 비슷하다. 우리 뇌는 싸우는 동안 주의가 흐트러지는 것을 절대 즐기지 않는다. 레슬링을 즐기면서 점점 더 체형이 좋아지기 시작했다. 그런데 1학년을 절반 정도 보냈을 때 레슬링 프로그램이 없는 학교로 전학을 가게 되었다. 결국 레슬링은 그 정도에서 끝나고 말았다. 전학 간 학교에서 최고 학년으로 올라갈 무렵, 방과 후에 몇몇 친구들과 라켓볼을 하기 시작했다. 라켓볼도 빠르게 진행되는 활동이다. 하지만 두 스포츠 모두 상대와 일대일로 붙는다는 점에서 나의 관심을 사로잡았던 것 같다. 이런 운동을 할 때는 다른 팀원을 실망하게 할 일이 없었다. 경기를 망치더라도 나만 피해를 보면 그만이었다. 라켓볼도 레슬링처럼 정말 재미있었고, 시간이 지나자 경기를 망치는 일도 없었다.

라켓볼을 왜 그만두었는지는 기억나지 않지만 어쨌든 우리는 어느샌가 라켓볼을 그만두었다. 아마 학년 말이어서 다들 제 갈 길을 가느라 그랬을 것이다. 잠깐이나마 그렇게 경기를 즐겼는데도 무슨 이유에서인지 그것만으로는 내가 운동선수가 되기에 부족했다. 그리고 나는 내 뇌가 훨씬 더 사랑하는 일, 즉 소파에 앉아 있는 쪽으로 돌아가고 말았다.

ANT의 경험을 그에게 직접 들을 수 있어서 정말 기뻤다. 내 생각에 과체중인 모든 사람은 어느 시점이 되면 시중에 나와 있는 빠른 해결책을 고민해보는 것 같다. 식단 관리와 운동은 너무나 어려우니 말이다. 이때 지방 흡입술, 쿨스컬프팅, 체중 감량 수술에 관한 광고를 보노라면 그것이 빠르고 손쉬운 해법을 가져다줄 티켓이라는 생각이 든다. 내 안의 회의주의자는 의심을 거두지 않으면서도 희망의 눈빛으로 그 광고들을 보곤 했다. ANT와 같이 위 절제 수술마저 넘어서고 다시 체중이 늘어난 사람들을 만나고 나니 그런 결과는 끔찍해 보였다. 그토록 큰 노력과 고통과 돈을 들였는데 몇 년 지나서 또다시 과체중이 된다니 말이다. 이와 달리 시술 후에 날씬한 상태를 잘 유지하는 사람들도 만났다. 하지만 내가 두 번째 그룹에 속할지도 모른다는 느낌은 한 번도 들지 않았다.

에릭 에스코바와 주고받은 이야기도 매우 좋았다. 그가 어마어마한 체중을 감량하는 데 성공했을 뿐만 아니라 사람 자체가 매우 쾌활하고 행복해 보였기 때문이다. 우리는 함께 먼 거리를 이동하면서 함께 즐기던 맛있는 먹거리에 관한 추억도 하나하나 떠올렸다. 그가 자기 행동을 고쳐 예전 행동에서 완전히 벗어나는 데 성공했다면 나도 할 수 있을 것이다.

나는 개인적으로 참 시의적절한 때에 그들을 찾아가 이야기를 나눴다. 당시 나는 몬트리올에 오기 전에 쪘던 몇 킬로그램을 감량한 상태였다. 이런 시기에 거의 매일 사람들과 만나 체중 감량 이야기를 하다 보니, 내 목표를 달성하는 것을 최우선 순위에 두고 나의 노력을 더욱 굳건히 지킬 수 있었다. 마지막 인터뷰를 끝낼 무렵, 나는 몬트리올에 올 때 달고 온 여분의 체중 중 2킬로그램을 남기고 전부 감량한 상태에 도달했다.

단추 아빠는 이제 안녕

알리사가 내 코미디 공연을 처음 봤을 때 알리사의 나이는 생후 2주였다. 나는 그때 노스캐롤라이나의 한 바에서 열린 작은 무대의 주요 공연자였다. 가족, 친구, 우리 가족의 친구들까지 평소보다 많은 수가 공연장에 와주었다. 알고 보니 그들의 주요 관심사는 갓 태어난 아기를 만나는 데 있었다. 충분히 이해할 만한 일이니 그들을 비난할 생각은 없다. 태어난 순간부터 무대를 훔치기 시작한 알리사가 나는 아무래도 괜찮았다.

이날 공연장에는 나의 어머니와 친구분들도 오셨다. 대개 코미디 쇼는 엄마나 아이들에게 친근한 자리가 아니다. 게다가 이날 공연에서는 유난히 야한 이야기들이 넘쳐났다. 나는 아이가 아직 영어를 이해하지 못한다는 것에 깊이 감사했고, 우리 딸의 온전한 정신을 위해 넬의 언어만 가르쳐야 하나 고민했다.[116] 나라고 훨씬 나은 공연을 했던 것은 아니다. 그 당시 나는 여전히 내 최대 몸무게에 거의 가까운 상태였기에 뚱뚱한 남자로 사는 것에 관한 전형적인 농담을 하고 있었다. 여기에 갓 아빠가 된 것에 관한 밋밋한 농담을 곳곳에 가미했다. 다행히 이 공연은 녹화 영상으로 남겨두었다.

그 영상에는 다음의 주옥과 같은 장면도 들어 있었다.

"제게는 딸이 하나 있습니다. 얼마나 다행인지요. 아들이었다면 제가 형편없는 롤모델이었을 테니 말이죠. 제가 수컷을 키울 재목이라며 자연이 믿고 맡겨줄 이유가 하나도 없거든요. 그랬다면 결과가 어땠을지 생각해보세요. 아들이 제게 와서 이렇게 말했겠죠. '아빠, 아빠, 축구 가르쳐 줘.' 그러면 저는 이랬겠죠. '이 녀석아, 네가 날 가르쳐줘야지. 던전 앤 드래

곤Dungeons & Dragons 게임이라든가, 만화책 읽는 법을 배우고 싶다면 내가 딱이지만.' 이와 달리 우리 아이는 딸이니까 제게 와서 이렇게 말하겠죠. '아빠, 아빠, 내가 브라우니를 좀 만들었어요. 먹어 볼래요?' 그럼 저는 '당연하지, 먹고말고. 한 판 더 만들어도 좋아'라고 하겠죠."

"아이가 태어나기 전에 사람들은 딸인지 아들인지를 물어보곤 했습니다. 제가 모른다고 말하면 이렇게 묻더군요. '그럼 어느 쪽이었으면 좋겠어?' 솔직히 저는 상관없었습니다. 어느 쪽이 됐든 현금을 넉넉히 준비해둬야 하니까요. 둘 중 한쪽이 다른 쪽보다 많은 돈을 벌어들이지 않는다면 말이죠. 복지 시스템은 아직도 잘 모르겠습니다."

"사람들이 하는 상투적인 말은 전부 사실입니다. 아이가 태어나자 다른 모든 것이 망가지더군요. 제 코미디도 엉망이 됐죠. 옷 입는 방법은 확실히 신경을 끄게 됐습니다. 지금은 2단계로 셔츠를 입습니다. 우선 선 상태에서 셔츠를 입으면 몸에 꼭 맞아 보입니다. 그러면 자리에 앉아 단추가 터져 나가는지 아닌지를 확인합니다. 제 아이는 저를 단추 아빠라고 부르면서 성장하겠죠."

아까 말했듯이 이 장면들은 주옥과 같다. 나에게는 황금 같은 시간이었다. 당시에는 마냥 재미있는 공연이었지만 지금 와서 돌이켜보면 왠지 슬퍼진다. 나는 늘 자기비하적인 농담을 해가며 공연했다. 그러나 내 건강이 나빠지자 그 농담들은 재미를 잃어가고 오히려 도와달라는 외침에 가깝게 느껴졌다. 그날 밤 실제로 셔츠 단추가 터져 나갔다. 우발적으로 벌어진 일이었지만 나는 그것을 공연에 녹여냈다. 앉았을 때의 복부는 서 있을 때와 다른 규칙이 적용된다. 단추 아빠의 면모는 지상파 TV 프로그램에까지 노출되었다.

팬데믹으로 인해 모든 일정이 취소되기 전, 짧게나마 한 달간 『느긋하게 웃으면서 짜증 내지 않고 살아가는 법』을 홍보하는 인터뷰 몇 개를 잡을 수 있었다. 그중 대다수는 사전 녹화본이어서 편집을 거친 후 방송에 내보낼 수 있었는데, 한 인터뷰는 노스캐롤라이나 샬롯에서 방영하는 생방송 아침 프로그램이었다. 당시 순회 일정을 다니던 나는 옷을 몇 벌 가지고 다니지 않았다. 하지만 검은색 양복 재킷 안에 단추를 채우는 멋진 셔츠를 받쳐 입으면 평소에 내가 풍기던 '캐주얼하고 학구적인' 분위기를 낼 수 있으리라 생각했다. 게다가 이런 스타일은 순회 다닐 때마다 입던 기본 유니폼에 매우 가까웠다.

그들은 나를 스튜디오로 불러들여 소파에 앉게 했다. 메이크업이나 의상도 확인하지 않은 채, 그냥 거리에서 나를 불러와 소파에 앉힌 것이다. 나는 앵커들이 방송하는 모습을 지켜보며 그날 샬롯에서 벌어지는 일들을 알게 되었다. 광고가 나가는 동안 한 PD가 나더러 인터뷰 준비를 하라고 재촉했다. 앵커

한 명이 나와 동석했고 우리는 내 책, 길 위에서의 삶, 스트레스 관리 등에 관해 즐거운 대화를 나눴다. 내 느낌에는 모든 것이 무난했다.

호텔로 돌아가 인터넷에서 영상을 찾아보는데 이상하게도 내 인터뷰 부분이 보이지 않았다. 프로그램의 다른 모든 꼭지는 보이는데, 유독 내가 출연한 부분을 보려고 링크를 클릭하면 다시 오류 화면이 나타났다. 나와 연락을 주고받던 방송국 담당자에게 이메일을 보내 물어보니 곧 보일 거라며 나를 안심시켰다. 해당 웹사이트의 안내 데스크에 연락해 오류 사항을 문의하기까지 했지만 해당 클립이 작동하지 않는 이유를 아는 사람은 없었다.

다행히 샬롯에 사는 한 친구가 그날 아침 생방송 인터뷰를 보면서 TV 화면을 휴대전화 카메라로 찍어두었다. 친구가 보내준 덕분에 영상을 확인하던 그때, 뭔가 잘못되었다는 낌새를 알아차렸다. 소파에 앉아 있는 나를 보니 인터뷰하는 내내 뱃살이 미는 힘 때문에 셔츠의 맨 아래 단추가 터져 있었던 것이다. 카메라는 정면에서 나를 잡고 있었다. 만약 채널을 맞추고 있었다면 샬롯시 전체가 내 배꼽을 똑똑히 보았을 것이다. 나는 TV 생방송에서 배꼽이 안쪽으로 들어간 사람이라는 것을 만천하에 공개했다.

나는 모든 앵커가 발목 위로는 정장이나 드레스를 갖춰 입으면서 그 밑으로는 슬리퍼나 고무창이 달린 실내 운동화를 신는 것이 재미있다고 여겨왔다. 생각해보니 이해가 되었다. 그런 신발들은 신기에 편안하고, 프레임 안에 들어오는 부분은 카메라에 담아도 좋도록 준비되었으니 말이다. 팬데믹 기간에 온라인 회의를 할 때면 아무도 바지를 입지 않는 것과 같다. 부적절한 의상 요소를 잘라내는 데 그렇게 익숙한 사람들이면서, 내 복부에 입을 크게 벌린 구멍이 카메라에 잡힌 것을 누구도 알아채지 못했다는 사실에 놀랐다.

그날 늦게 방송국 연락 담당자에게서 이메일을 받았다. 그는 이제 웹사이트에서 인터뷰 클립을 볼 수 있을 거라면서 일이 늦어져 미안하다고 했다. 사이트에 다시 들어가 확인해보니 내 배꼽을 가릴 작은 이미지를 덧대놓은 것을 알 수 있었다. 아마 그것 때문에 업로드가 지연된 모양이었다. 불량한 의상을 바로 잡으려고 말이다.

지금껏 살면서 이보다 과체중이 내 경력에 해가 되었다고 절절히 실감한 적은 없었다. 하지만 그런 일을 상상해볼 수는 있다. 자신들의 아침 뉴스 프로그램에 배꼽을 다 내놓은 남자를 선보이고 싶은 제작진이 어디 있겠는가? 나라면 좋아하지 않을 것이다.

의상 불량은 뚱뚱한 사람들에게 흔한 일이라고 늘 생각했었다. 물론 내게도 그랬다. 셔츠 단추가 터져 나가고, 허리띠가 끊어지고, 가랑이 쪽의 바짓단이 찢어지고, 청바지든 반바지든 허벅지 안쪽이 쓸려서 구멍 난 것이 수두룩하며, 티셔츠들은 끝도 없이 늘어지곤 했다. 이것도 모자라 한 치수 늘어날 때마다 옷을 계속 바꿔야 했는데, 일단 특대형 옷들은 값이 더 나갔다. 이 많은 살을 가리기가 그렇게나 비싸다. 내가 살이 찔수록 외모를 포기하게 된 것은 전혀 놀랍지 않다. 나는 정장 재킷 아래 티셔츠를 받쳐 입는 것이 보기 좋고, 청바지는 어느 자리에나 적절한 옷차림이라고 점점 더 확신했다. 45킬로그램을 감량한 지금도 나는 내 옷장에서 쇼핑하고 있으며, 새 정장 한 벌을 장만한 것 말고는 대대적으로 옷을 교체하지는 않았다. 부디 단추 아빠의 시대는 이제 지나갔기를 바란다.

부츠 신기
어렵네

끓는 물 속의 개구리라는 우화를 들어본 적이 있을 것이다. 줄거리는 이렇다. 만약 끓는 물에 개구리를 넣으면 즉시 뛰쳐나오겠지만, 미지근한 물에 들어간 개구리는 천천히 열이 가해지는 동안 새로운 환경에 계속 적응한다. 그러다 마침내 물이 끓는점에 도달하면 먹음직스러운 스낵으로 변한다는 것이다.

이 우화는 심리적 적응에 대한 은유로 자주 활용된다. 생활 환경이 갑작스레 나쁜 쪽으로 바뀐다면 금세 이를 알아차리고 불끈 화가 나거나 언짢아질 것이다. 하지만 환경이 점진적으로

악화할 때는 매번 직면하는 불편함에 적응하기 십상이다. 그리고 결국 "어쩌다 이렇게 됐지?"라고 묻는 상황에 놓인 자신을 발견하게 된다.

내가 이 질문을 던진 것은 몇 년 전 플래츠버그의 한 진료실에 앉아 있을 때였다. 당시 나는 여자친구의 부탁으로 압박용 긴 양말을 처방받으러 갔었다. 의사만큼 패션에 대해 정통한 사람도 없으니 말이다.

내가 어쩌다 그 지경까지 간 걸까? 인생 최대 몸무게까지 올라가던 몇 년 동안 내 다리와 발은 몹시 붓게 되었다. 얼마나 심하게 부었던지 내가 가진 카우보이 부츠 세 켤레는 1년 넘게 신지도 못했다. 그전에는 하루가 멀다고 신던 신발들이었는데 말이다. 그 부츠들을 신고 순회 일정을 다닌 것이 최소 5~6년은 되었을 것이다. 공항에서도 수월하게 신었다 벗었다 할 수 있었고, 별다른 관리도 필요 없었다. 도로 위를 다닐 때도 쓸모가 많았고, 청바지에도 매우 잘 어울렸으며, 착화감도 말할 수 없이 편안했다. 그 신발들은 나의 대표 패션을 이룰 만큼 내게 더없는 필수품이었다. 그러다가 서서히 상황이 변하기 시작했다. 부츠가 꽉 낀다는 느낌이 들기 시작했지만 그래도 억지로 신곤 했다. 결국 부츠를 신는 건 더욱 힘들어졌다. 발꿈치 위로 신발을 올리려면 힘이 들었고, 어느 날은 어찌나 세게 잡아당겼던지 끈 하나가 끊어져버렸다. 두 발로 서서 힘든 하루를 보내고 나면 신발을 벗을 수가 없었다. 사라가 나서서 신발 벗는 것을 도와주었다. 우선 한쪽을 벗기고, 다른 한쪽을 벗기다가 뒤로 넘어졌다. 이후 나는 신기 편한 신발을 더 자주 신기 시작했다. 순회 일정을 다닐 때는 근사해 보이는 캐주얼 신발을 신었고, 캘리포니아 집에 살 때는 대다수 행사에 고민 없이 고무 샌들을 골랐다. 나는 적응했고 합리화했다. 게다가 카우보이 부츠는 어차피 로스앤젤레스 날씨에 너무 더운 신발이다. 시간이 좀 지나자 허리를 숙이거나 다리를 꼬기가 힘들어지기 시작했다. 신발을 신고 끈을 묶으려면 이 동작들이 필수라는 것을 알고 있는가? 하지만 걱정할 필요 없다. 비행기를 타고 여행 다니려면 어차피 끈 없는 신발이 더 실용적이니까…… 그것도 신발에 발을 구겨 넣을 수 있을 때 말이지만.

그날 플래츠버그에서 의사가 내게 다리를 좀 '빼주길' 원하냐고(아니 의사들이 그런 것도 해주나?) 묻던 바로 그때, 나는 처방받은 양말을 내가 빠진 끓는 물로 생각하기로 했다. 이후 몬트리올로 돌아가 몇 가지를 손본 뒤, 내가 할 수 있는 것을 최대한 실천하기 시작했다. 다음 순회 일정차 미국에 돌아갈 때는 창고에 넣어둔 부츠를 목표 삼아 챙겨 갔다. 몇 달 후, 나는 전보다 편안하게 몸을 구부리게 되었고, 약 6개월 후에는 다른 사람의 도움 없이 혼자 부츠를 신을 수 있게 되었다.

지금은 내 발을 내려다볼 때마다 발등에 핏줄도 보이고, 발가락을 쫙 펴면 힘줄까지 보여서 즐겁게 감탄한다. 발이 부어 있을 때는 그저 반들반들한 피부뿐이었는데 말이다. 역시 발도 나름의 캐릭터가 있어야 한다.

지금은 날마다 카우보이 부츠를 신지 않는다. 하지만 그 신 발들을 신을 때마다 미소를 짓게 된다. 패션 감각이 돋보이는 압축 스타킹은 아무리 섹시해 보여도 전혀 구매한 적이 없다.

"아버지와 아들 사이인가요?"

약 45킬로그램을 감량한 지금의 나는 몇 년 전보다 젊어 보인다. 지금이야 내면의 자기 이미지를 갱신했지만, 이 변화를 처음 알아차릴 때만 해도 거울 속에서 나를 응시하는 멋진 남자를 마주할 때마다 잠시 충격에 빠지곤 했다. 그는 한 번도 내 눈길을 피하지 않았다. 얼마나 오싹하던지.

체중이 과해지면 몸에 나이가 든다. 외모뿐만 아니라 건강 상태도 마찬가지다. 나는 몸이 쑤시고 아플 때마다 나이가 들어 그런가 싶었다. 통증이 거의 사라진 지금 생각해보면, 그런 증상은 살이 찌면서 나타나는 결과였다. 사실 사람들 대다수는 이 두 가지 변화를 거의 같은 시기에 겪는다. 따라서 하나[117]가

사라지기 전까지는 둘을 구분하기가 몹시 어렵다.

체중을 감량하고 나와 인터뷰했던 사람 중 몇몇은 그 어느 때보다 자기의 외모도 기분도 젊어졌다고 말했다. 우리는 젊음을 날씬한 몸과 연관시킨다(유감스럽게도 모든 사람이 그런 것은 아니다). 나잇살도 자연스럽다고 생각하는 경향이 있다. 하지만 무엇이 자연스럽단 말인가? 물론 나이와 함께 체중이 느는 것은 흔한 일이지만 이것이 자연스러운 일인지는 그리 확신할 수 없다. 내가 진화심리학에 관심이 있다는 사실을 기억할 것이다. 글쎄, 노화에 따른 체지방 증가가 초기 인류에게 유익했을 거라는 시나리오는 상상하기 힘들다. 선사시대의 노인들은 부족 내 젊은 구성원들만큼이나 적들이나 곰, 그 외 천적들보다 빨리 달려야만 했을 것이다. 그렇게 달리는데 물렁물렁한 뱃살이 출렁거렸다면 잡아먹혔을 것이다.

스트레스를 주제로 한 대중 강연 무대에서 곰의 사례를 들면, 사람들은 곰과 마주친 두 도보 여행자 이야기를 들어봤냐고 내게 묻곤 한다. 둘 중 한 사람이 상대에게 이렇게 말한다. "어떻게 하면 저 곰보다 잘 달릴까?" 상대는 이렇게 답한다. "곰보다 잘 달릴 필요는 없지. 난 너만 제치면 돼." 아마 이것이 잃어버렸던 퍼즐 조각일 것이다. 초기 인류는 무사히 달아나기 위해 더 뚱뚱하고 나이 든 부족 구성원을 희생시킴으로써 살아남았을 것이다. 그 결과 그들이 아버지에 관한 농담(이를테면 내가 방금 활용한 것)을 얼마나 많이 놓쳤을지 생각해보라. 아무리 생각해도 체중 증가가 자연스러운 현상은 아닌 것 같다. 우리가 살고 있는 현대사회의 매우 부자연스러운 삶을 고려하면 체중 증가는 흔한 일이다. 인간의 몸은 종일 책상 앞이나 운전대 앞에 앉아 있다가 저녁에는 텔레비전 앞에 앉아 있도록 설계되지 않았다. 우리가 앉아 있도록 설계되지 않았다고 믿는 사람이 정말 많다. 스쿼 하는 사람들이 하는 말을 들어보라.

체중이 늘면서 머리카락도 길렀다. 체중 증가와는 관계없었다. 나는 긴 머리가 내게 잘 어울릴까 늘 확인해보고 싶었는데 젊었을 때는 한 번도 길러보지 않았다. 하지만 이건 도움이 되지 않았다. 40대 초반이 되고 흰머리가 나기 시작하면서 이번이 마지막 기회라는 생각이 들었다. 얼마간 턱수염도 길러봤다. 체모로 실험하던 중이었거나 이발비를 아껴보려는 생각에서였다. 영화 〈더 록The Rock〉의 오프닝 장면에 나오는 숀 코너리와 좀 비슷한 모습을 상상하곤 했다. 하지만 실제로는 록밴드 그레이트풀 데드Grateful Dead의 제리 가르시아Jerry Garcia와 더 가까웠다(씁쓸하게도 그가 더 잘 어울렸다). 그리고 늙어 보였다. 지독하게도 늙어 보였다.

한번은 문신을 많이 새긴 과체중 여성을 만났다. 그 여성은 체중에 쏠리는 사람들의 시선을 분산시킬 수 있을 거라는 생각에서 문신을 했다고 말해주었다.[118] 돌이켜 생각해보면 여분의 체모가 무의식적으로나마 여분의 체중을 가려주었다는 것을 알 수 있었다. 적어도 스스로 거울을 바라볼 때 그랬긴 했다. 과체중인 남성들이 턱수염을 덥수룩하게 기른 모습은 심심치 않게 볼 수 있다. 르네상스 축제만 나가보아도 알 수 있다. 이 조합에 뭔가가 있는 모양이다. 하지만 문신이 많던 그 여성처럼 나 역시 아무도 속이지 못했다.

지금 나는 몇 년 전보다 젊어 보인다. 머리카락도 짧게 유지하고 턱수염도 잘 다듬는다. 바라건대 몇 년 후에는 지금보다 더 젊어 보였으면 한다. 그때 가서도 스쾃보다는 앉아 있기를 선호할 가능성이 클 것이다. 의자와 소파는 너무나 좋으니 말이다.

나의 전 룸메이트 데이브 델루카와 이야기를 나누다 보니 로스앤젤레스에서 아파트를 구할 때 있었던 일이 생각났다. 함께 살기로 마음먹었을 때, 나는 순회 일정을 소화하며 이동생활을 했고 그는 여전히 샌프란시스코에 살고 있었다. 이에 우리는 로스앤젤레스에서 만나 이틀간 아파트 찾기에 몰두하기로 했다. 탐색 범위는 웨스트 할리우드로 좁히기로 합의했다.

우리는 또한 수영장과 주차장이 딸린 아파트를 찾기로 범위를 좁혔다. 물론 이 모든 것이 합리적인 가격 범위 안에 들어와야 했다. 그런 다음 수영장이 딸린 건물에 있는 집 두 군데를 살펴봤는데 어찌나 역겹던지 수영장을 검색 기준에서 제외하기로 했다. 자주 순회 일정을 소화하는 코미디언들이니 노상 주차에 의존할 수 없었고, 순회 일정을 마치고 귀가했는데 거리 청소 중에는 이동할 수 없다는 안내문을 볼 수도 없었다. 수영장이라는 선택지를 버리고 나니 한결 좋은 집들을 둘러볼 수 있게 되었다. 그러다 마침내 산타모니카 대로를 막 빠져나오는 지점에 있는 방 두 칸짜리 완벽한 집을 우연히 발견했다. 둘 다 그곳이 마음에 들었고 위치도 훌륭했던 터라 계약을 진행하려 했다. 집주인은 우리에게 신청서 몇 부를 주더니 이렇게 물었다. "두 분은 어떤 사이인가요, 아버지와 아들인가요?"

나는 데이브보다 고작 대여섯 살 위다.

우리는 한바탕 웃은 뒤—데이브가 나보다 많이 웃었다—그냥 코미디언 친구들이라고 설명했다. 신청서를 받아 들고 차로 돌아오자마자 나는 그 집에 살기가 싫어졌다. 데이브가 말했다. "왜? 좋은 집이던데!"

"이봐, 집주인이 나더러 자네 아빠 같다잖아!" 내가 말했다. 데이브는 내 마음이 상했다는 것을 알아차렸지만 마땅한 곳이 없을 경우를 대비해 그곳을 찜해두기로 했다. 다행히 우리는 아주 좋은 위치에 있는 멋진 집을 찾았고 웨스트 할리우드에서 몇 년을 잘 보냈다.

앞서 말했듯이 데이브는 가차 없이 운동하는 사람이었다. 나는 그렇게 오해받았다는 기억 때문에 우리만의 집에 입주한 뒤

그와 함께 운동을 시도했다. 아직 수면무호흡증을 제대로 치료하지 않은 상태였기에 통증이 좀 있었고, 운동이라는 마차에서 자꾸만 굴러떨어졌다. 데이브는 지지적인 룸메이트로서 좋은 본이 되어 주었으나 그 당시 나는 의욕적인 상태를 유지하기가 매우 어려웠다. 지금은 그때보다 잘 자고, 그때보다 훨씬 많이 운동할 수 있으며, 전체적으로 그때보다 훨씬 나은 룸메이트 역할을 할 수 있다. 그렇다고 지금 룸메이트를 구한다는 건 아니지만 사람 일은 알 수 없는 법이다.

최근에 진행한 인터뷰에서 데이브는 이렇게 말했다. "자네는 산타클로스 같았고 나는 꼬마 요정 같았지!"

형이라고 했어도 수긍했을 테고, 심지어 젊은 삼촌이라고 했어도 좋았을 것이다. 그런데 뭐, 아빠라고? 망할 놈 같으니라고.

9장

건강해지려는
목적

나와 인생을 함께하는 사람은 작업치료사이자 전직 코치, 준프로급 탱고 댄서, 그리고 활발하게 활동하는 예술 모델이다. 복잡하게 들리겠지만 이 모든 것은 한 인물이다. 그녀의 이름은 사라며, 내게는 이 세상에서 가장 아름다운 여성이다. 사라도 인생을 살아오면서 상당량의 체중이 오르락내리락하는 것을 겪었다. 나와 함께 사는 것이 그녀의 유일한 분투는 아닌 듯하다. 지금까지 이 책 곳곳에서 사라의 이야기를 소개했지만, 이제야말로 그녀의 이야기를 조금 더 들어볼 때가 된 것 같다.

아래는 내 아내 사라 볼린저의 이야기다.

저 역시 살면서 몇 차례 체중을 감량해봤다는 사실을 앞서 넌지시 말씀드렸죠. 그 과정에서 다양한 방법을 시도했고 각기 다른 정도로 체중을 감량했습니다. 하지만 저의 체중 감량에서 정말 중요했던 요소는 체중을 감량해 건강해지고 싶다는 소원 뒤에 숨은 '목적'에 있었습니다.

여러분은 자신의 목적을 아시나요? 그것은 순식간에 떠오르나요, 아니면 자리에 앉아 곰곰이 생각해봐야 하나요? 자기만의 목적을 생각할 때는 자신에게 진실해져야 합니다. 솔직하게 대답하고, 친구에게 조언을 건네듯 자신에게 친절하세요.

제 인생에서 체중이 늘어나 고생했던 첫 번째 시기는 대학원 때였습니다. 많은 학생처럼 저도 수면, 식생활, 학업 일정이 들쑥날쑥했죠. 제가 듣던 작업치료 수업은 빈틈없이 꽉 찬 학기 일정 속에서도 갑작스러운 변화에 늘 유연하게 대처하는 태도를 권장했습니다. 우리 프로그램의 강사들은 바쁘게 돌아가는 의료 계통에 종사할 우리를 훈련한답시고 "작업치료사는 유연하다"라는 문구를 반복해서 언급했습니다. 그 변화들은 너무도 자주 일어나더군요. 제 동료들은 "작업치료사는 유연하다"라는 표현은 그저 직원이 자기 일정에 끼어드는 모든 것을 처리한다는 뜻이라고 농담하곤 했습니다. 그럼에도 우리는 즐거운 마음으로 열의를 다해 변화하는 상황에 따랐습니다. 그것이 우리가 할 일이었고, 우리가 훈련받는 일이었으니까요. 덕분에 저는 약간의 회복력, 힘든 상황에 적응하는 법, 변화하는 상황과 환경에 빠르게 적응하는 법, 내 의뢰인들도 적응하도록 돕는 법을 배울 수 있었죠. 하지만 다른 사람을 돌보면서 혹은 아이러니하게도 사랑하는 사람을 보살피는 사람들이 자신을 돌보도록 가르쳐주면서, 정작 저 자신을 돌보는 법은 배우지 못했습니다. 그래서 마냥 해맑게 사람들을 돕겠다는 자세로 첫 일자리를 찾아 나섰을 때, 그동안 살이 좀 붙어 면접에 가려면 새 정장 재킷을 사야 하고 스크럽도 더 큰 치수로 마련해야 한다는 사실을 알았을 때 전혀 놀랍지 않았습니다.

대학원을 졸업한 후에는 결혼하려고 약혼도 했습니다.[119] 다른 신부들처럼 저도 제가 입을 드레스에 대해 바라는 모양이 있었습니다. 그 드레스에 딱 맞는 제 모습도 머릿속에 그려 두었죠. 하지만 머릿속의 이미지는 거울 속에 보이는 사람과도 맞지 않았고, 저의 예전 체형과도 맞지 않았습니다. 이에 살을 좀 빼야겠다는 목표를 세웠습니다. 결혼 준비에는 스트레스가 따릅니다. 일주일에 케이크 세 종류를 맛보는 것을 비롯해 메뉴를 시식하는 일은 체중 감량에 조금도 도움이 되지 않았죠.

그럼에도 저는 운동, 1:1 트레이닝, 칼로리 감량, 그룹 모임을 통해 11킬로그램을 감량했습니다. 이상적이라는 느낌은 들지 않았지만 확실히 전보다 기분도 좋아지고, 웨딩드레스를 입었을 때 자신감도 더 생겼습니다.

체중이 서서히 다시 늘어난 두 번째 시기는 아직 젊은 임상의사였을 때였습니다. 저는 제 일과 제 환자들에게 온종일 헌신했습니다. 일을 마치고 나면 녹초가 된 상태로 집에 돌아오면서 여전히 머릿속으로 문제의 해법을 고민하며 환자 생각을 했습니다. 집에 도착하면 알람을 맞춰두고 잠시 소파에서 눈을 붙인 다음, 에너지를 최대한 끌어올려 체육관에서 운동한 뒤에 저녁을 먹고 잠자리에 들었습니다. 몇 번은 알람 소리도 잊은 채 자다가 겨우 깨어나 트레이너에게 전화를 걸어 사과했습니다(그는 짜증을 냈으나 여전히 돈은 받았습니다). 그러고나서 다시 잠에 빠져들었죠. 다음 날이 되면 마치 영화 〈사랑의 블랙홀Groundhog Day〉의 한 장면처럼 같은 일이 반복되었습니다.

저 자신은 계속 과체중이면서 환자들은 운동과 근력 강화를 통해 활동을 늘리는 등 몇몇 방법을 동원해 상태가 호전되도록 돕고 있었습니다. 그러다 보니 약간 위선적이라는 기분이

들 수밖에 없더군요.

저는 책임 있게 행동하며 본이 되고 싶었습니다. 나 자신과 환자 모두를 위해 기분도 나아지고 실제 상태도 나아지길 바랐죠. 이번에 제게 동기를 부여해준 '목적'은 전보다 강하고, 의미 있고, 더 건강에 토대를 둔 것이었습니다. 결과도 전보다 더 강력했죠. 이번에는 개인 트레이너와의 운동 및 새벽 5시 요가를 그만두었고, 밤에는 휴대전화를 내려놨습니다(만세! 한번 상상해 보세요. 사실 저는 잠이 더 필요했거든요). 대신 식단을 계획하고, 단백질 섭취량을 높이고, 매주 클리닉에 가서 검진을 받기로 했습니다. 이렇게 해서 23킬로그램을 감량했습니다. 쉽지 않은 이 과정을 거치는 동안 몇 가지 더 배우기도 했습니다만, 저의 동기도 만만치 않게 강력했습니다. 저는 거울을 보며 그날의 목표를 상기할 뿐 아니라 저의 작업으로 세상을 더 나은 곳으로 만들어야겠다고 마음먹었습니다. 그러자 더 큰 자기 확신이 들었고, 더 많은 에너지가 솟아올랐으며, 전반적인 영향력도 커져서 제가 돕는 환자들을 뒷받침할 수 있었습니다.

제 인생에서 큰 체중 증가를 경험했던 세 번째 시기는 일련의 외상성 질병을 겪고 난 후였습니다. 사고도 있었고 중대한 무릎 부상도 있었죠. 아파본 분들은 아시겠지만 이런 일은 눈덩이처럼 커지는 경향이 있습니다. 인간의 신체 구조들은 서로 연결되어 영향을 주고받으니까요. 마찬가지로 몸의 일부만 고친다고 해서 간단히 사태가 끝나는 경우는 거의 없습니다.

특히, 무릎 부상은 제게 큰 타격이었습니다. 그해 초반에 저의 댄스 실력이 최고 수준에 도달한 상태였거든요. 저는 지역 탱고 커뮤니티의 눈부신 일원이자 기획자였을 뿐 아니라 막 강사 일도 시작했고, 2주 뒤에는 초대받은 사람만 참가할 수 있는 특별한 국제 탱고 회의에도 갈 예정이었습니다. 몸을 다친 운동선수가 가볍게 털고 일어나 부상 속에서도 부단히 노력하는 모습을 보고 의문이 들었던 적이 있으실 텐데요. 여기에는 많은 이유가 있습니다. 통증에 대한 높은 내성, 순간적으로 분출되는 보호 호르몬, 충격, 전면 부인 등이 그것입니다.

저는 의료 계통에 종사했던 사람으로서 인체를 잘 알고 있었고, 몸에 대한 인식이 뛰어난 꽤 원기 왕성한 사람이었습니다. 따라서 촬영 결과와 검진 결과를 받아 보기 전부터 이미 제 몸에 무슨 일이 일어났는지 정확히 알았습니다. 제가 진료실에 걸어 들어가자 인턴생들의 눈이 부엉이처럼 휘둥그레졌고, 의사는 바닥 쪽을 내려다보며 고개를 절레절레 흔들더니

"정말 죄송합니다. 볼린저 씨……"라며 말끝을 흐리기 시작했습니다. 그의 어조는 마치 제 무릎에서 암이라도 발견한 것처럼 사태가 심각하다는 것을 나타냈습니다. "상태가 꽤 안 좋으시다고 생각했습니다. 이렇게 걷고 계시다니 저희는 믿을 수가 없네요."

"걷는 거요?" 제가 답했습니다. "저는 클리닉에서 일했고, 환자도 직접 옮겨봤고, 이번 주에도 네 번이나 춤추러 갔었는걸요!" 이 말을 들은 사람들의 눈은 거의 터져 나올 듯했습니다.

뒤이은 수술과 재활 과정은 저를 매우 겸손하게 만들었습니다. 덕분에 저는 제자리를 찾았을 뿐 아니라 제 환자들에게 더 깊이 공감할 기회를 얻었습니다. 스포츠 의학 센터에 근무하던 저의 물리치료사는 2분간 눈을 감고 한 다리로 서서 두 손가락만으로 균형 잡기와 같은 운동부터 하게 했습니다. 그러면 저는 한바탕 웃은 뒤에 농담조로 이렇게 말했죠. "좀 더 어려운 운동을 내주셔야겠는데요. 잊지 마세요. 저는 무용수인 진저 로저스처럼 하이힐을 신고 뒤로 걷던 사람이에요. 눈을 감고도 밤새 춤추곤 했다니까요." 이렇게 저는 조금 더 까다로운 동작을 계속 요구했습니다. 상태가 나아지길 바랐거든요. 재활에 들어간 지 일주일쯤 되던 어느 날, 물리치료사가 제게

다시 쏘아붙였습니다. "다시 춤출 생각은 버리셔야 합니다."
저는 정말 충격에 빠졌습니다. 그때까지만 해도 별일 아니라
고 여기면서 비교적 쉽게 생각했거든요.

의료계 종사자로서 의료인 환자를 만나는 것만큼 까다로운
것은 없습니다. 우리는 각자 자기 식대로 너무 많은 것을 알
고 있으면서도 서로의 전문 영역은 제대로 이해하지 못할 때
가 많거든요. 하지만 물리치료사들은 늘 저의 팀이자 가족이
었기에 저는 그분들을 사랑하고 존경했습니다. 저는 골칫거리
환자가 되고 싶지 않았고, 더군다나 공교롭게도 의료인 환자
로서 그러고 싶지는 않았습니다. 하지만 이 말은 해두고 넘어
가야겠군요. 물리치료사의 그 말을 듣고 나서는 절대로 그를
훈계한다거나 제 속마음을 털어놓지는 않았습니다. 그저 물리
치료사를 다른 사람으로 바꾸면서 프로그램이 끝났을 뿐이죠.
오, 그리고 저는 약 4주 뒤에 변형된 형태의 댄스를 다시 시작
했습니다.

재활만으로는 정상 생활로 돌아오는 데 충분치 않았습니다.
몸이 영 저 같지가 않더군요. 활동량도 떨어진 데다 치료를 명
목으로 빵을 구워 먹었더니 체중이 산만큼 늘었습니다. 다른
건강 문제도 수두룩했는데 특히 통증이 두드러졌습니다. 아픈

건 무릎만이 아니었습니다. 체중이 늘자 온몸에 염증과 관절염이 생겨 상태가 나빠졌습니다. 이 상황이 버겁게 느껴진 저는 다시 뭔가를 시도해 살을 빼야겠다고 생각했습니다. 그래서 주치의를 찾아가기로 했습니다. 정골 의사인 그분은 늘 제 이야기에 귀 기울여주셨고, 항상 최신 연구를 파악하고 계셨기에 제가 사랑하는 분이었습니다. 병원에 도착했더니 그날따라 대기가 길더군요. 그런데 진료실 문에 다음과 같은 새 문구가 적혀 있었습니다. "당신의 불만을 세 가지로 줄이세요." 아마도 그의 경청하는 능력이 입소문을 탄 모양이었습니다. 안타깝게도 저는 줄줄이 증상이 많았던지라 제일 중요한 것을 선생님께 말씀드리기로 했습니다. 선생님은 제 이야기를 잘 들어주셨지만 그 증상은 무릎 부상 때문이라고 하시더군요. 저는 약간의 지원을 더 받고는 자리에서 일어났습니다.

뭔가 개운치 않고 여전히 해답을 찾고 싶었던 저는 두 번째 선택지를 찾아보기로 했습니다. 그러다 한 의사를 만났습니다. 그분은 제 검진 기록의 수치들을 살펴보고 제 이야기도 잘 들어주었을 뿐 아니라 제가 생각해봐야 할 몇몇 중요한 질문도 던졌습니다. 그분은 제가 잠시 멈춰 서서 올바른 질문을 던지고 정말 문제를 해결할 마음이 있다면, 이미 제 증상에 대한 몇 가지 해법을 가졌을 수도 있다는 뜻을 넌지시 전했습니다. 예를 들어, 제 오른쪽 엉덩이와 어깨의 통증은 긴 통근 시간과 연관된 것일 수도 있었습니다. 집에서 더 가까운 직장을 얻는다면? 그 밖에 여드름, 불면증, 생식 기관의 문제도 생활 방식에 원인이 있을지 모르는 일이었습니다. 좋아, 한번 해보지 뭐, 아직 내가 포착하지 못한 것이 있다면(당연히 포착하지 못했을 겁니다. 깨닫지 못했으니 그대로 살고 있었겠죠) 방에 있는 그 코끼리든…… 곰이든…… 상대해보자. 사실 제가 스트레스로부터 자유로운 삶을 살고 있던 것은 아니었거든요.

이날 저는 의사의 총체적인 접근방식에 감사했고, 건강 관리에는 늘 개선의 여지가 있다는 사실을 깨달으며 진료실을 나왔습니다. 제가 가진 많은 문제를 풀려면 많은 해법이 필요하겠다는 것을 깨달았죠. 그때부터 저는 전반적인 생활방식, 건강, 웰니스Wellness(신체적, 정신적, 사회적 측면에서 두루 건강한 상태-옮긴이) 측면을 다루는 광범위한 관점에 초점을 맞춰 체중 감량과 건강을 대하기 시작했습니다. 건강해지려는 저의 '목적'은 단순히 옷이 잘 맞길 바라는 것보다 훨씬 강력했고, 단순히 다른 사람들에게 모범이 되고 싶다는 마음보다 훨씬 강력했습니다. 바로 저 자신에게 집중하는 것이었죠. 다시 한번 댄스 기량을 마음껏 펼치고, 가장 좋은 수준의 건강을 찾겠다는 것이 제 목적이었습니다.

건강 문제는
대부분 체중 때문이었다

  몬트리올로 올라오기 전, 댈러스에 머물며 추수감사절을 보낸 다음 날의 일이다. 나는 최근에 받은 검진의 결과를 살펴보러 근처 클리닉에 예약해둔 상태였다. 그날 내 기분은 나쁘지 않았다. 하지만 마지막 건강검진이 벌써 몇 년 전이었고, 나이도 이제 50에 접어든 터라 병원에서는 모든 것을 검사했다. 정말이지 전부 다 검사했다.

  병원에는 식구들과 함께 갔다. 지원군이 필요하다는 느낌이 들어서가 아니라 그것이 우리의 방식이었다. 더군다나 사라는 의료 계통의 전문가이므로 병원 일을 볼 때마다 그녀가 곁에 있어야 마음이 놓인다. 사라가 메모를 하고, 적절한 질문을 던지고, 다음에 할 일을 잊지 않고 챙겨줄 테니 말이다. 알리사는 지루한 클리닉을 싫어하면서도 대체로 착하게 있었다.

  이날 만난 의사는 한 달 전쯤 검진받을 때 처음 봤지만 우리가 댈러스에 사는 내내 주치의로 등록되어 있었다. 1년 넘도록 그의 이름이 내 보험카드에 적혀 있었는데도 나는 그 카드를 써본 적이 없었고 사라 때문에 마지못해 검진 일정을 잡았을 뿐이었다. 그럼에도 의사는 우리를 기억했고, 차트에 기록되지 않은 것들까지도 언급하곤 했다. 다시 순회 일정을 시작했는지도 물었고, 사라가 물리치료사라는 것도 기억했다(정확히는 작업치료사지만 이것만 해도 상당히 비슷했다). 그는 참 좋은 사람이었고, 나를 그에게 소개하기까지 그토록 오래 기다렸다는 것이 부끄러웠다.

병원에 가기 싫었던 이유가 있었다. 내 건강 문제는 대부분 체중과 관련이 있으니 체지방을 빼면 나아질 거로 생각했기 때문이다. 게다가 내 주치의가 좋은 사람이든 아니든, 그에게 공식적으로 칭찬을 듣겠다는 이유만으로 힘들게 번 내 돈을 왜 부담해야 한단 말인가? 사라는 이제 곧 텍사스를 떠날 테니 검진을 받자고 나를 설득했고, 나 또한 지난번에 사라가 검진을 받으라고 해서 알게 된 것을 기억했던 터라 사라 뜻에 따랐다. 사라가 의사한테 가보라고 할 때는 그 빌어먹을 의사한테 가보는 편이 낫다.

추수감사절 다음 날이었던 탓에 나는 칠면조 고기와 파이를 잔뜩 먹은 배를 안고 갔다. 그래서 체중계에 보이는 수치를 의식적으로 안 보려고 했다. 기본 신체검사를 하는데 희소식이 들어오기 시작했다. 내가 기억하는 한 최저 혈압이 나온 것이다. 너무 혈압이 낮기에 기계가 잘못된 것이 아니냐고 묻기도 했다. 검사한 사람도 의심스러워 보였다. 나는 다시 확인을 해야만 했다. 사라는 그저 가만히 미소를 짓고 있었다. 의사는 검사 결과를 하나하나 훑어보기 시작했고, 내가 모든 면에서 정상 또는 건강한 범위 안에 있다고 말해주었다. 혈당도 정상이고, 콜레스테롤 수치도 낮고, 신장과 간도 훌륭하게 제 기능을 수행하는 듯했다. 심지어 내 체중과 직접적으로 연관되지 않는 것들까지 전부 좋은 지표를 보이고 있었다. 의료 전문가가 목록을 훑어 내려가면서 계속 내 건강이 좋다고 설명해주는 것은 정말 멋진 일이었다. 기분이 너무 좋았다. 이런 정도라면 본인 부담금을 두 번이나 낼 충분한 가치가 있었다. 표준 비율은 잘 몰랐지만 나는 그에게 팁으로 15퍼센트를 얹어주었다.

딸이 태어난 이후로 나는 약 45킬로그램을 감량할 수 있었다. 여러분도 아시다시피…… 클리닉에서 나와 차로 걸어가면서 사라와 알리사를 바라보았다. 내 삶이 다시 정상 궤도로 돌아오도록 도와준 두 여성을 바라보면서 내가 할 수 있는 일은 미소 짓는 것뿐이었다.

기가 막힌 사실은 아직도 감량할 체중이 많이 남았다는 것이다. 하지만 여기까지만 해도 나는 참 먼 길을 왔다. 주치의는 내가 이미 알고 있는 것—내가 건강해지고 있다는 사실—을 확인시켜주었다. 텍사스에서의 시간이 얼마 남지 않았고, 우리는 몬트리올로 갈 것이며, 아마 또 다른 순회에 나설 수도 있다는 것을 생각하니, 남은 살을 다 빼려면 얼마나 긴 시간이 걸릴지 궁금해졌다.

몬트리올에서 드리는
작별 인사

어느덧 여름의 끝자락에 다다랐고 이 책도 이야기를 마칠 때
가 되어간다. 우리는 좋아하는 도시와 다시 소통하고, 옛 친구
들을 만나고, 새 친구들도 사귀면서 더없이 좋은 시간을 보냈
다. 4년간 떠나 있다가 돌아온 사라와 나는 우리가 애초에 이
도시와 사랑에 빠졌던 이유를 다시 떠올리게 되었다. 덕분에
우리 둘의 사랑에도 작은 불꽃이 지펴진 듯하다.

특히 나는 알리사가 이곳 생활을 매우 좋아하는 걸 보고 정
말 기뻤다. 지난번에 여기 데려왔을 때만 해도 아직 한 살이 채

되지 않아 유모차를 타고 왔던 터라 알리사에게는 모든 것이 새로웠다. 알리사는 공원도 좋아하고, 올드 타운을 탐색하는 것도 좋아하며, 각종 축제도 매우 좋아한다(특히 벽화 축제를 좋아한다[120]). 프랑스식 빵도 맛있게 먹을 줄 알게 되었는데, 특히 바게트를 아주 좋아한다. 심지어 이웃과 더 많이 얘기할 수 있도록 프랑스어 수업에 보내줄 수 없냐고 물어보기까지 했다. 다섯 살배기 꼬마가 말 그대로 프랑스어를 배우게 해달라고 부탁한 것이다! 아마 언젠가는 알리사가 사라와 나를 가르쳐줄 것이다.

이제 우리는 다시 미국으로 돌아갈 채비 중이다. 이미 버릴 수 있는 것은 다 버렸고, 남쪽으로 가기 위해 나머지 짐은 오늘 오전 중에 차 내부와 지붕 위에 실을 생각이다. 다른 철새들처럼 우리도 곧 국경을 향해 날아갈 것이다. 먼저 플래츠버그에 들른 뒤, 뉴욕시로 가서 나와 일하는 출판사 사무실을 방문하고 다시 콜로라도, 몬태나, 유타에서 순회 일정을 소화할 예정이다. 이번 순회공연은 놀라운 시간이 될 것 같다.

참, 몬트리올에 도착하기 전에 늘어났던 체중은 전부 감량했다. 푸틴도 몇 접시 먹고 메이플 시럽도 좀 많이 먹었는데도 45킬로그램을 감량한 그 수치로 다시 돌아갔다는 것을 기쁜 마음으로 전한다. 아직 뺄 살이 더 남았지만 지난 몇 달간 이 책을 쓰면서 다른 사람들을 인터뷰하며 그들의 여정에 관해 들은 덕분에 영감을 많이 받아 단단히 무장되었다.

나는 왜 그리 오랜 시간이 걸렸을까? 45킬로그램 감량은 상당한 양이다. 이 일을 해낸 내가 자랑스럽고, 이만큼 이룰 수 있었다는 것을 기쁘게 생각한다. 하지만 내가 이 지점에 도달하기까지 무려 5년이 걸렸다. 정확히 계산하면 1년에 평균 9킬로그램을 감량한 셈이다. 겨우 9킬로그램? 아침식사만 걸러도 9킬로그램은 뺄 수 있을 것 같은데!

게다가 아직 가야 할 길이 남아 있다. 최근에 어떤 분이 내게 이렇게 물었다. "지금도 계속 살을 빼려고 노력하고 있나요?" 내가 대답했다. "이 정도면 날씬해 보이나요?"

우리 모두 넘어서야 할 장애물을 저마다 안고 있다. 나의 장애물은 다음과 같은 간단한 사실도 포함한다. 내가 음식 그리고 함께 식사하는 자리를 매우 좋아한다는 것이다. 나는 허기와 아무런 상관없는 갖가지 이유로 음식을 먹는다. 사교를 위해 먹기도 하고, 지루해서 먹기도 하고, 즐기기 위해 먹기도 한다. 내 인생 전체에 걸쳐 먹는 행위는 꾸준히 내 뇌에 긍정적인 강화를 가져다주는 요소였다. 따라서 과연 내가 좋은 식당을 찾는 법을 잊어버릴까 싶고, 도넛에 대한 욕구가 일어날 때마다 이를 억제할 수 있을지도 의문이다. 나는 내 뇌의 해로운 경향성을 훈련하는 데 근 45년을 보냈으므로 이를 완전히 넘어서기까지는 시간이 좀 걸릴 것이다. 많은 사람이 나와 같은 상황이라고 생각한다. 더 나은 건강을 추구하는 것은 쉽지 않은 일이지만, 그렇다고 불가능하지도 않다. 나는 일단 진지한 노력을 기울이기로 마음먹었다. 나는 여분의 체중을 감량할 능력이 있다. 우리 모두 그렇다. 그저 시간이 좀 걸릴 따름이다.

게다가 나는 계속 집을 떠나 있는 직업을 가지고 있다. 따라서 한 번에 몇 달씩 머무는 집이 생기면 전문가다운 주방을 꾸리며 먹는 것을 챙기곤 한다. 집에 있을 때 행동을 다스리기가 더 수월하다는 것을 늘 관찰해왔다. 주방을 꽉꽉 채워놓고 직접 끼니를 준비할 때는 스스로 더 건강한 선택을 내릴 수 있고 실제로도 그런 선택을 내린다. 몬트리올에서 여름을 보내면서 앞서 순회공연을 할 때 찐 살을 성공적으로 감량한 것만 봐도 알 수 있다. 이 체중은 이미 내가 감량하고 찌우기를 여러 번 반복한 것이었음을 기억하자. 나는 정말이지 요요 현상이 싫어지기 시작했다. 서너 달 동안 이어지는 순회 일정을 소화할 때마다 요요가 일어나 수치가 조금씩 올라가고 허리둘레가 몇 인치씩 느는 듯하다.

이런 이유에서 사라와 나는 캐나다를 떠날 때, 평소 순회공연 동안 우리가 가졌던 몇 가지 습관을 바꾸겠다는 계획을 세웠다. 우선 번번이 외식하는 대신 아이스박스에 식료품을 챙겨 갔다. 점심에 샌드위치를 만들어 먹기 위해 샐러드용 신선 채소, 간식용 과일, 저지방 고기를 챙겨 넣었고, 호텔 객실에 짐을 풀고 즐길 만한 전자레인지 조리용 팝콘도 담았으며, 카페에 들르는 일이 없도록 무가당 아이스티와 커피도 몇 병 챙겼다. 우리의 진척 정도를 주기적으로 확인할 수 있도록 체중계도 챙겼다.

당시 순회 일정은 강연, 코미디 공연, 책 사인회, 오랫동안 만나지 못했던 친구들을 방문하는 드문 기회 등등 유난히 일이 많았다. 순회란 차 안에서 보내는 시간이 많다는 것을 뜻하는데, 주로 서부 주들을 두루 거치는 이번 순회도 예외는 아니었다. 낮 동안 세미나를 진행할 때는 챙겨 간 식료품만 먹고도 완벽하게 내 역할을 수행했지만, 도시와 도시 사이를 이동할 때는 곤혹스러웠다. 기나긴 고속도로를 가는 동안 사과 하나만으로는 필요한 영양소를 다 채울 수가 없었다. 에너지가 더 필요하다는 느낌이 들면 원하는 대로 먹도록 나 자신을 좀 풀어주었다. 그런데 너무 자주 풀어준 모양이다. 게다가 적어도 일주일에 한 번은 일[121]을 잘 완수한 것에 대한 보상으로 우리 자신에게 근사한 식사를 대접했다.

사라도 자신의 칼로리양을 주시하고 있었다. 이렇게 둘이 함께 노력하는 것이 도움이 되었다. 체중계로 계속 몸무게를 살펴보는 것은 환상적인 아이디어였다. 나는 이틀에 한 번씩 다시 살이 찌기 시작하는지 알아보고 그에 따라 행동을 조정할 수 있었다. 내 몸무게는 오르락내리락했고 사라 역시 마찬가지였지만, 한 달 일정을 마무리할 무렵에는 처음 순회를 시작할 때와 같은 몸무게를 지킬 수 있었다. 우리 둘 다 장기 목표에는 근접하지 않았으나 요요가 일어나지는 않도록 지킬 수 있었다. 그것만 해도 이긴 것이라고 생각한다.

어떤 목표를 세우든 일종의 책임 사항을 정해놓는 것이 유익하다고 굳게 믿는다. 학교에서 부과하는 성적, 직장에서 실시하는 수행 평가, 출판사가 부과하는 마감 기한, 이 모두가 전문적인 목표를 달성하는 데 도움을 주는 훌륭한(짜증이 나기도 하지만) 동기 부여제다.

하지만 개인적인 목표를 세울 경우, 내게 책임을 물을 외부 권위자가 없을 때가 많다. 가족들이 내 건강을 신경 쓰기는 하지만, 나 말고 나의 체중 감량을 꼼꼼하게 살펴볼 사람은 아무도 없다. 나는 외부 사람을 고용해 주기적으로 검사를 하지도 않는다. 따라서 나의 진척(또는 진척의 부재)은 오롯이 나의 몫이다. 나와 같은 상황에 놓인 많은 사람이 책임 사항을 달성할 목적으로 온라인에서 모임을 찾는다. 하지만 이 또한 꾸준한

갱신과 활동이 필요하다.

물론 나도 좋은 지지 모임을 활용할 수 있다. 심리학 교육을 받은 사람으로서 나도 지지 모임의 치료적 가치를 인정하고, 다른 사람들에게도 늘 지지 모임을 권장한다. 그렇다면 나는 왜 그런 모임에 가입하지 않는 걸까? 그런 모임을 하나 만들 수도 있지 않나? 체중을 감량한 친구들을 인터뷰하면서 나도 큰 동기 부여를 받고 영감을 얻었던 것은 사실이다.

체중 감량에 관한 책을 쓰려고 시도하는 것만큼 나를 체중 감량 모드로 돌려놓는 것은 거의 없을 것이다. 책 쓰기는 어려운 일이라고 말하는 사람도 있다. 체중 감량도 마찬가지다. 이것도 하는데 저것이라고 못 할 이유는 없지 않은가? 사라의 말에 따르면 체육관 다니기에서 가장 어려운 부분은 실제로 체육관에 가는 것이다. 이렇게 책을 또 한 권 썼으니, 이제 내가 할 일은 출간 전에 살이 많이 찌지 않도록 확실히 하는 것뿐이다. 이것도 하나의 책임 사항으로 삼을 만하지 않은가?

이 분투는 만만치 않다. 하지만 우리는 모두 더 건강하고 나은 삶을 살 수 있다.

나는 올바른 궤도에 있는 듯하다. 5년 전보다 더 건강하고, 기분도 나아졌고, 활력도 더 넘치니 말이다. 외모도 더 젊어 보이고 기분도 더 젊어진 느낌이다. 실은 이 원고를 출판사에 제출하기 이틀 전에 병원에 가서 검사를 받았다. 의사는 내 나이를 확인하더니 깜짝 놀라 나를 다시 바라보았다. 51세로는 보이지 않는다며 나이보다 훨씬 젊어 보인다고 했다. 그렇게 말하면 체중 감량이 사람을 얼마나 젊어 보이게 하는지를 논하는 내 책에 자기 이야기도 실릴 거로 생각한 모양이다. 그래서 이렇게 적는다. 두 달 뒤 검진 예약도 잡아두었다.

분투하는 여러분 모두에게 행운을 빈다.

1) 나는 책을 쓰고 있었다! 장담하건대 이것도 연구의 일부였다.

2) 이 음식에 관해서는 뒤에 더 자세히 이야기할 생각이다. 다만, 처음 들어본 분들을 위해 말하자면, 푸틴은 감자튀김에 치즈 커드와 그레이비소스를 얹어 만든 몬트리올만의 별미다.

3) 언젠가 유모도 되어보고 싶다. 소년도 꿈은 꿀 수 있으니까. 그렇다면 이것은 악몽에 속할까?

4) 지금은 전부 액자를 기다리며 창고 어딘가에 쌓여 있다. 실물을 본 지도 가물가물하지만 적어도 내 생각엔 그렇다. 지금 내 뒤에 줄줄이 걸어 두지는 않았어도 확실히 있다는 것을 약속한다.

5) 십대에 코미디를 시작했더라면 지금쯤 유명해졌겠지 하는 달콤한 생각도 든다. 물론, 서빙을 하거나 부동산 판매 일을 하고 있었을 가능성이 더 컸겠지만 말이다. 하지만 이것은 내 머릿속에만 존재하는 대안 세계이므로 지금쯤 유명해졌을 거라는 시나리오를 믿고 싶다.

6) 니나Nina G와 O. J. 피터슨Patterson이 쓴 『베이 에어리어 스탠드업 코미디: 유머의 역사Bay Area Stand-Up Comedy: A Humorous History』(Mt. Pleasant, SC: Arcadia Publishing, 2022)라는 책에서 내 코미디 클럽이 언급되었다는 것을 최근에 알게 되었다. 나도 보답하는 마음으로 그 책을 이렇게 소개한다.

7) Dr. Brian King, *The Laughing Cure: Emotional and Physical Healing: A Comedian Reveals Why Laughter Really Is the Best*

Medicine (New York: Skyhorse, 2016).

8) 브라이언 킹 지음, 윤춘송 옮김, 『느긋하게 웃으면서 짜증 내지 않고 살아 가는 법』(프롬북스, 2023)

9) 결국 성사되지는 않았기에 프로그램 이름을 거론하지는 않겠지만, 나의 부 모님께서 매우 좋아하시던 프로그램이었다. 이 방송에 출연하지 못해서 나 보다 부모님께서 더 실망하셨을 것이다.

10) 나는 팬데믹 기간에 온갖 것을 잃었는데 왜 체중만은 그대로냐고 농담하 곤 했다.

11) 이 노래에서 재닛은 자신을 "베이비"라고 부르지 말라 했지만 여러분은 나를 그렇게 불러도 좋다.

12) 확실히 7월은 맞지 않는가?

13) 사라는 이렇게 말했다. "그저 한바탕 크게 웃고 싶었던 것뿐이에요. 그래 서 자연스럽게 그날 밤 공연장으로 향한 거죠. 그날 밤, 당을 보충하려고 공연 전에 조각 피자를 챙겨 먹으며 멍하게 놀라 있던 그의 갈색 눈이 정 말 멋져 보였던 건 인정해요."

14) 사라를 만나기 전까지는 이 도시 저 도시에 살면서 지역을 한정해 연애하 곤 했다. 예를 들어, 샌프란시스코에 살 때는 "다리나 터널은 건너지 않는 다"라는 엄격한 원칙을 세웠다. LA에서는 주간고속도로 제5호선 동쪽에 있는 사람과의 데이트를 꺼렸다(게다가 나는 웨스트 할리우드를 정말 떠 나고 싶지 않았다). 로스앤젤레스에서 볼더까지 차를 몰고 가면서 나는 많은 규칙을 깨버렸다. 우리의 공식적인 첫 데이트 장소는 블루스 트레블 러Blues Traveler의 콘서트장, 그리고 레드락스 원형극장에서 열린 불꽃놀 이 공연장이었으니 말이다.

15) 션 선장은 나름대로 아주 재미있는 사람이며, 다른 직업을 택했다면 분명

훌륭한 코미디언이 되었을 것이다. 플로리다 호모사사에 있는 멜로우 맹그로브 차터스Mellow Mangrove Charters에 예약할 일이 있거든 그에게 내 안부를 전해달라.

16) '1킬로 빠졌네! 아이스크림으로 기념해야지!'는 좋은 생각이 아닐 것이다.

17) 사라와 몇몇 친한 친구를 제외하고는 이제껏 이 숫자를 한 번도 공공연히 밝히지 않았다. 지금 이 사실을 글로 적고 출판할 생각을 하니 몹시 어색하기까지 하다.

18) 이에 관해서는 출처를 밝힐 필요가 없을 듯하나 오래된 습관은 버리기 힘드니 밝히기로 한다. 뮤지컬 영화 〈오즈의 마법사The Wizard of Oz〉, 제작: 머빈 르로이Mervyn LeRoy, 감독: 빅터 플래밍Victor Fleming, 킹 비더King Vidor, 조지 쿠크George Cukor, 노먼 터로그Norman Taurog, 리처드 소프Richard Thorpe (캘리포니아, 메트로 골드윈 메이어 社,1939).

19) 그도 결국 가짜였다는 것이 밝혀진다.

20) 얼른 구글을 검색해보니 앤드루의 책 제목은 '펌핑 아이러니'로 시작되는 것만이 아니었다. 그러니 반드시 이렇게 검색해보길 바란다. Andrew Ginsburg, *Pumping Irony: How to Build Muscle, Lose Weight, and Have the Last Laugh* (New York: Skyhorse, 2017).

21) 뭐, 나보다 나이도 어리다.

22) 왜 운동하는 장면이 나오는 영화마다 날달걀을 후루룩 마시는 것을 보여주는지 지금도 잘 모르겠다. 껍질째 들고 곧장 마시는 쪽이 영양가가 높은 것일까? 확실히 카메라 화면에는 멋져 보이는 듯하다.

23) 말장난할 의도는 없다지만, 내가 브라이언 킹Brian King 박사라는 걸 생각하면 확실히 말장난이었다고 본다!

24) 호주 맥주업체 포스터스Foster's에서 내놓았던 "호주말 배우기"라는 테마 광고를 여러분도 기억할 것이다. (저자는 포스터스의 광고마다 마지막 장면에 나온 "Foster's: Australian For Beer"라는 문장을 살짝 바꿔서 아웃백 슬로건을 만들었다. 애플비스Applebee's는 미국의 유명한 식당 체인점을 가리킨다.-옮긴이)

25) 그렇다. 여기에는 말장난이 깔려 있다.

26) 유감스럽게도 더는 운영되지 않는다.

27) 이 주제를 다룬 좋은 기사가 있다. Hollie McKay, "Do Fat Comedians Lose Some Giggles When They Lose the Jiggles?" (Fox News, April 8, 2016), https://www.foxnews.com/entertainment/do-fat-comedians-lose-some-giggles-when-they-lose-the-jiggles.

28) 수년 후, 공교롭게도 피츠버그는 〈배트맨: 다크 나이트 리턴즈Batman: The Dark Knight Returns〉에 나오는 고담시의 촬영 장소였다.

29) Suzi Gerber, *Plant-Based Gourmet: Vegan Cuisine for the Home Chef* (New York: Apollo Publishers, 2020).

30) 이 책을 준비하면서 싱 박사가 2010년에 세상을 떠났다는 유감스러운 소식을 접하고 매우 슬펐다. 그와 다시 한 번 대화할 기회가 있었더라면 얼마나 좋았을까 싶다.

31) 우리의 대화 주제가 늘 심리학은 아니었다. 한번은 내게 여름 계획을 묻기에 유럽이나 호주로 여행 갈 생각이라고 하자 그는 유럽을 권했다. 호주는 유럽보다 훨씬 동질적인 경험을 안겨줄 것이라고 말이다. 나중에 사라와 함께 한 달간 차를 타고 호주 전역을 여행하는 동안 "싱 박사가 옳았다"는 말이 우리의 비공식적인 좌우명이 되었다. 호주에서 경험한 것들 하나하나가 좋았지만, 한 단어로 표현하기에 '동질적homogeneous'이라는 말보

다 더 나은 형용사는 떠오르지 않는다.

32) 허리-엉덩이둘레 측정을 처음 제안한 것이 싱 박사는 아니지만, 내가 이를 처음 접한 것은 그의 수업에서였다.

33) "The Science of Hotness vs. Beauty" (*The Joe Rogan Experience*, 2020), https://www.youtube.com/watch?v=PvQrFBOyDs0.

34) Jeanne Bovet, "Evolutionary Theories and Men's Preferences for Women's Waist-to-Hip Ratio: Which Hypotheses Remain? A Systematic Review" (*Frontiers in Psychology*, June 4, 2019), https://doi.org/10.3389/fpsyg.2019.01221.

35) 섭식과 이성 교제에 대한 나의 개인적인 관심은 이미 탄탄하게 형성되어 있었다.

36) 그저 내 경험의 일부를 소개하는 것이다. 약속하건대, 이렇게 꺼낸 이야기가 교과서 같은 이야기로 빠지지는 않게 하겠다.

37) 다른 저자가 발표한 일련의 실험 중 일부였다.

38) B.E. King, M.G. Packard, and G.M. Alexander, "Affective properties of intra-medial preoptic area injections of testosterone in male rats" (*Neuroscience Letters*, 1999).

39) 피험자가 쥐였으므로 그들이 성행위에 동의했다는 것은 그저 추론할 따름이다.

40) 이와 마찬가지로, 나는 성적 동기가 있는 수컷 인간도 캘리포니아 로스앤젤레스에서 콜로라도 볼더까지 차를 몰고 간다는 것을 결국 알게 되었다.

41) 내 연구 결과는 그렇게 확정적이지 않았다. 예술가가 도구를 탓하듯 나도 그때 사용했던 모호한 분석법을 탓하겠다.

42) 물론 사라는 내가 매력적이라고 느끼는 다른 특징도 많이 가지고 있다. 지

금 설명하려는 내용을 위해 단순화해서 말할 뿐, 사라 또는 다른 누구라도 하나의 속성으로 축소하고픈 마음은 추호도 없다.

43) 이 문장은 말장난을 의도하고 썼다. 거기가 카운터이기도 했으니 말이다.

44) 인내심이 부족한 분들은 9장의 '건강해지려는 목적'이란 제목의 단락으로 얼마든지 넘어가도 좋다. 하지만 잠깐! 그 단락을 다 읽고 나면 여기로 돌아와야 한다는 것을 꼭 기억해달라.

45) 이 목록을 보고 있자니 허기가 지는가?

46) 지금은 이게 음식인지 알지만, 처음에 이 메뉴를 주문했을 때는 정말이지 빤 둘쎄스(pan dulces)[멕시코 페이스트리, 직역하면 '달콤한 빵(sweet breads)'−옮긴이] 한 접시를 주문하는 것인 줄 알았다.

47) 전에 샌프란시스코의 피어 39에서 몇 블록 떨어진 곳에 살 때, 이따금 물개 소리가 메아리를 타고 우리 아파트까지 들려오곤 했다. 그때 잠 못 이루게 한 대가로 물개고기를 먹어본다고 생각하자.

48) 식이조절만 아니었다면 나도 꼭 해보고 싶다.

49) 섭식eating과 성행동screwing은 4F(싸움fighting, 도주fleeing 식이feeding, 성교fornicating) 중 두 가지를 말한다. '섭식eating과 성교fucking'라고 할 수도 있었지만, 그렇게 되면 이 책을 영화화할 때 '부모 가이드 순위'가 위험했을 것이다.

50) 분명 그녀의 뇌도 당시 하나의 요인으로 작용했지만, 지금 나는 내 뇌의 관점에서 글을 쓰고 있다.

51) 그리고 이 중 60%가 지방이다!

52) 나는 의식적 사고를 담당하는 상대적으로 작은 뇌 부위가 하나의 신화 뒤에 숨어 있다고 생각한다. 우리가 우리 뇌의 일부만을 사용한다는 신화 말이다. 여러분, 우리는 뇌 전체를 사용한다! 그러니 이 말도 안 되는 생각은

이제 그만 내려놓자.

53) 사라가 여기에 덧붙였다. "댈러스에도 그런 초콜릿 상점이 있다는 것을 기쁜 마음으로 알려드립니다. 그곳은 정말 보물 같은 곳이라 어디라고 말씀드리지는 못하겠지만 결정적인 힌트를 드리죠. …… 그건 비밀 Secrets(댈러스에 있는 초콜릿 상점인 초콜릿 시크릿Chocolate Secrets의 힌트를 돌려 제시함─옮긴이)입니다! 게다가 그곳 창립자의 아들이 여전히 매장에서 근무하고 있는데요. 그분 덕분에 상점에 들어오는 모든 어린이는 무료로 초콜릿 한 조각을 받아 갈 수 있어요(왜 그렇게 하는지 꼭 물어보세요). 어때요, 정말 달콤하지 않나요?"

54) 이반 파블로프Ivan Pavlov의 연구는 오늘날 고전적 조건 형성Classical Conditioning이라고 일컬어지는 현상의 토대가 되었고, 학습된 행동을 이해하는 데 크나큰 영향을 끼쳤다.

55) 내 나이쯤 되면 모든 상상 속 파티에 스낵 테이블이 있다.

56) 신사 숙녀 여러분, 혈액뇌장벽blood-brain barrier(혈액 내 물질 중 선택된 일부만 뇌로 이동하도록 하는 중추신경계의 미세혈관 구조의 특성─옮긴이)에 박수를 보내자!

57) 말장난하려는 의도가 다분하다.

58) 한참 전의 이야기이므로 지금은 상황이 달라졌을 수도 있다는 것을 염두에 두자.

59) 아니면 최근에 휴대전화로 도넛을 찍은 사진을 내게 보여주기도 했다. 오리건에 사는 내 친구 데니스와는 이를 계기로 친해지게 되었다.

60) 아직 글을 배우는 중이라면 겉표지만 보고 책을 판단해도 괜찮다.

61) 실제 케이크도 정말 좋다.

62) 지금도 이 영화는 내가 아주 좋아하는 영화 중 하나다.

63) SNS에 물어보니 내 예상이 맞았다. 극소수의 응답자 전원이 절대로 이런 행동은 하지 않을 것이며, 함께 일하는 사람 중에도 그렇게 행동하는 사람을 본 적이 없다고 답했다. 나의 친구이자 동료 코미디언인 민다 키스트너 Minda Kistner(스탠드업 코미디언이자 예술가. 장의사라는 직업도 가지고 있는 인물-옮긴이)는 이렇게 덧붙였다. "부검한 시체를 수습한 뒤에는 갈비가 그렇게 먹고 싶어지죠. 이쪽 일 하는 사람들이 다 그래요."

64) 살다 보니 캐나다에서 구할 수 없는 것들이 몇 가지 있고, 미국에 돌아가면 거기서 구할 수 없는 몇 가지가 있다.

65) 이런 식으로 표현하고 나니 기묘하게도 가능한 일처럼 들린다.

66) 데인 쿡Dane Cook의 사례가 떠오르지 않는가? (데인 쿡은 처음으로 소셜 미디어를 활용했던 코미디언 중 한 사람으로 2000년대 초중반에 마이스페이스에서 큰 인기를 끌었다-옮긴이)

67) 아직 시도해본 적은 없으나 여전히 마음 한편으로는 도전해보고 싶다.

68) 나는 수년간 '사라와 함께하는 요리'라는 제목의 동영상 몇 편을 재미 삼아 찍곤 했다. 놀랍게도 미국산 치즈 슬라이스로 만든 퀘소 딥queso dip 요리 영상이 우리의 여행 영상, 춤 영상, 심지어 사라의 모델 작업 영상보다도 많은 관심을 받고 있다.

69) 코로나19 팬데믹이 터진 데다 요식업계는 워낙 변화가 많으니 내 가이드북을 게시한 수많은 식당이 지금쯤 문을 닫았을 것이다. 하지만 궁금해할 분들을 위해 여기에 책을 소개해 둔다. *A Field Guide to the North American Bloody Mary* (independently published, 2018).

70) 사라는 이런 말도 덧붙였다. "참, 아이가 생일 케이크를 찌그러뜨리는 걸 허락하고 싶다면 식당에서 하시길 강력히 추천합니다. 테이블이나 바닥 청소가 훨씬 쉽거든요. 직원에게 팁을 두둑이 주세요."

71) 방금 든 생각인데, 체중 감량을 다룬 책 중에서 도넛 이야기를 이렇게까지 길게 하는 책은 거의 없을 듯하다.

72) 감사하게도 오늘은 비가 내리고 있다.

73) 몬트리올 중심부에는 마운트 로얄, 프랑스어로는 몽트 로얄Mont Royal이라는 작은 산이 있다. 이 단어를 매우 빨리 발음해보면 '몬트리올'이라는 이름이 어떻게 생겨났는지 알 수 있다.

74) 실제로 그들은 내가 그곳에 가기 몇 달 전에 문을 닫았다! 출처: Selena Ross, "Au Revoir, Taco Bell: Chain Is Closing All Quebec Locations" (CTV News Montreal, January 7, 2022), https://montreal.ctvnews.ca/u-revoir-taco-bell-chain-is-closing-all-quebec-locations-1.5731928.

75) 내가 너무도 잘 아는 사례다.

76) 이 문구를 읽을 때면 누군가 짜증 섞인 목소리로 "'경직freeze'도 빼먹지 말라고!"라고 소리치는 상상을 하게 된다.

77) 설문조사 도구에 대한 지식이 내 결과에 영향을 미쳤을 것이 분명하다. 하지만 나는 최대한 나 자신에게 솔직하게 답하려고 노력했고, 내 점수는 연구 자료로 쓰지 않았다.

78) 엄마, 미안. 이 단락은 건너뛰라고 분명히 말씀드렸죠.

79) 2018년 9월 5일, 그의 인스타그램 계정에 게시된 글이다. https://www.instagram.com/p/BnXtEz1BLFP.

80) 대체로 동물성 제품을 제외할 것이다. 식물성 식품을 먹지 않겠다는 사람은 아직 한 명도 만나보지 못했다.

81) 앞서 말했듯이 우리 가족은 때때로 동영상을 찍는다. 최근에 대황 케이크를 만들 때도 '사라와 함께하는 요리'라는 제목 아래 아기자기한 영상을

촬영했다. 인터넷에서 찾아보길 바란다. 스포일러로 하나 알려주자면 이 레시피의 칼로리는 절대로 낮지 않다.

82) 이 글을 쓰는 지금까지도 작년 핼러윈 때 생긴 사탕이 너무도 많이 남아 있다.

83) 유콘 지역의 도슨시티를 여행할 때 알게 된 사실이 있다. 1896~1899년에 벌어졌던 클론다이크 골드러시 당시, 먼 길을 이동하는 사람들은 대규모 굶주림을 피하려고 1년치 음식을 전부 가지고 가야 했다. 그중에는 1인당 180킬로그램의 밀가루도 포함되었다.

84) 이 말은 참 모순적이다. 내가 기억하기로 몸집이 너무 커서 뷔페식당의 식탁 의자에 맞지 않아 음식을 먹지 못했던 적이 있다. 그때가 '눈이 휘둥그레지는 사건'이 되지 못한 까닭은 무엇인지 당최 모르겠지만 아무튼 그때는 그리 놀라지 않았다. 결국 나는 움직이는 의자를 가지고 다른 식탁으로 가서 열심히 음식을 먹었다.

85) 한 계산에 따르면 좌식 위주의 생활방식을 유지할 경우, 내 인생 최대 몸무게였을 때 내 몸을 지탱하는 데만 하루에 3,268칼로리가 필요했다.

86) 이는 하나의 선택이지 권고사항은 아니다. 많은 전문가는 일일 1,200칼로리를 섭취하라고 제안하지만 각 개인의 몸은 저마다 필요한 칼로리양이 다르다. 내가 택한 칼로리양은 전문가들의 권고량에서 단 200칼로리가 적을 뿐이다 여러분에게는 어떤 방법이 맞을지, 주치의와 먼저 상의하지 않고 나의 경우를 따르라고 제안하고 싶지는 않다.

87) 분명 이 앱만큼 유익한 다른 앱들도 있을 것이다.

88) 수박 칼로리양은 지금도 기록할 때마다 깜짝 놀란다. 한 컵에 45칼로리밖에 안 된다니 정말 놀랍다.

89) 우리는 호주나 영국도 마찬가지라는 사실을 발견했다. 이상한 일이다. 그

나라들에는 차도 많고 얼음도 많은데 이 둘을 조합할 방법을 아직 찾아내지 못했다니 말이다.

90) 온타리오의 나이아가라 폭포 안에 있는 한 식당에서 제대로 된 아이스티를 팔고 있었다. 거기서 맛본 아이스티는 정말 맛있었다.

91) 이 영상 대부분은 Dr. Brian King이라는 계정의 유튜브 채널에 게시한다. 알리사도 Alyssa Sparkles라는 유튜브 채널을 가지고 있으며 내가 채널을 관리한다.

92) 진지하게 말하건대, 오스틴에는 최고의 께소가 있다.

93) 그건 팝콘이었다. 팝콘이 나를 부르고 있었단 말이다! 경기도 안 좋은데 어떻게 감히 음식을 낭비하겠는가!

94) 물론 이동 중에도 몸에 좋은 것을 챙겨 먹을 수 있고, 대체로 나는 그렇게 한다. 하지만 때로 뇌에는 셀러리 스틱보다 많은 연료가 필요하다.

95) 내가 이렇게 썼다는 것을 사라에게는 부디 비밀로 해달라.

96) 이 농담도 약간의 혐오를 유발하겠다는 느낌이 든다.

97) 중력은 끌어당기는 힘이다. 아마 이것이 이 책에서 내놓는 가장 똑똑한 농담이 아닐까 한다. 편집자도 이 농담을 무척 좋아했다.

98) 허리-엉덩이 비율로 측정하는 지방 분포 역시 주관적인 매력을 결정하는 중요한 요인이라고 말했던 것을 기억할 것이다.

99) Jesse Johnson, "B.C. Actor Brett Kelly Is Back in Bad Santa 2 with Billy Bob Thornton" (CBC News, August 16, 2016), ttps://www.cbc.ca/news/canada/british-columbia/b-c-actor-brett-kellyis-back-in-bad-santa-2-with-billy-bob-thornton-1.3723669.

100) 내가 이 책을 쓰고 있던 터라 그들은 당시에 이런 내용을 읽어볼 기회가 없었다.

101) 출처: Alan Hustak and Johanne Norchet, *Montréal Then and Now* (San Diego, CA: Thunder Bay Press, 2006).

102) 유감스럽게도, 글을 쓰려면 컴퓨터를 끼고 오래도록 앉아 있어야 한다. 하지만 문득 영감을 받아 아이디어들이 줄지어 떠오르는 날에는 적어도 하루 한 시간은 밖에 나가 다리를 쭉 펴려고 노력한다.

103) 토마스 니콜라이는 1963년 동독 라이프치히에서 태어났다.

104) 폭스마치는 승부를 가리지 않는 하이킹이다. 내 기억으로는 꽤 주기적으로 관련 행사가 있었고, 행사 끝 무렵에는 각자 가지고 있는 지팡이에 방패 문양의 배지를 상으로 새겨주었다.

105) 이쪽 지역으로 순회강연을 갈 때마다 여는 말로 이런 농담을 많이 활용했다. "저는 중서부에 오는 게 너무 좋습니다. 여기 있으면 아무도 제가 뚱뚱한지 모르거든요. 오하이오에 처음 왔더니 어떤 사람이 모델이냐고 묻더군요. 저는 '그럼요. 모델 맞습니다'라고 말했습니다. 그러고는 그날 50달러를 쏠쏠하게 벌었죠. 나체 촬영이었는데도 그들은 아무것도 알아보지 못했습니다." 공정하게 말하자면 미국의 다른 지역에서도 이 농담을 쓴 적이 있다.

106) 최근에 페파 피그 굿즈 매장이 미국 시장에 대대적으로 발을 들여놓은 듯하다.

107) 실제로 이 지역에서는 칼부림stabbing 사건들이 신문 헤드라인에 오르는 모양이다. 하지만 우리가 머무는 동안에는 위험한 동네라는 느낌이 전혀 들지 않았다. 사실상 미국은 동네마다 총이 있지 않은가.

108) 그 친구들은 스키 리조트에 근무하는데 그중 한 명은 요리사로 일한다. 그들이 우리에게 대접한 훌륭한 집밥 요리들은 분명 나의 식이요법에 어긋나는 것들이었다. 하루는 저녁식사로 알프스의 현지식인 라클레트

*raclette*를 먹었다. 우리가 대접받은 라클레트는 치즈, 감자, 햄으로 만들어졌고 정말 맛이 좋았다. 내 친구 알렉스에 따르면, 그때 라클레트를 맛본 내가 치즈를 마음껏 먹고는 기름 속을 수영하는 기분이라고 표현했다고 한다.

109) Mark Schiff, *Why Not? Lessons on Comedy, Courage, and Chutzpah* (New York: Apollo Publishers, 2022).

110) 사라와 존은 당연히 그렇게 했으니 말이다.

111) 우리는 코미디 스토어에서 세 번 공연했다. 잘나가는 친구들은 코미디 스토어를 간단히 줄여 '더 스토어The Store'라고 부른다.

112) 분명 ANT의 이 말, 또는 비슷한 이야기를 뒷받침할 연구 자료들이 있을 것이다. 하지만 ANT가 인터뷰에서 이에 관해 언급하지는 않았다.

113) 엄밀히 말해 이 책은 체중 감량에 관해 조언하는 책이 아니다. 설령 그런 책이라 해도 튀긴 음식을 줄여야 한다고 사람들에게 말할 필요까지는 없을 것이다.

114) 다량 영양소macronutrients는 탄수화물, 단백질, 지방 등 에너지를 공급하는 영양소를 말한다.

115) 나중에 알고 보니 위스콘신 역시 블러디 메리에 관해서는 꽤나 진지한 주였다.

116) 여러분은 아마 1994년에 개봉한 조디 포스터 주연의 영화 〈넬Nell〉을 기억할 것이다. 그렇지 않은가? (영화 〈넬〉에서 주인공 넬은 문명과 단절된 외딴 통나무집에서 어머니 손에 자라 자기만의 독특한 언어를 구사했다.—옮긴이)

117) 체중 말이다. 누군가 노화를 역전시킬 기술을 발명할 때까지는 이 두 변인 중 여분의 체중만 조작할 수 있을 것이다.

118) 그녀는 귀를 뚫은 나를 보고 자신과 같은 이유로 했느냐고 물어보았다. 당시에는 조그만 귀걸이로 여분의 지방 세포를 가릴 수 있다는 생각이 이상하게 여겨졌다. 하지만 덕분에 딱딱한 분위기가 누그러졌다.

119) 상대는 어떤 다른 남자였다. 그가 잃어버린 것은 오롯이 나의 이득으로 돌아왔다.

120) 홍보 행사로 조각 피자를 나눠 주는 치즈 회사가 있었다. 어린이에게 무료 피자를 나눠 주는 모든 장소는 자연히 인상 깊은 기억으로 남을 것이다.

121) 순회 일정 동안 사라는 내 매니저 역할을 하고, 알리사는 홈스쿨링을 한다. 세 식구 전원이 이동 중에 일을 한다.

45kg 감량이 가져다준 인생 최고의 유익

1판 1쇄 찍음 2024년 9월 12일
1판 1쇄 펴냄 2024년 9월 19일

지은이   브라이언 킹
옮긴이   김미정
펴낸이   조윤규
편집   민기범
디자인   홍민지

펴낸곳   (주)프롬북스
등록   제313-2007-000021호
주소   (07788) 서울특별시 강서구 마곡중앙로 161-17 보타닉파크타워1 612호
전화   영업부 02-3661-7283 / 기획편집부 02-3661-7284 | 팩스 02-3661-7285
이메일   frombooks7@naver.com

ISBN   979-11-88167-95-1 (03190)